Peter Tremp, Mandy Schiefner-Rohs & Sandra Hofhues (Hrsg.)

Studentische Partizipation

Peter Tremp, Mandy Schiefner-Rohs & Sandra Hofhues (Hrsg.)

Studentische Partizipation

Zeitschrift für Hochschulentwicklung
Jg. 19 / Nr. 3 (Oktober 2024)

Impressum

Zeitschrift für Hochschulentwicklung

herausgegeben vom Verein Forum Neue Medien in der Lehre Austria

Jg. 19 / Nr. 3 (Oktober 2024)
Peter Tremp, Mandy Schiefner-Rohs & Sandra Hofhues (Hrsg.). Studentische Partizipation

ISBN: 978-3-7597-6144-6
DOI https://doi.org/10.21240/zfhe/19-03
ISSN 2219-6994

Verlag: BoD · Books on Demand GmbH, In de Tarpen 42, 22848 Norderstedt
Druck: Libri Plureos GmbH, Friedensallee 273, 22763 Hamburg

Vorwort

Als wissenschaftliches Publikationsorgan des Vereins Forum Neue Medien in der Lehre Austria kommt der Zeitschrift für Hochschulentwicklung besondere Bedeutung zu. Zum einen, weil sie aktuelle Themen der Hochschulentwicklung in den Bereichen Studien und Lehre aufgreift und somit als deutschsprachige, vor allem aber auch österreichische Plattform zum Austausch für Wissenschafter:innen, Praktiker:innen, Hochschulentwickler:innen und Hochschuldidaktiker:innen dient. Zum anderen, weil die ZFHE als Open-Access-Zeitschrift konzipiert und daher für alle Interessierten als elektronische Publikation frei und kostenlos verfügbar ist.

Ca. 3.000 Besucher:innen schauen sich im Monat die Inhalte der Zeitschrift an. Das zeigt die hohe Beliebtheit und Qualität der Zeitschrift sowie auch die große Reichweite im deutschsprachigen Raum. Gleichzeitig hat sich die Zeitschrift mittlerweile einen fixen Platz unter den gern gelesenen deutschsprachigen Wissenschaftspublikationen gesichert.

Dieser Erfolg ist einerseits dem international besetzten Editorial Board sowie den wechselnden Herausgeber:innen zu verdanken, die mit viel Engagement dafür sorgen, dass jährlich mindestens vier Ausgaben erscheinen. Andererseits gewährleistet das österreichische Bundesministerium für Wissenschaft, Forschung und Wirtschaft durch seine kontinuierliche Förderung das langfristige Bestehen der Zeitschrift. Im Wissen, dass es die Zeitschrift ohne diese finanzielle Unterstützung nicht gäbe, möchten wir uns dafür besonders herzlich bedanken.

Zur Ausgabe

Studentische Partizipation ist im Trend: In vielen Papieren zur Weiterentwicklung der Hochschulen ist dieses Postulat zu finden in der Absicht, die Qualität der Bildungseinrichtung Hochschule zu erhöhen. Doch: Welches Verständnis von Hochschule, von Hochschulmanagement und Hochschulentwicklung steckt dahinter? Welches Verständnis studentischer Partizipation wird gegenwärtig an Hochschulen gelebt? Wie zeigt sich Partizipation beispielsweise bei der Entwicklung von Studienprogrammen oder der Gestaltung von Lehrveranstaltungen? Die Beiträge der vorliegenden Ausgabe erörtern ausgewählte Fragen zur studentischen Partizipation und verhandeln damit – implizit – auch Bilder und Vorstellungen von Studierenden und Hochschullehre. Sie erlauben Einblicke in Realisierungsformen und geben Anregungen, wie studentische Partizipation erhöht werden könnte.

Seit der Ausgabe 9/3 ist die ZFHE auch in gedruckter Form erhältlich und beispielsweise über Amazon beziehbar. Als Verein Forum Neue Medien in der Lehre Austria freuen wir uns, das Thema „Hochschulentwicklung" durch diese gelungene Ergänzung zur elektronischen Publikation noch breiter in der wissenschaftlichen Community verankern zu können.

In diesem Sinn wünsche ich Ihnen viel Freude bei der Lektüre der vorliegenden Ausgabe!

Tanja Jadin
Vizepräsidentin des Vereins Forum Neue Medien in der Lehre Austria

Inhalt

Peter Tremp[1], Mandy Schiefner-Rohs[2] & Sandra Hofhues[3]

Editorial: Studentische Partizipation

Studentische Partizipation ist im Trend: In nahezu jeder Strategie und Beschreibung von Hochschulen ist dieses Postulat zu finden. Als Leitidee eines Managements der Hochschulen weist sie eine Vorstellung organisierter Hochschul-Bildung nach, an der auch Studierende partizipieren *sollen*. „Alle sollen sich irgendwie an allem beteiligen", so hält es Christian Swertz vor einigen Jahren plakativ in einem Artikel (Swertz, 2014, S. 2) fest. Und ähnlich könnten wir den Diskurs um Partizipation an der Hochschule zusammenfassen, wobei Studierende als Zielgruppe unter dem Begriff der Partizipation besonders oft adressiert werden. In den vergangenen Jahren ist zudem eine Zunahme hochschulpolitischer Empfehlungen mit diesem Tenor zu verzeichnen. So plädiert beispielsweise der deutsche Wissenschaftsrat in seinen „Empfehlungen für eine zukunftsfähige Ausgestaltung von Studium und Lehre" (2022) unter anderem für „Austausch- und Partizipationsformate für eine aktive Mitgestaltung" (S. 49). Studierende sollten als verantwortungsvolle Mitgestalter:innen ihrer Lernprozesse in die Planung und Qualitätsbewertung von Studienangeboten eingebunden und sie sollten zu einer aktiven Beteiligung motiviert werden (S. 50). Als erforderlich wird beispielsweise der Abbau struktureller Hürden für studentisches Engagement sowie eine gezielte Information über die Möglichkeiten und den Mehrwert studentischen Engagements genannt (S. 51–52). Studierende werden aber nicht nur als Gestaltende ihres Studiums betrachtet, sondern auch in die gesamte Or-

---

1   Corresponding author; Pädagogische Hochschule Luzern; peter.tremp@phlu.ch; ORCID 0000-0002-8206-5195
2   RPTU Kaiserslautern-Landau; mandy.rohs@rptu.de, ORCID 0000-0002-6466-4709
3   FernUniversität in Hagen; sandra.hofhues@fernuni-hagen.de; ORCID 0000-0003-1589-7140

https://doi.org/10.21240/zfhe/19-03/01

ganisationsform der Gremienhochschule eingebunden. Die Studierenden sind ein integraler Bestandteil der universitären Selbstverwaltung sowie der entsprechenden Qualitätssicherung und werden in dieser Funktion immer wieder mit dem Partizipationsnarrativ adressiert.

Diese Empfehlungen weisen verwandtschaftliche Bezüge zum im englischen Sprachraum diskutierten Postulat „Students as partners" auf (u.a. Healey, Flint & Harrington, 2016; Matthews, Dwyer, Hine & Turner, 2018). Nicht zuletzt wird mit diesem Postulat der oft bemühten Metapher „Studierenden als Kund:innen" entgegengetreten. Es gelte, die Qualität der Bildung zu verbessern, die Agilität von Hochschule zu ermöglichen und die Beteiligung dank entsprechender Formate und Methoden in der Hochschule zu verbessern. Gedanklich sind damit verbundene Theorien über Partizipation in einem Modell von Hochschule verankert, das sich auf mehreren Ebenen organisiert und im Neoinstitutionalismus verhaftet ist. Dieser Theorierahmen dient als übergeordnetes Erklärungsmodell dafür, *wie* Hochschulen mit den an sie gerichteten Erwartungen handlungspraktisch umgehen können und – nimmt man die Forderungen eines hochschulischen Außen ernst – auch sollen.

Blicken wir mit theorieinformiertem Blick auf (studentische) Partizipation, wäre sicherlich der innerhalb (tendenziell) betrieblicher Denkschemata fehlende relationale Aspekt von Hochschulorganisation anzumerken. Relational wären in dieser Hinsicht vor allem die Beziehungsstrukturen und -gefüge, die Hochschule erst zum dem machen, was sie traditionell ist: eine gremienbasierte Organisation. Sichtbar werden Beziehungsstrukturen dann auch in unterschiedlichen Formaten und Methoden, die zugunsten von „mehr" Partizipation eingesetzt werden. So würden relationale Modelle nicht ausnahmslos Lehre fokussieren, sondern auch praxeologisch danach fragen, *wie* sich Partizipation außerhalb formalisierter Strukturen ergibt oder hergestellt wird. Im vorliegenden Heft fällt auf, dass relationale Modelle von Organisations- und damit von Hochschulentwicklung allerdings kaum referiert werden.

Augenfällig ist zudem, dass auch mit einer Perspektive auf Studierende seltener pädagogische Referenztheorien oder politische Bezüge aufgeworfen werden, eher rücken Perspektiven des Managements von Bildung in den Mittelpunkt. Woran würde aber ein wissenschaftliches Verständnis von Partizipation beispielsweise anknüpfen, wenn pädagogische, erziehungswissenschaftliche oder hochschuldidaktische Vorstellungen von Teilhabe und Mitbestimmung leitend sind? Wie würde ein relationales, organisationstheoretisches Verständnis von Hochschule letztlich Partizipation ausdeuten? Wie lädt das *jeweilige* Verständnis von Partizipation überhaupt noch zur Mit-Gestaltung von Hochschule im demokratischen Sinne ein?

Denn das steht – schauen wir auf das Diktum studentischer Partizipation – oft im Fokus: Zum einen soll Lernenden ein Mitentscheidungsrecht eingeräumt werden, sofern es um Themen geht, die sie persönlich betreffen. Zum anderen – und eng verbunden mit der ersten Leitidee – wird Partizipation in einen Zusammenhang mit politischer Bildung und demokratischer Erziehung gestellt und den dahinterstehenden Zielsetzungen. In diesem Kontext wird Partizipation als Grundlage und Aspekt einer demokratischen Erziehung erachtet. Die als Beteiligungsform aller verstandene Partizipation, die zudem Elemente der Selbstbestimmung und Demokratisierung beinhaltet (vgl. Klafki, 2007), entspricht unter erziehungswissenschaftlichen Gesichtspunkten dann auch Lehr- und Studienidealen wie der Ermöglichung unsteter Bildungsprozesse. Das Eingehen von Wagnissen, der Umgang mit Scheitern, aber auch Brüche und Sprünge würden dazu zählen. Individuum wie auch Subjekt erfahren so eine Aufwertung – durch die Bereitstellung von Partizipationsmöglichkeiten gewinnen die anthropologischen Kategorien der Freiheit, der Authentizität und der Selbstbestimmung noch an Bedeutung. Diese Aspekte spiegeln sich sodann in einem normativ-emanzipatorischen Bildungsverständnis (Klafki, 2007 oder Benner, 2012) wider, in dem Partizipation als ein Element pädagogischen Handelns zu betrachten ist, welches auf Selbstbestimmung, Freiheit und Verantwortung abzielt. Damit wird der Versuch unternommen, Mittel und Ziele der Erziehung und Bildung in eine sorgfältige Übereinstimmung zu bringen. Solche Postulate reichen weit zurück und sind für ausgewählte pädagogische Konzeptionen, beispielsweise innerhalb reformpädagogischer Programme, sogar prägend – auch in der Hochschullehre. In gewisser Hinsicht kann die gegenwärtige Diskussion um studentische Partizipation vielleicht auch als Antwort auf die von einigen Seiten als zu engmaschig kritisierte und umgesetzte Bologna-Reform verstanden werden (vgl. u.a. Hericks, 2018).

Das vorliegende Themenheft kann nicht umfassend klären, was unter Partizipation zu verstehen ist. Während auf der einen Seite festgehalten werden kann, dass sich der Begriff vom lateinischen Substantiv „pars" ableitet und bedeutet, Teil eines Ganzen zu sein, fächert sich der Begriff auf der anderen Seite auf, wenn er auf konkrete Felder angewendet wird. Im engeren Sinne bezeichnet der Begriff der Partizipation die Anhörung und Einbeziehung von Menschen in Planungs- und Entscheidungsprozesse (vgl. Lenz, 2006, S. 13). Doch welches Verständnis studentischer Partizipation wird an Hochschulen gelebt? Als Theorie über den eigenen Wirkungsraum hilft das so zu schärfende eigene Begriffsrepertoire insofern dabei, auch die einzusetzenden, sogenannten partizipativen Formate und Methoden zu reflektieren; umgekehrt legen gerade handlungspraktische Vorschläge – Formate ebenso wie Methoden – argumentative Lücken frei, etwa wenn Teilhabe bloß auf der Ebene eines Partizipationsversprechens oder der Forderung nach „Aktivierung" und damit steuerungsseitig verhandelt wird. Das erinnert einerseits an die gut untersuchten Stufenmodelle von Partizipation (u.a. Mayrberger, 2019). Andererseits kennzeichnet dies den Wandel der Hochschulen von tradierten Modellen hin zu unternehmerischen Hochschulen (weiterführend auch Schimank, 2020). In der unternehmerischen Hochschule werden Studierende als Bezugs-/Zielgruppen herausgestellt. Interessieren wir uns für die Methoden oder auch Methodologien einer studentischen Partizipation, werden somit quasi zwangsläufig auch diese Ansätze zur Erklärung vielfältiger. Daran knüpft sich die These, dass speziell im Verständnis von Partizipation ein verändertes Bild der Hochschulen zum Ausdruckt kommt. So ließen sich die aufgenommenen Artikel auch dahingehend befragen, welches Bild von Studierenden, Hochschullehre und Beteiligung darin verhandelt wird.

Die Beiträge

Die Beiträge der vorliegenden Ausgabe lassen sich in drei große Themenstränge clustern: (1) Artikel, die sich konzeptionell mit studentischer Partizipation auseinandersetzen, (2) Beiträge, die sich mit institutionellen Perspektiven beschäftigen, und (3) schließlich solche, welche Fragen zur Curriculumentwicklung sowie didaktisch-methodische und fachdidaktische Perspektiven der Umsetzung studentischer Partizipation fokussieren.

So beleuchten *Eik Gädeke* und *Sabrina Schaper* in ihrem Beitrag „Über die (Un-)Möglichkeit studentischer Partizipation" Partizipation im Hochschulstudium unter Berücksichtigung organisatorischer und soziokultureller Rahmenbedingungen. Sie analysieren Spannungsfelder im Partizipationsdiskurs, vielfältige Partizipationsmöglichkeiten und studentische Erfahrungen. So werden Problemfelder der Partizipation herausgearbeitet, um zur erziehungs- und bildungswissenschaftlichen Reflexion ebenso wie zum Transfer in die Lehrpraxis anzuregen. *Anna Heudorfer* vertritt in ihrem Beitrag „Partizipation an Wissenschaft und ihr demokratiebildendes Potenzial" die These, dass Kontexte „doppelter Partizipation" von Studierenden und externen Akteur:innen besondere Potenziale für eine demokratische Aushandlung bieten. Entlang eines Stufenmodells zeigt sie verschiedene Formen studentischer Partizipation in Lehre, Forschung und Transfer auf. Wissenschaft versteht die Autorin dabei praxistheoretisch als dynamisches „doing", das sich verändert, wenn Wissenschaftlichkeit nicht nur von Lehrenden vermittelt, sondern gemeinsam mit Studierenden ausgehandelt wird. So können in der Hochschule Räume für Demokratiebildung entstehen. Studentische Partizipation kann aber auch einen Beitrag zur nachhaltigen Hochschulentwicklung in Deutschland leisten, wie *Aline Steger* zeigt. Ihre theoretische Auseinandersetzung mit verschiedenen Partizipationsmodellen skizziert das breite Spektrum von formaler Beteiligung bis hin zur Mitgestaltung von Entscheidungsprozessen, was in der Perspektive von Partizipation zumindest potenziell verhandelt werden kann. Ihr forschungsorientierter Entwicklungsbeitrag befasst sich mit den Herausforderungen und Chancen hochschulpolitischer Partizipation und betont die Notwendigkeit, studentische Partizipation als integralen Bestandteil nachhaltiger Hochschulentwicklung zu fördern. Wie auch Studierende in die Wissenschaft eingebunden werden können, zeigt der Beitrag von *Susanne Wollin-Giering* und *Jochen Gläser* mit dem Titel „Field-Specific Student Participation in Research Processes". Die Autor:innen untersuchen empirisch den Zusammenhang zwischen den epistemischen Eigenschaften von Forschungsprozessen und Forschungsfeldern und vergleichen am Beispiel der Neueren Deutschen Literatur und der Experimentellen Festkörperphysik, wie Partizipationsmechanismen in Forschungsprozessen ausgestaltet sind.

Die nächsten Beiträge fokussieren weniger Formen und Möglichkeiten kommunikativer Aushandlung als vielmehr strukturelle Perspektiven und damit vor allem die Partizipation auf institutioneller Ebene. So dient der Beitrag „Formelle und informelle Partizipation von Studierenden für ein gelebtes Qualitätsmanagement" von *Adrian Bucher* und *Luc Duvoid* als Ausgangspunkt für die Diskussion einer möglichst effektiven studentischen Partizipation im Qualitätsmanagement. Wenn Strukturen geschaffen werden, die Studierende als Teil dieses Prozesses einbeziehen, so die Autoren, können formelle und informelle Kontakte entstehen, die zur Weiterentwicklung der Organisation beitragen. Neben Strukturen der Qualitätssicherung und -entwicklung ist aber auch das Wissen der Studierenden über diesbezügliche Praxen und Prozesse relevant. So zeigen *Sophia Albrecht*, *Katharina Kaiser* und *Johannes Waldenburger* in ihrem Beitrag „Qualität lehren, Partizipation fördern? Ein hochschulisches Seminar für Studierende" anhand eines Seminars zu Themen des Qualitätsmanagements und der Partizipation, wie dem fehlenden Wissen der Studierenden begegnet und wie damit die Partizipation an der Qualitätsentwicklung in Studium und Lehre erhöht werden kann. Aber nicht nur im Qualitätsmanagement, sondern auch in der Fachschafts- und Gremienarbeit wird studentische Partizipation thematisiert. Zwei weitere Beiträge nehmen aktuelle empirische Befunde zu rückläufiger Partizipation in der Studierendenschaft zum Ausgangspunkt ihrer Überlegungen. Unter dem Titel „Scheinpartizipation überwinden" stellt *Annalisa Biehl* ein Partizipationsmodell für Fachschaften vor. Ihr Beitrag zielt darauf ab, mögliche Hürden für die Arbeit von Fachschaften zu identifizieren. Der Beitrag von *Dorle Stecher, Johanna Schnurr* und *Daphne Reim* („Zwischen studentischem Engagement und akademischer Anerkennung") stellt die Entwicklung eines Moduls vor, in dem Studierende Credit Points für ihre Gremienarbeit erhalten. Der explorative Beitrag von *Selina Gartner* und *Erika Unterpertinger* („Ich bin genauso Teil des Projekts irgendwie" – Studentische Partizipation auf Ebene von studentischer Mitarbeit") befasst sich mit Tutor:innen und Studienassistent:innen und beleuchtet die Selbstwahrnehmung studentischer Mitarbeiter:innen als Partizipierende an Hochschulen. Die thematische Analyse von zwei Gruppendiskussionen zeigt, dass diese Mitarbeitenden ein ausgeprägtes Bewusstsein für die Förderung der Partizipation anderer haben, sich selbst aber oft nicht als Partizipierende wahrnehmen.

In einigen Beiträgen wird Partizipation in Curriculumentwicklung und Lehre zum Thema. *Verena Köstler, Jonas Krinninger, Martina Gallenmüller, Hannes Birnkammerer* und *Jutta Mägdefrau* betonen in ihrem Beitrag „Studierendenpartizipation in der Studiengangsentwicklung" die Bedeutung einer systematischen und frühzeitigen Einbindung von Studierenden in die Qualitätssicherung auf Studiengangsebene. Sie stellen ein datenbasiertes Verfahren vor, das mit handlungspraktischen Empfehlungen für eine nachhaltige Implementierung von Partizipation in Hochschulentwicklungsprozessen einhergeht. *Nora Leben, Katja Reinecke* und *Cynthia E. Heiner* argumentieren in ihrem Beitrag „Prozessbegleitung studentischer Partizipation in Hochschullehre und Curriculumsentwicklung", dass durch die aktive Einbindung von Studierenden Gestaltungsräume für lernförderliche Studienangebote entstehen. Der Beitrag beschreibt die Unterstützung und Zusammenarbeit von Studierenden und Lehrenden auf Lehrveranstaltungs- und Curriculumsebene. Anhand von zwei partizipativen Projekten an der Freien Universität Berlin werden Prinzipien und Erfolgsfaktoren identifiziert, die eine effektive studentische Beteiligung an der Lehre fördern. Ähnlich argumentieren *Nina Hatsikas-Schroeder, Tanja Rüdisühli, Jeremias Amstutz* sowie *Jacqueline Zimmermann* („Individuelle Lernprozesse begleiten – wie geht das?") und stellen ein ko-kreatives Projektdesign vor, das die Erfahrungen und Expertisen von Studierenden und Lehrenden zur Begleitung individueller Lernprozesse vereint. Konkrete Vorschläge zur Implementierung der Erkenntnisse in

Lehrformate der Fachhochschule werden entwickelt. *Christiane Wittich* („Studentische Partizipation in einem agilen Lehr-/Lernkontext") konzentriert sich anschließend auf die Gestaltung studentischer Partizipation in einem Mastermodul der Erziehungswissenschaften an einer Fernuniversität. Agilität wird von ihr als Schlüssel für ein neues Lernen gesehen, das anstelle reproduktiver, lehrzentrierter Methoden einen flexiblen, selbstgesteuerten und studierendenzentrierten Ansatz verfolgt. Lernprozesse verlaufen iterativ, werden gemeinsam reflektiert und Entscheidungen kollaborativ getroffen, was aus ihrer Sicht Anpassungsfähigkeit und zukunftsrelevante Kompetenzen fördert. *Janis Wehde* untersucht die „Effekte eines partizipativen Lehrmoduls zur Demokratiebildung im Lehramtsstudium". Dieses Modul umfasst zwei Sitzungen und vermag – so zeigen die Ergebnisse – die Selbstwirksamkeitserwartungen der Studierenden zur partizipativ-verfahrensorientierten Unterrichtsgestaltung sowie das methodische Wissen zur demokratischen Erarbeitung von Beurteilungskriterien in unterrichtlichen Lehr-Lern-Arrangements zu steigern. Schließlich stellen *Stefan Gysin*, *Christian Schirlo* und *Peter Tremp* in ihrem Beitrag „Studierende in hochschuldidaktischen Weiterbildungskursen beteiligen" ein Konzept für einen hochschuldidaktischen Weiterbildungskurs vor, der die Studierendenperspektive systematisch integriert. Studierende nehmen an den Veranstaltungen teil und bringen ihre Sicht auf Lehre, ihre Erfahrungen im Studium und ihre Vorstellungen von gelungenem Lernen ein. Ziel der Kurse ist es, die hochschuldidaktischen Kompetenzen der Lehrenden zu erweitern und die Lehrentwicklung und -qualität durch den diskursiven Austausch mit den Studierenden zu verbessern.

In der Gesamtschau der Beiträge lässt sich ein vielfältiger, jedoch auch disparater Diskurs rund um das Thema des Hefts – studentische Partizipation – feststellen. Erforderlich wird damit eine Reflexion über die programmatische Ausrichtung der studentischen Partizipation – verbunden nicht zuletzt mit einer normativen Entscheidung darüber, was die Hochschule als Teil der Gesellschaft darunter verstehen will.

Ein solches Themenheft wäre ohne viele Menschen im Hintergrund nicht denkbar. Wir danken neben den Autor:innen und Reviewer:innen insbesondere Elisabeth Stadler für die umsichtige Unterstützung im Hintergrund.

Literatur

Benner, D. (2012). *Bildung und Kompetenz. Studien zur Bildungstheorie, systematischen Didaktik und Bildungsforschung.* Schöningh.

Healey, M., Flint, A., & Harrington, K. (2016). Students As Partners: Reflections on a Conceptual Model. *Teaching and Learning Inquiry, 4*(2), 8–20. https://doi.org/10.20343/teachlearninqu.4.2.3

Hericks, N. (2018). *Hochschulen im Spannungsfeld der Bologna-Reform. Erfolge und ungewollte Nebenfolgen aus interdisziplinärer Perspektive.* Springer.

Klafki, W. (2007). *Neue Studien zur Bildungstheorie und Didaktik. Zeitgemäße Allgemeinbildung und kritisch-konstruktive Didaktik.* 6., neu ausgestattete Aufl. Beltz.

Lenz, A. (2006). Psychologische Dimension der Partizipation: Überlegungen zu einer theoretischen Fundierung eines Handlungs- und Ordnungsprinzips. In M. Seckinger (Hrsg.), *Partizipation – ein zentrales Paradigma: Analysen und Berichte aus psychosozialen und medizinischen Handlungsfeldern* (S. 13–34) Tübingen.

Matthews, K.E., Dwyer, A., Hine, L., & Turner, J. (2018). Conceptions of students as partners. *Higher Education, 76*(6), 957–971. https://doi.org/10.1007/s10734-018-0257-y

Mayrberger, K. (2019). *Partizipative Mediendidaktik. Gestaltung der (Hochschul-)Bildung unter den Bedingungen der Digitalisierung.* Juventa.

Schimank, U. (2020). 9. Gruppen und Organisationen. In H. Joas & S. Mau (Hrsg.), *Lehrbuch der Soziologie* (S. 321–346). Campus.

Swertz, C. (2014). Freiheit durch Partizipation. Ein Oxymoron? In R. Biermann, J. Fromme & D. Verständig (Hrsg.), *Partizipative Medienkulturen. Medienbildung und Gesellschaft* (S. 69–87). Springer VS. https://doi.org/10.1007/978-3-658-01793-4_4

Wissenschaftsrat. (2022). *Empfehlungen für eine zukunftsfähige Ausgestaltung von Studium und Lehre.* https://www.wissenschaftsrat.de/download/2022/9699-22.html

Eik Gädeke[1] & Sabrina Schaper[2]

Über die (Un-)Möglichkeit studentischer Partizipation: Verständigungen und Spannungsfelder im Erfahrungsraum Hochschule

Zusammenfassung

Der Artikel fokussiert auf Partizipation im Hochschulstudium unter Berücksichtigung organisationaler und soziokultureller Bedingungen. Dazu werden zunächst anhand von Spannungsfeldern im Partizipationsdiskurs, polykontexturalen Partizipationsmöglichkeiten und Erfahrungen von Studierenden als Partizipierende empirische Leerstellen und Paradoxien aufgezeigt. Anschließend wird die Verflechtung von lebensweltlichen und organisatorischen Herausforderungen, insbesondere bei hochschulischen Übergängen, beleuchtet. Aus beiden Argumentationslinien ergibt sich schließlich ein Fokus auf unterschiedliche „Problematiken" des Partizipierens, deren Bearbeitung zur erziehungswissenschaftlichen Reflexion und zum Transfer in die Lehrpraxis anregen soll.

Schlüsselwörter

Übergangsforschung, Studieren, Partizipation, Bologna, Hochschule

---

1   Corresponding author; FernUniversität in Hagen; eik.gaedeke@fernuni-hagen.de; OR-
    CID 0000-0003-4512-3584
2   FernUniversität in Hagen; sabrina.schaper@fernuni-hagen.de; ORCID 0000-0002-5056-
    6745

https://doi.org/10.21240/zfhe/19-03/02

Eik Gädeke & Sabrina Schaper

On the (im)possibility of student participation: Understandings and areas of tension in the university experience

Abstract

This paper focuses on participation in higher education studies, taking into account organisational and sociocultural conditions. Firstly, it highlights empirical gaps and paradoxes by examining areas of tension in the discourse on participation, polycontextual participation possibilities, and students' experiences as participants. Secondly, it sheds light on the interweaving of everyday life challenges and organisational challenges, especially during transitions in higher education. Both lines of argumentation ultimately lead to a focus on various "problems" with participation, with the aim of stimulating educational reflection and transfer into teaching practice.

Keywords

transition research, higher education, participation, Bologna

1. Einführung

Überlegungen, Diskussionen und Programme zur Partizipation finden sich in allen gesellschaftlichen Bereichen wieder (aktueller: Achour & Gill, 2023; Lorenz et al., 2020). Ihnen ist gemein, dass sie auf der Annahme handlungsfähiger Subjekte beruhen, die ihre eigene Lebenswelt produktiv und in kritischer Auseinandersetzung mit den an sie adressierten Problemlagen (mit-)gestalten (z.B. Harles & Lange, 2015). Dies setzt voraus, dass die Teilnahme an gesellschaftlichen oder organisationalen Prozessen von Akteur:innen beherrscht wird oder ohne größere Anstrengungen hergestellt werden kann. Auch in der Erwachsenen- und Hochschulbildung werden dergestalt Annahmen zur Partizipation reproduziert und erscheinen höchst anschlussfähig an das konsensfähige und tradierte Bildungsziel der Förderung mündiger Subjekte. Der Appell „Partizipiere" gründet an Hochschulen auf teils idealistischen, teils programmatischen Vorüberlegungen, die es in Auseinandersetzung mit dem Möglichkeitsraum studentischer Partizipation zu reflektieren gilt.

Diesen Beitrag verstehen wir daher als einen kritisch-problemorientierten Kommentar zur Idee und Umsetzung von Partizipation an Hochschulen. Dabei sollen weder affirmativ noch programmatisch deren Ermöglichungsbedingungen einfach vorgetragen werden. Ziel ist es stattdessen, den Anforderungen an Partizipation im Hochschulkontext auf den Grund zu gehen. Wir verfolgen die These, dass die Auseinandersetzung mit dem „Problem" der Partizipation selbst eine wesentliche Bedingung für gelingende Partizipation in der Hochschulbildung darstellt, die zur Reflexion und zum Transfer in die Lehrpraxis anregen soll.

Um diesen Voraussetzungen in ihren Ambivalenzen nachzugehen, betrachten wir **erstens** Spannungsfelder, in denen der Partizipationsdiskurs (in und außerhalb der Erziehungswissenschaft) eingebettet ist, **zweitens** wenden wir uns den polykontexturalen Bedingungen der Hochschule als Partizipationsraum zu. **Drittens** fragen wir, inwieweit und warum Studierende sich (nicht) als Partizipierende erfahren. Unter Einbezug eigener empirischer Studien wird aufgezeigt, wie lebensweltliche Verstrickungen und organisatorische Herausforderungen – insbesondere an den hochschulischen Übergängen – in der studentischen Alltagspraxis häufig so ineinandergreifen, dass sie spezifische Studienorientierungen und damit auch hochschulische Teilhabe-möglichkeiten prägen. Beitragsübergreifend werden wir sowohl empirische Leer-stellen als auch programmatische Paradoxien rund um Partizipation im Studium of-fenlegen (Zirfas, 2015).

2. Partizipation?!

„Schlüsselbegriffe, in denen sich die Signatur einer Zeit paradigmatisch ver-dichtet, sind selten rein deskriptiv. Ihr Anspruch ist gleichermaßen diagnos-tisch wie transformativ: Sie bündeln die Herausforderungen, denen sich eine Epoche ausgesetzt sieht, und geben zugleich an, wie diesen zu begegnen wäre. Sie fordern zum Handeln auf und weisen ihm die Richtung." (Bröckling, 2017, S. 113)

Partizipation gehört in unserer gegenwärtigen Gesellschaft zweifellos zu jenen poli-tisch grundierten Begriffen, die für die Gestaltung von (repräsentativer) Demokratie unverzichtbar erscheinen. Dabei eröffnet die Annäherung an den Partizipationsdis-kurs eine Reihe von Spannungsfeldern.

Zunächst erweist es sich als herausfordernd, dass sich Partizipation zu den Begriffen Teilhabe, Teilnahme, Integration und Inklusion selten trennscharf unterscheiden lässt. Vielmehr vermischen sich die Diskurse, wobei problematische Motive, Wider-sprüche und blinde Flecken meist unausgesprochen bleiben. Denn Partizipation be-tont einerseits autonome Zielvorstellungen von einem mündigen und selbstbestimm-ten Subjekt und impliziert damit einen emanzipatorischen Anspruch, andererseits enthält der im Begriff angelegte Appell die Machtmittel zur Integration und Sys-temstabilisierung. Einige erkennen im Ruf nach mehr Partizipation eine postdemo-kratische Regierungsform (Harles & Lange, 2015), in der das Leben mittels gouver-nementaler Handlungs- und Rationalitätsmuster arrangiert und verwaltet werden soll. Mit dem obigen Zitat von Bröckling (2017) weitergedacht, gehören Partizipati-onsadressierungen zu den „sanften" Regierungskünsten und „weichen" Disziplinie-rungstechniken, die als Schlüsseltechnologien des Selbst auf freiwillige Mitwirkung, personelle Bindungen und den zwanglosen Zwang des besseren Arguments setzen. Aus diskursanalytischer Perspektive ließe sich Partizipation wohl deswegen zu Brröcklings Liste der zeitgenössischen Dispositive der Menschenführung problemlos hinzufügen, zu denen er Prävention, Resilienz, Nudging, Feedback etc. zählt. Solche Dispositive bringen Subjekte hervor. Sie bieten übergreifende Handlungsorientierungen, Verfahren zur Konfliktbearbeitung und sind immanent auf eine Vorsorge für die Zukunft ausgerichtet. In erziehungswissenschaftlichen Diskursen wird ihr idealisierter Kern zuweilen übernommen, ohne sich der eigenen disziplinären Grundlagen hinreichend zu versichern.

Ein zweites Spannungsfeld ergibt sich im Hinblick auf die intendierten Effekte pädagogischen Handelns. Hierbei stellt sich die Frage, ob Forderungen und Versprechen partizipativer Pädagogik tatsächlich geeignet sind, den in Erziehungs- und Bildungsprozessen eingeschriebenen Antinomien von Nähe und Distanz, Autonomie und Heteronomie, Organisation und Interaktion (Helsper & Lingkost, 2013) oder schlicht dem „Diskurs zwischen Ungleichen" (Reichenbach, 2005) angemessen Rechnung zu tragen. Denn hierbei gilt es zu beachten, dass die Einhegung des Partizipationsbegriffs in erziehungswissenschaftliche Theoriebildung und Diskurse per se schon nicht frei von Widersprüchen und Ambivalenzen ist (Jergus, 2020): Partizipation stellt eine Vereindeutigung bzw. einen Verlust an Mehrdeutigkeit her, wohingegen pädagogisches Wissen sonst üblicherweise als umstritten gilt und rezeptförmige Handlungsanweisungen durch den grundbegrifflich-reflexiven Kanon selbst ausgehebelt werden (Koller, 2004).

In Anbetracht dieser beiden Spannungsfelder steht die generalisierende und motivationale Inanspruchnahme des Partizipationsbegriffs als Konsens- und Versöhnungsformel im Verdacht, strukturelle Schwächen und Mängel demokratischer Institutionen und in ihr herrschende Machtasymmetrien auszublenden. So sind Bildungsinstitutionen – insbesondere Schulen und Hochschulen – stets selektiv und bereits an ihren Übergängen exklusiv und segregativ gestaltet (Ahrens & Wimmer, 2014). Aus Perspektive einer erziehungswissenschaftlichen Hochschulforschung ergibt sich daraus forschungsseitig die Notwendigkeit, zum einen nach den organisationalen Besonderheiten von Hochschulen als Partizipationsraum zu fragen (vgl. Kapitel 3) und zum anderen empirisch den Fokus auf Über- und Eingänge ins Hochschulstudium zu richten (vgl. Kapitel 4). Dies soll nachfolgend dargelegt werden.

3. Hochschule als Möglichkeitsraum für Partizipation?

Der Debatte um Partizipation voraus gehen grundsätzliche Fragen der Gestaltung sowie der Organisier- und Steuerbarkeit von Lehre und Forschung: Hochschulen sind geprägt durch „polykontexturale Verhältnisse" (Jansen & Vogd, 2013, S. 347 ff.). Innerhalb und außerhalb der Organisation greifen Handlungslogiken und Organisationsziele von unter anderem Wissenschaft, Erziehung, Politik und Administration zu Teilen produktiv ineinander, stehen oft aber auch unvereinbar nebeneinander. Wer studiert, nimmt zwangsläufig teil an der Komplexität sowie den Widersprüchlichkeiten und Antinomien der Hochschule, ohne sich dessen immer explizit bewusst zu sein oder die eigenen Spielräume innerhalb dieses Gefüges direkt ausmachen zu können (Aksoy & Schaper, 2023). Praktiken des Gestaltens, Steuerns und Organisierens sind demnach an Hochschulen zugleich Praktiken des Umgangs mit Polykontexturalität.

Dies hat Auswirkungen darauf, wie (studentische) Partizipation in Hochschulen gedacht und umgesetzt werden kann: Der Hochschulkontext wartet mit vielfältigen Ansprüchen auf, nach denen sich verschiedene Logiken des Partizipierens unterscheiden lassen. Dazu gehören unter anderem die Partizipation an Verwaltungsprozessen im Sinne des Qualitätsmanagements, partizipative Gestaltungsansätze in der Hochschullehre sowie die Vorstellung, dass Studierende unter dem Credo einer Bildung durch Wissenschaft als eigenständig Forschende am Wissenschaftssystem teilnehmen (können) (Huber & Reinmann, 2019). Vor dem Hintergrund dieser Logiken lässt sich Teilnahme nach Zirfas (2015, H.i.O., o.S.) „konsequent wohl nur als ein offenes Programm formulieren, als *Arena* des Streits über angemessene Formen der Selbst- und Mitbestimmung, über adäquate Teilhabe- und Repräsentationsmöglichkeiten". Die Bewegung in einer solchen hochschulischen Arena des Streits muss gleichermaßen gelernt und gelebt werden. Sie führt Studierende durch die skizzierten Spannungsfelder, die lediglich analytisch trennbar sind – nicht jedoch aus der Perspektive studentischer Lebenswelten.

Als das „Herzstück" (Bargel, 2000) studentischer Partizipation gilt die akademische Selbstverwaltung (z.B. Fachschaften, AstA und Gremienarbeit). Darüber hinaus sind im Zuge des Bologna-Prozesses Partizipationserwartungen an Studierende zunehmend Teil von Hochschulentwicklung geworden. Für die Umsetzung des Managements der Hochschule, die im Rahmen des Steuerungsmodells New Public Management agiert, spielen Evaluations-, Qualitätssicherungs- und Akkreditierungsverfahren von Studiengängen und Studienangeboten eine besondere Rolle (Raffaele & Rediger, 2021). Die Partizipationsmöglichkeiten sind diesbezüglich an vielen Hochschulen ausgeweitet worden und gleichzeitig werden solche Angebote weniger angenommen (Ditzel & Bergt, 2013). Dies legt nahe, nicht nur den Möglichkeitsraum und dessen Angebotsstruktur zu beleuchten, sondern Deutungen des (Nicht-)Partizipierens innerhalb studentischer Alltagspraxis aufzuspüren und sich damit dem Spannungsfeld von Biografie, Institution und Sozialstruktur anzunähern.

4. Partizipieren als mögliche Praxis des Studierens?

Die Partizipationsrolle von Studierenden erweist sich im Angesicht polykontexturaler Verhältnisse an Hochschulen als umstritten. Zunächst muss übergreifend anerkannt werden: Generalisierbare Partizipationsformen gibt es im Hochschulstudium nicht. Vielmehr stehen diese im Kontext von (inter-)subjektiven Sinnwelten und ihrer jeweiligen Sozial- und Organisationsstruktur. So sind bestehende Metaphern im Forschungsfeld als Teil eines andauernden Verständigungs- und Aushandlungsprozesses zu lesen, wenn das Verhältnis zwischen Studierenden und Hochschule beispielsweise als Parcours (Pfaff-Czarnecka, 2017) verbildlicht wird. Schon weniger werden Studierende als „Gladiatoren" (Reichenbach, 2005, S. 40) betrachtet, die sich in kämpferischer Absicht in die Arena (hochschul-)politischer Diskussionen werfen – gleichwohl Gremienarbeit und Fachschaften Raum zum Protest an politischen, ökonomischen und gesellschaftlichen Verhältnissen erlauben. Das zu erwarten oder anzunehmen, erweist sich als zunehmend illusorisch, haben doch die meisten durch die modularisierte Studienstruktur mit den Herausforderungen von Zeit-, Leistungsdruck, studentischer Selbstorganisation und der Lösung wachsender finanzieller Engpässe zu kämpfen (Gädeke, 2023; Schaper, 2023). Aufgrund dessen zeigt der empirische Blick in die Hochschule schnell, dass nicht jede:r Studierende der Aufforderung zur Partizipation in gleicher Weise nachkommt oder entsprechende Angebote überhaupt wahrnimmt (Pensel et al., 2020, S. 56ff.). Begründen lässt sich das durch ein Gefühl fehlender Gestaltungsmacht. Strukturell gesehen handelt es sich nach Pasternack (2020, S. 79) um eine sogenannte „Partizipationsfalle". Neben den statusrechtlich geringen Einflussmöglichkeiten von Studierenden gegenüber Mittelbau und Professor:innen kommen das komplexe Austarieren von rechtlichen Rahmen und universitären Strukturen sowie gesteigerte Formalisierungs- und Bürokratisierungstendenzen hinzu, die zum Alltag der (eingeforderten) Beteiligungsstrukturen gehören, den Wunsch nach Partizipation aber letztlich eher verhindern als fördern (ebd.).

Plausibler erscheint es deswegen, um wiederum Reichenbach (2005, S. 40) zu folgen, Studierende zu interessierten und informierten „Zuschauern" zu machen, die halbwegs verstehen, was in der Arena abläuft, und dazu Stellung nehmen könnten. In dieser Rolle können sie sich aktiv in hochschulische Diskussionen verwickeln, haben zugleich aber die Möglichkeit, Rückzugsräume aufzusuchen und dem Geschehen aus einiger Distanz zu folgen. Der Idee universitärer Bildung folgend, erfahren Studierende die Universität als Diskursraum mit einem spezifisch verbundenen Wissens- und Wahrheitsanspruch. Kontroversität, Dissens und der Wettstreit von Perspektiven und Positionen gehören idealiter ebenso dazu, wie dass das Studium für die Schwierigkeit sensibilisiert, Eindeutigkeiten in Form theoretischer und empirischer Gewissheiten herzustellen. Die Fokussierung der Universität als Arena innerhochschulischer und gesellschaftlicher Auseinandersetzungen steht allerdings im Kontrast zu solchen Beobachtungen, die eine Zurückhaltung von Studierenden bei streitbaren (gesellschaftlichen) Themen innerhalb der *academia* ausmachen (Rieger-Ladich et al., 2021). Aber auch neben den Auswirkungen der sogenannten Cancel Culture gehört das akademische Sprachspiel seit jeher zur *Doxa* des universitären Feldes, in der die Codes und Verhaltensweisen sozialer Distinktion und Anerkennung sich weithin reproduzieren und Muster von Herrschaft ausbilden.[3] Nicht zuletzt dann, wenn ihnen die Institution keine Räume und keine Gelegenheiten offeriert, sich in der hochschulischen Arena auszuprobieren, Fehler zu machen, Umwege zu gehen und Irrtümer zu erfahren. Andere erkennen in der Bologna-Struktur deswegen neue Formen der Beschränkung akademischer Rede (Thompson, 2020; Miller & Ostertag, 2016). Diese Effekte verstärken sich (mitunter) und – das hat die Corona-

---

3 Wie bereits Reichenbach und Pongratz feststellen, ist der gegenwärtige Partizipationsdiskurs weniger an der Aufdeckung solcher Ambivalenzen interessiert, während in den 1960er-Jahren innerhalb einer erziehungswissenschaftlichen Debatte noch ein Interesse bestand, Diskursivität als Bildungsziel zu fördern (Reichenbach & Pongratz, 2009, S. 833).

Pandemie nachträglich verdeutlicht – Hochschulen sind dann weder Aktivitätszentren noch bieten sie Rückzugsräume für sinnstiftende Reflexionen: Sie werden zum „Geisterbahnhof" (Pongratz, 2017, S. 57).

Diese metaphorischen Annäherungen zeigen: Bevor darüber nachgedacht werden kann, wie Studierende (noch mehr) partizipieren können, stellen sich grundsätzliche Fragen des Ankommens, Teilnehmens und Passens in Aushandlung mit den strukturellen Bedingungen des Hochschulstudiums. Die entscheidenden Erfahrungszusammenhänge ergeben sich vor allem im Übergang von Schul- und Berufskontexten ins Studium. Dabei zeigt sich empirisch, dass der Übergang ins Studium keine ausschließliche Herausforderung der ersten Tage und Wochen an der Hochschule ist. Vergleichsweise überfordernde und verunsichernde Bruch- und Übergangserfahrungen können über das gesamte Studium hinweg eine Rolle spielen und bleiben nicht auf die formal gerahmten Orientierungswochen beschränkt (Schaper, 2023, S. 160ff.). Machtphänomene können hier aus zwei Perspektiven betrachtet werden: zum einen im Hinblick auf Schließungs- und Selektionsmechanismen, die zu anhaltenden Erfahrungen der (Nicht-)Passung ins Studium führen. Zum anderen geht es um die „produktiven Seiten, die diese machtvollen Prozesse entfalten: im Aktualisieren von Handlungsfähigkeit, in Möglichkeiten der Bedeutungsverschiebung und der Entwicklung von Gegenentwürfen" (Wanka et al., 2020, S. 21). Entsprechend gilt es, den Blick auf die „*Modi*, in denen Übergänge hergestellt und gestaltet werden" zu richten (ebd.; H.i.O.), um Aussagen dazu treffen zu können, inwieweit Spielräume für Partizipation eröffnet werden oder von Anfang an verschlossen bleiben. Nachfolgend werden zwei dieser Modi vorgestellt:

1) Verunsicherungen: Die größte Brucherfahrung offenbart sich im direkten Übergang von der Schule ins Studium. So heißt es bei den von Gädeke (2023, S. 239) geführten Interviews mit Jasmin beispielsweise: „Es war ganz aufregend Erstsemester zu sein, und ähm man weiß ja überhaupt nicht, was überhaupt ähm auf einen zukommt. Man kennt Uni nicht; man weiß gar nichts." Charakteristisch für studentische Erzählungen sind die Erfahrungen mit den Selbst- und Fremdanforderungen des Studiums. Jedoch bezieht sich die mitunter erfahrene Freiheit nicht auf flexible Studiengangsstrukturen mit zahlreichen Wahlmöglichkeiten, die oft in den Curricula nicht vorhanden sind. Erfahrungen mit Freiheit und Unbestimmtheit machen Studierende stattdessen im Hinblick auf ihre eigene Arbeitsorganisation, auf den Informationsfluss an Hochschulen, auf die ersten Auseinandersetzungen mit dem Wissenschaftssystem und auf ihre Beziehung zu anderen Hochschulakteur:innen (Schaper, 2023, S. 59ff.). Zwar ergeben sich in der Begegnung mit Lehrenden oder höhersemestrigen Studierenden (vor allem in Einführungswochen) wichtige Spielräume und Bildungsanlässe, jedoch reagiert ein Teil der Studierenden auf die Polykontexturalität der Hochschulen mit Verunsicherung und einem stark angepassten Verhalten: Unter dem Credo der Freiheit werden Missstände, Herausforderungen und Problematiken von (Infra-)Strukturen, Lehrangeboten und Umgangsweisen nicht selten als unveränderlich gegeben akzeptiert (Schaper, 2023, S. 167). Als subjektivierungstheoretisches Paradox kommt dieser Umstand im Fall Eduard besonders treffend zum Ausdruck, wenn er den Übergang in sein Studium und die diffus adressierten Freiheitsversprechen reflektiert:

„auch die klassischen Sprüche wie (.) es ist ein Eigenstudium. seid euch dessen bewusst; das wei:ß man aber nicht vorher bis man das (.) wirklich (.) am eigenen Leibe erfahren hat. hingesetzt zu werden und (.) die Uni sagt ((klatscht in die Hände)) das ist deine Aufgabe, das wollen wir am Ende des Semesters sehen, so," (Gädeke, 2023, S. 227)

Für Eduard steht die Universität als „vorgeschriebenes Programm" (ebd.) nicht im Widerspruch zum Eigenstudium. Vielmehr begreift er beides als vermeintlich Zusammenhängendes. Messerschmidt (2016) schreibt dazu: „Es wird für [Studierende] ausgesprochen schwierig, eigenes Unbehagen an den Zumutungen des Bildungssystems auszudrücken, wenn alles, was von ihnen verlangt wird, ein freiheitliches Aussehen annimmt [...]" (S. 45). Die Erfahrung, dass es vorrangig bei der/dem Einzelnen liegt, mit der Freiheit des (vorgegebenen) Universitätsstudiums umzugehen, steht hier einer studentischen Partizipation an Entscheidungsprozessen und Veränderungsdiskursen eher gegenüber, als dass sie diese begünstigt.

2) Adressierungen und Beziehungen: Wie in Kapitel 2 bereits festgehalten, rekurriert Partizipation auf bestimmte Praktiken der Adressierung und Ansprache von selbstbestimmten und handlungsfähigen Subjekten. Empirisch lässt sich allerdings nachweisen, dass viele Studierende sich im Vergleich zur Schule im Hochschulstudium anonym fühlen und durch die stärkere Modularisierung der Studiengänge eine Einschränkung ihrer Handlungsmöglichkeiten erfahren. Dies resultiert u.a. aus der Größe der Studiengänge und den sich daraus ergebenden geringen Berührungspunkten und Kontaktzeiten mit Lehrenden. Im Übergang in den neuen, noch fremden Bildungskontext Hochschule fühlen sich Studierende durch fehlende Vier-Augen-Gespräche und Rückmeldungen nicht selten verunsichert. Doch im Verlauf des Studiums wird dieses Gefühl zunehmend akzeptiert und als Charakteristikum des Studiums hingenommen (Schaper, 2023, S. 273). Diese Beobachtungen legen nahe, dass studentische Partizipationsmöglichkeiten und -orientierungen eng daran geknüpft sind, inwieweit Erfahrungen von Zugehörigkeit und Nicht-Zugehörigkeit an einer Hochschule ausgelöst werden. Zudem spielt eine Rolle, wie konform oder widerständig sich Studierende zu den Anforderungen des Studiengangs verhalten, wenn im Studium etwas (nicht) funktioniert, erodiert oder sozialisierte Praxisformen nur um den Preis anderer Kompensations- und Distinktionsmaßnahmen und Erfahrungsblockaden aufrechterhalten werden können (Gädeke, 2023, S. 196–248). Multrus et al. (2017) weisen vor diesem Hintergrund auf das Risiko der Desintegration durch fehlende Adressierungs- und Anerkennungspraktiken im Studium hin: Es droht eine „Entpersonalisierung, wenn scheinbar nur die Leistung zählt" und „Isolation, wenn Studierende der Meinung sind, ihre Abwesenheit von der Hochschule falle niemandem auf" (S. 45).

Die hier angeführten Fallauszüge zu den Übergangsmodi zeigen, dass Partizipation weder rein programmatisch noch strukturell ‚eingeräumt' werden kann, ohne die alltagspraktischen Eigenheiten des Studiums zu reflektieren. Hochschule als ein Feld sozialer Praxis wird durch Kommiliton:innen und Lehrende bzw. durch soziale Andere strukturiert. Bestimmte Denk- und Lebensweisen werden anerkannt und gefördert, andere hingegen gehemmt oder ausgegrenzt. Erwartungen an das Studium können so teils systematisch, teils unbewusst enttäuscht werden und die Bereitschaft zur Partizipation bedingen.

5. Fazit

Ziel dieses Artikels war es, einen problemorientierten Kommentar zu den Bedingungen studentischer Partizipation vorzunehmen. Wohl wissend, dass nicht alle Aspekte des Partizipierens in einem solchen Beitrag ausreichend beleuchtet werden können, war es uns darum gelegen, widerstreitende Verständnisse um Partizipation freizulegen. Als Lehrende erfahren wir den Partizipationsdiskurs zunächst als verheißungsvoll, dann als widersprüchlich und schließlich als ernüchternd, um dem Studieren in seiner Facettenhaftigkeit gerecht zu werden. Partizipation erweist sich für uns als fragiler Gestaltungsansatz, der ein grundlegendes Erfordernis aufzeigt: den Verunsicherungen auf studentischer Seite, vor allem an den Übergängen zur Hochschule, immer wieder im sozialen Miteinander zu begegnen. Dies betrifft auch den Transfer solcher Erkenntnisse in die Lehrpraxis. Aus praxeologischer Sicht ist festzustellen, dass Übergänge Partizipationsräume öffnen und schließen, die als „soziale Zustandswechsel gestaltet und darüber *immer wieder hergestellt* werden" (Andresen et al., 2022, S. 16, H.i.O.) müssen. Die zu Beginn aufgeworfene machtanalytische Perspektive offenbart in diesem Kontext Ordnungs- und Subjektbildungsprozesse, die interaktiv und performativ gestaltbar sind.

Eine jahrzehntelange hochschulorientierte Biografieforschung zeigt, dass solche Perspektiven einschlägig über den Habitus einer Person und deren Aneignung der Hochschule zu erforschen sind (z.B. Bremer & Lange-Vester, 2022). Sozialisationskontexte, Einstellungen, politische Wertorientierungen sowie Handlungsmotive bedingen in Aushandlung mit dem Organisationskontext Hochschule, wie das Studium erfahren wird. Eine (Nicht-)Passung beeinflusst die Intensität der Partizipation. Es muss deswegen darum gehen, institutionelle Deutungsmuster und subjektive Spielräume im Gespräch mit Studierenden (frühzeitig) offenzulegen und mit der Analyse gegenwärtiger Steuerungspraktiken im Hochschulbereich zu verbinden. Ein Ansatz wäre, neben einer fachlichen Einführung eine ‚Einführung in die Hochschule' curricular zu verankern. Andernfalls stellt das Antlitz der Partizipationsofferte wenig mehr als eine autorisierende Verführungsgeste (Schäfer, 2014) dar: eine Pädagogisierungsstrategie ohne pädagogisches Denken, die gleichzeitig die politische Dimension des Partizipationsbegriffs verdrängt.

6. Literaturverzeichnis

Achour, S., & Gill, T. (Hrsg.) (2023). *Partizipation und politische Teilhabe mit allen: Auftrag politischer Bildung: Vom Klassenrat zum zivilen Ungehorsam.* Wochenschau Verlag. https://doi.org/10.46499/1934

Andresen, S., Bauer, P., Stauber, B., & Walther, A. (2022). Die Gestaltung und Hervorbringung von Übergängen im Lebenslauf. *Zeitschrift für Pädagogik*, Beiheft 68, 15–31.

Ahrens, S., & Wimmer, M. (2014). Das Demokratieversprechen des Partizipationsdiskurses. Die Gleichsetzung von Demokratie und Partizipation. In A. Schäfer (Hrsg.), *Hegemonie und autorisierende Verführung* (S. 175–199). Ferdinand Schöningh.

Aksoy, F., & Schaper, S. (2023). Studentische Medienpraktiken. Von Taktiken und Strategien an Universitäten. In C. Leineweber, M. Waldmann & M. Wunder (Hrsg.), *Materialität – Digitalisierung – Bildung* (S. 47–65). Julius Klinkhardt. https://doi.org/10.25656/01:26353

Bargel, T. (2000). *Studentische Mitwirkung: Impulsreferat – Fragen zur studentischen Mitwirkung.* Universität Konstanz / Arbeitsgruppe Hochschulforschung. https://nbn-resolving.org/urn:nbn:de:0168-ssoar-236711, Stand vom 17. Dezember 2023.

Bremer, H., & Lange-Vester, A. (Hrsg.) (2022). *Entwicklungen im Feld der Hochschule. Grundlegende Perspektiven, Steuerungen, Übergänge und Ungleichheiten.* Beltz Juventa.

Bröckling, U. (2017). *Gute Hirten führen sanft: Über Menschenregierungskünste.* Suhrkamp.

Ditzel, B., & Bergt, T. (2013). Studentische Partizipation als organisationale Herausforderung – Ergebnisse einer explorativen Studie. In S. M. Weber, M. Göhlich, A. Schröer, C. Fahrenwald & H. Macha (Hrsg.), *Organisation und Partizipation: Beiträge der Kommission Organisationspädagogik* (S. 177–186). Springer VS. https://doi.org/10.1007/978-3-658-00450-7

Gädeke, E. (2023). *Universität und Studium im Postfordismus. Subjekttheoretische Perspektiven und bildungsbiografische Analysen.* Beltz Juventa.

Harles, L., & Lange, D. (Hrsg.) (2015). *Zeitalter der Partizipation: Paradigmenwechsel in Politik und politischer Bildung?* Wochenschau-Verlag.

Helsper, W., & Lingkost, A. (2013). Schülerpartizipation in den Antinomien von Autonomie und Zwang sowie Organisation und Interaktion – exemplarische Rekonstruktionen im Horizont einer Theorie schulischer Anerkennung. In B. Hafeneger, P. Henkenborg & A. Scherr (Hrsg.), *Pädagogik der Anerkennung: Grundlagen, Konzepte, Praxisfelder* (S. 132–156). debus Pädagogik.

Huber, L., & Reinmann, G. (Hrsg.) (2019). *Vom forschungsnahen zum forschenden Lernen an Hochschulen. Wege der Bildung durch Wissenschaft.* Springer VS. https://doi.org/10.1007/978-3-658-24949-6

Jansen, T., & Vogd, W. (2013). Polykontexturale Verhältnisse – disjunkte Rationalitäten am Beispiel von Organisationen. *Zeitschrift für Theoretische Soziologie, 2*(1), 82–97.

Jergus, K. (2020). Partizipation. In G. Weiß & J. Zirfas (Hrsg.), *Handbuch Bildungs- und Erziehungsphilosophie* (S. 453–465). Springer VS. https://doi.org/10.1007/978-3-658-19004-0_39

Koller, H.-C. (2004). *Grundbegriffe, Theorien und Methoden der Erziehungswissenschaft: Eine Einführung.* Kohlhammer.

Lorenz, A., Hoffmann, C.P., & Hitschfeld, U. (Hrsg.) (2020). *Partizipation für alle und alles? Fallstricke, Grenzen und Möglichkeiten.* Springer VS. https://doi.org/10.1007/978-3-658-27898-4

Messerschmidt, A. (2016). Bildung unter widersprüchlichen Bedingungen des Lehrens und Studierens. In T. Miller & M. Ostertag (Hrsg.), *Hochschulbildung* (S. 40–49). De Gruyter. https://doi.org/10.1515/9783110500875

Miller, T., & Ostertag, M. (Hrsg.) (2016). *Hochschulbildung.* De Gruyter. https://doi.org/10.1515/9783110500875

Multrus, F., Majer, S., Bargel, T., & Schmidt, M. (2017). *Studiensituation und studentische Orientierungen. 13. Studierendensurvey an Universitäten und Fachhochschulen.* Bundesministerium für Bildung und Forschung. https://www.fachportal-paedagogik.de/literatur/vollanzeige.html?FId=3262709, Stand vom 03.01.2023.

Pasternack, P. (2020). *Partizipation an Hochschulen. Zwischen Legitimität und Hochschulrecht (HoF-Handreichungen 12)*. Institut für Hochschulforschung (HoF).

Pensel, S., Hofhues, S., & Schiller, J. (2020). „Man ist halt so ein ganz kleiner Teil von diesem ganzen Großen". Rekonstruktion der studentischen Sicht auf digitale Lerninfrastrukturen an Hochschulen. In S. Hofhues, M. Schiefner-Rohs, S. Aßmann & T. Brahm (Hrsg.), *Studierende – Medien – Universität* (S. 41–64). Waxmann. https://doi.org/10.25656/01:20504

Pfaff-Czarnecka, J. (Hrsg.) (2017). *Das soziale Leben der Universität: Studentischer Alltag zwischen Selbstfindung und Fremdbestimmung*. transcript.

Pongratz, L. (2017). *Sich nicht dermaßen regieren lassen – Kritische Pädagogik im Neoliberalismus*. Tuprints. https://tuprints.ulb.tu-darmstadt.de/7238

Raffaele, C., & Rediger, P. (2021). *Die Partizipation Studierender als Kriterium der Qualitätssicherung in Studium und Lehre*. Martin-Luther-Universität Halle-Wittenberg / Institut für Hochschulforschung.

Reichenbach, R. (2005). Diskurse zwischen Ungleichen. Zur Ambivalenz einer partizipativen Pädagogik. In C. Quesel & F. Oser (Hrsg.), *Die Mühen der Freiheit. Probleme und Chancen der Partizipation von Kindern und Jugendlichen* (S. 39–61). Ruegger.

Reichenbach, R., & Pongratz, L. (2009). Einleitung [Kritik der politischen Bildung]. *Zeitschrift für Pädagogik, 55,* 833–836. https://doi.org/10.25656/01:5201

Rieger-Ladich, M., Feldmann, M., & Hoffmann, L. (2021). Streiten lernen. In der Uni? Stimmen aus dem Seminarraum. *PraxisForschungLehrer*innenBildung. Zeitschrift für Schul- und Professionsentwicklung, 3*(5), 38–49. https://doi.org/10.11576/PFLB-4776

Schäfer, A. (Hrsg.) (2014). *Hegemonie und autorisierende Verführung*. Ferdinand Schöningh.

Schaper, S. (2023). *Studierende und ihre Wege durch die Universität: Studentische Handlungsorientierungen unter Bedingungen von organisationalen und akademischen (Un-)Sicherheiten*. FernUniversität in Hagen. https://doi.org/10.18445/20230606-215503-0, Stand vom 17. Dezember 2023.

Thompson, C. (2020). „Science, not silence". Die Öffentlichkeit der Universität an ihren Grenzen. In I. van Ackeren, H. Bremer, F. Kessl, H. C. Koller, N. Pfaff, C. Rotter, D. Klein & U. Salaschek (Hrsg.), *Bewegungen. Beiträge zum 26. Kongress der Deutschen Gesellschaft für Erziehungswissenschaft* (S. 33–44). Barbara Budrich.

Wanka, A., Rieger-Ladich, M., Stauber, B., & Walther, A. (2020). Doing Transitions: Perspektiven und Ziele einer reflexiven Übergangsforschung. In A. Walther, B. Stauber, M. Rieger-Ladich & A. Wanka (Hrsg.), *Reflexive Übergangsforschung* (S. 11–36). Barbara Budrich.

Zirfas, J. (2015). *Kulturelle Bildung und Partizipation: Semantische Unschärfen, regulative Programme und empirische Löcher.* https://www.kubi-online.de/artikel/kulturelle-bildung-partizipation-semantische-unschaerfen-regulative-programme-empirische, Stand vom 17. Dezember 2023.

Anna Heudorfer[1]

Partizipation an Wissenschaft und ihr demokratiebildendes Potenzial

Zusammenfassung

Dieser Beitrag folgt der These, dass Kontexte „doppelter Partizipation", nämlich von Studierenden und hochschulexternen Akteur:innen, besonderes Potenzial aufweisen. Anhand eines Stufenmodells werden verschiedene Möglichkeiten der studentischen Partizipation in den Handlungsfeldern Lehre, Forschung und Transfer dargestellt. Wissenschaft wird aus einer praxistheoretischen Perspektive als *doing* verstanden, das sich verändert, wenn Wissenschaftlichkeit weniger von Lehrenden vermittelt, sondern zwischen den Beteiligten ausgehandelt wird. Dabei können Räume für Demokratiebildung entstehen, die ebendiese in die Handlungsfelder der Hochschule integrieren.

Schlüsselwörter

Partizipation, Demokratiebildung, Praxistheorie, Transfer

1   Stiftung Innovation in der Hochschullehre; heudorfer@stiftung-hochschullehre.de; ORCID 0009-0004-8836-6572

https://doi.org/10.21240/zfhe/19-03/03

Anna Heudorfer

Participation in science and its potential for democracy learning

Abstract

This paper argues that contexts with "double participation" (i.e., by students and external stakeholders) have a particular potential. Using a model that describes steps of participation, various options for student participation in the fields of teaching, research and transfer are presented. From a practice-theoretical perspective, "Wissenschaft" (science) is framed as *doing,* which changes when what is understood as scientific is not taught by researchers but rather negotiated between participants. When this is the case, spaces for democracy learning can emerge and be integrated in the aforementioned fields.

Keywords

participation, democracy learning, practice theory, transfer

1.   Einführung und Partizipationsverständnis

Partizipation ist ein normativ stark aufgeladener Begriff, der überwiegend positiv konnotiert ist. Je breiter die Beteiligung, desto besser. Seltener wird dabei differenziert auf die Gründe geschaut, wer weshalb an einem Prozess teilhaben soll. Dieser Artikel trägt dazu bei, zu begründen, warum die Partizipation an Wissenschaft auch der Wissenschaft selbst nützt. Neben der studentischen wird dabei auch die Partizipation hochschulexterner Akteur:innen fokussiert. Die Kernfrage lautet: Wie kann Partizipation in einem doppelten Sinne, nämlich als Beteiligung dieser beiden Gruppen, gestaltet werden und welche Potenziale ergeben sich daraus?

Betrachtet man dann die Ausgestaltung von Partizipation, gelangt man schnell zu weiteren Fragen: Was heißt es, zu partizipieren und welche Praktiken sind damit verbunden? Ist ein bloßes Dabei-Sein schon Partizipation? Wo liegt die Grenze zur Selbstorganisation, also wann wird Beteiligung zu einem eigenständigen Prozess, in dem nicht mehr teilgenommen, sondern die Verantwortung übernommen wird? Was sind also die minimalen Anforderungen und die maximalen Möglichkeiten der Beteiligung, um von Partizipation sprechen zu können?

Um Partizipation eingrenzen zu können, sind seit den 1960er-Jahren Stufenmodelle entstanden, die verschiedene Grade der Partizipation abbilden. Ich greife hier auf ein Modell von Mayrberger (2019) zurück, das ältere Modelle integriert und sich auf akademisches Lehren und Lernen bezieht.

Stufen	Typen	Partizipationsformen
9	**Typ IV:** volle Autonomie; über Partizipation hinaus	Selbstverwaltung oder Selbstorganisation
8	**Typ III:** Partizipation	Selbstbestimmung
7		Mitbestimmung
6		Mitwirkung
5	**Typ II:** Vorstufen der Partizipation; Pseudo- oder Schein-Beteiligung	Einbeziehung
4		Teilhabe oder Anhörung
3		Alibi-Teilnahme
2	**Typ I:** Nicht-Partizipation	Dekoration oder Anweisung
1		Fremdbestimmung oder Instrumentalisierung

Abb. 1: Stufen, Typen und Formen der Partizipation nach Mayrberger (2019)

Die Definition von Partizipation wird anhand der Abgrenzung „nach oben und unten" vorgenommen. Typ III des Modells beschreibt Partizipation im engeren Sinne und umfasst drei Formen: Selbstbestimmung, Mitbestimmung und Mitwirkung. Interessant ist, wie sich die Partizipationsformen an den Rändern dieses Typus von den anderen Formen unterscheiden: Stufe 9 (Selbstverwaltung und Selbstorganisation) zeichnet sich dadurch aus, dass den Akteur:innen „die völlige Entscheidungsfreiheit und die Verantwortung für Gestaltungsprozesse" obliegt (Mayrberger, 2019, S. 98).

Selbstbestimmung (Stufe 8) bedeutet, dass die Akteur:innen zwar ebenfalls eigeninitiativ Ideen und Projekte verfolgen, dabei aber Unterstützung erhalten, meist von Personen mit einem „höheren machtbezogenen Status in der Sozial- und Entscheidungsstruktur" (Mayrberger, 2019, S. 99). Mitwirkung (Stufe 6) und Einbeziehung (Stufe 5) unterscheiden sich nur graduell: Mitwirkung wird definiert als „indirekte, aber reale Einflussnahme bei der Findung von Ideen und Lösungen zu einem Thema" (Mayrberger, 2019, S. 100), ohne jedoch Entscheidungsmacht zu haben, während Einbeziehung einen engeren Rahmen der Mitwirkung vorsieht und von den Entscheider:innen mit höherem Status dominiert wird. Der Übergang von den Vorstufen zur tatsächlichen Partizipation ist somit stets fließend. Mitbestimmung ist in diesem Modell das, was im allgemeinen Sprachgebrauch häufig unter Partizipation oder „Zusammenarbeit auf Augenhöhe" verstanden wird: „Akteurinnen und Akteure haben ein tatsächliches Beteiligungsrecht und werden bei Entscheidungen mit einbezogen, dadurch wird ihnen eine Mitverantwortung überlassen" (Mayrberger, 2019, S. 99).

Trotz der Graubereiche, die zwischen den verschiedenen Stufen entstehen, zeigt das Modell deutlich, was Partizipation nicht ist: Weder vollständige Eigenständigkeit noch ein Pseudo-Unterfangen. An den zahlreichen von Mayrberger aufgeführten Beispielen wird zudem deutlich: Partizipation ist personenbezogen. Sie benötigt Akteur:innen, die partizipieren, und Akteur:innen, die Partizipation ermöglichen. Letztere sind – zumindest situativ – in einer Machtposition und dadurch in der Lage, ihre Entscheidungsmacht zu teilen oder abzugeben (Mayrberger, 2019, S. 103). Studentische Partizipation setzt voraus, dass Wissenschaftler:innen dazu bereit sind.

2. Wissenschaftlichkeit praxistheoretisch gedacht

Mit stufenförmigen Modellen lassen sich zwar verschiedene Grade der Partizipation darstellen und einschätzen, damit ist aber noch keine Aussage über das tatsächliche „Partizipationserleben" (Mayrberger, 2019, S. 103) der Akteur:innen im Feld getroffen. Um Partizipationspraktiken im Hochschulkontext näherzukommen, ist eine praxistheoretische Perspektive sinnvoll. Diese Sichtweise ermöglicht es, Wissenschaftlichkeit nicht als gegeben, sondern als Ergebnis von Aushandlungsprozessen zu verstehen. Daraus ergibt sich wiederum eine Offenheit von Wissenschaft für partizipative Formate.

Wissenschaft entsteht im Vollzug; durch das, was Akteur:innen tun und sagen, im Sinne von Schatzkis „nexus of doings and sayings" (Schatzki, 1996, S. 89). Was genau wissenschaftlich ist, hängt davon ab, was Akteur:innen unter Wissenschaftlichkeit verstehen und wie sie sich gegenseitig verstehbar machen (Balzer & Bellmann, 2022, S. 57). Wissenschaftlichkeit ist Gegenstand von Aushandlung; praxistheoretisch betrachtet ist sie immer eine Konstruktion, die dadurch entsteht, dass sich die an wissenschaftlichen Verfahren und Projekten beteiligten Akteur:innen, quasi in stiller Übereinkunft, einig darüber sind, dass es sich bei ihren Tätigkeiten um wissenschaftliche Prozesse handelt.[2] Wissenschaft wird von den an ihr beteiligten Akteur:innen *gemacht*. Mit dem Konzept des *doing* „wird ein sozialer Konstruktionsprozess verbunden, wonach Wirklichkeit nie eindeutig (vor-)gegeben ist, sondern performativ und damit im Umgehen *mit* etwas oder jemandem hergestellt wird" (Hofhues & Schütze, 2023, S. 11). Mit Blick auf den Aspekt der Partizipation stellt sich die Frage, wer legitimerweise an diesem *doing* teilnimmt.

---

2   Hierbei beziehe ich mich in dieser starken Verkürzung auf das Konzept der Intelligibilität nach Schatzki, das sich am besten mit folgendem wiederum sehr einfachen Beispiel von Schatzki selbst zusammenfassen lässt: „When a tree is understood as something to climb, for instance, it becomes a place at which climbing is intelligible" (Schatzki, 1996, S. 115).

Um diese Frage zu beantworten, lohnt ein Blick in die ethnografische Wissenschaftsforschung, die zeigt: Wissenschaftliche Tätigkeiten sind viel weniger von sonstigen Tätigkeiten unterscheidbar als gemeinhin angenommen. Vielmehr integrieren Wissenschaftler:innen auch andere Logiken in ihre Entscheidungen. Die Handlungsarenen von Wissenschaftler:innen „schließen ‚gemischte' Gruppen und Argumente ein, die sich nicht einfach in eine Kategorie der ‚Wissenschaft' oder dem ‚Spezialgebiet' angehöriger Angelegenheiten einerseits und eine Kategorie ‚sonstiger' Geschäfte andererseits zerlegen lassen" (Knorr Cetina, 2012, S. 154). Durch diese Offenheit wissenschaftlicher Praktiken gegenüber der Alltagswelt steht die Annahme infrage, es gäbe eindeutige Kriterien, die wissenschaftliche Arbeit von anderen Tätigkeiten unterscheidet. Um dennoch den Anschein einer solchen Eindeutigkeit zu erwecken, bemüht sich die Wissenschaft um die Abkopplung vom „Außen" in dem Versuch, Standards zu entwickeln und das spezifisch Wissenschaftliche zu definieren.

Was hat diese Perspektive auf Wissenschaft nun mit Partizipation zu tun? Verabschiedet man sich von der Grundannahme, es gäbe Tätigkeiten, die „rein" wissenschaftlich sind, und akzeptiert, dass die Definition von Wissenschaftlichkeit nie vollständig gelingen kann, so liegt es nahe, die wissenschaftlichen Kontexte für Akteur:innen zu öffnen, die keine Wissenschaftler:innen sind. Jedoch: Was ist der Kern der Wissenschaftlichkeit, wenn jede und jeder an ihr mitwirken darf? Wird Wissenschaft zu einem „anything goes" wie es Feyerabend (1976) postuliert und wissenschaftliche Verfahren mit Verschwörungstheorien und anderen Mythen gleichsetzt? Zwar entsteht Wissenschaft erst in der Kommunikation über sie; was als wissenschaftlich verstanden wird, wird kontextbezogen konstruiert. Solche Aushandlungsprozesse geschehen jedoch nicht im luftleeren Raum, sondern sind historisch und kulturell eingebunden. Soziale Praktiken, auch wissenschaftliche, sind relativ stabil. Solange alle Beteiligten dasselbe Verständnis teilen, zeichnet sich (wissenschaftliche) Praxis aus durch die „Repetitivität gleichartiger Aktivitäten über zeitliche und räumliche Grenzen hinweg, die durch ein praktisches Wissen ermöglicht wird" (Reckwitz, 2003, S. 292). Neue Akteur:innen in partizipativen Prozessen und Projekten vermögen die Wissenschaft daher nur schwer grundsätzlich zu erschüttern.

Gleichzeitig ist die Irritation von außen gerade deshalb so relevant: Sie stärkt das zweite Kernelement sozialer Praktiken, ihren subversiven Charakter. In jeder Situation kann eine Praxis theoretisch neu und anders vollzogen werden. In partizipativen Kontexten steigt die Wahrscheinlichkeit, von etablierten Verfahren und Tätigkeiten abzuweichen, da scheinbare Selbstverständlichkeiten durch den Blick von außen infrage gestellt und erklärungsbedürftig werden. Das gilt besonders für studentische Partizipation. Studierende zeigen sich in Forschungsprojekten oft widerständig gegenüber Setzungen von Lehrenden in Bezug darauf, was Wissenschaftlichkeit bedeutet, und bringen ihre eigenen Verständnisse von Wissenschaft und Forschung ein (Heudorfer, 2022).

Partizipation im Hochschulkontext bedeutet folglich die Teilnahme am Vollzug von Wissenschaft. Sie erfordert, dass an wissenschaftlichen Tätigkeiten mindestens *mitgewirkt* werden kann. So entstehen Räume für Aushandlungsprozesse über wissenschaftliche Praktiken. Für Wissenschaftler:innen bzw. Lehrende ergibt sich daraus die Notwendigkeit, „sich aus der Position einer empathischen Selbstkritik in die kommunikative Verständigung zu begeben" (Jenert & Scharlau, 2022, S. 157). Wissenschaftskritik erfordert auf der einen Seite die Offenheit, die eigenen Praktiken zu hinterfragen, auf der anderen Seite aber auch eine gewisse Fundierung der vorgebrachten Kritik, um nicht in „Wissenschaftsskepsis" zu verfallen, die die Wissenschaft und ihren Erkenntnisanspruch *an sich* pauschal infrage stellt (Pasternack et al., 2022, S. 32f.).

3. Partizipationsformate in den Handlungsfeldern der Hochschule

Wissenschaft vollzieht sich auch für die Studierenden nicht nur in Lehrveranstaltungen. Für studentische Partizipation ist nicht nur die Lehrsituation, sondern der Gesamtkontext der Hochschule von Bedeutung. Ich werde daher im Folgenden studentische Partizipationsformate in den drei Handlungsfeldern der Hochschule darstellen: Lehre, Forschung und Transfer.

3.1 Studentische Partizipation an der Lehre

Partizipation in der Lehre meint oft, dass Lernende an einer konkreten Lehrsituation beteiligt werden. Schaut man genauer hin, ist diese Forderung erklärungsbedürftig: Die Lernenden gehören zur Lehre ohnehin dazu; andernfalls würde sie ihren Sinn verlieren. Die reine Anwesenheit kann somit nicht gemeint sein. Aber worum geht es dann? Um die Möglichkeit, Wortbeiträge zu leisten oder den Verlauf der Situation mitzubestimmen? Hinter der Vorstellung von Partizipation als aktiver Beteiligung am Lehrsetting steht ein konstruktivistisches Lernverständnis, das auf der Annahme beruht, dass die Wissensvermittlung im Sinne eines direkten Transfers des Lerninhalts auf die Lernenden nicht möglich ist, sondern dass Lernen stets eine Sinnkonstruktion der Lernenden darstellt (Mayrberger, 2019, S. 125). Diese theoretische Perspektive ist zwar eine hilfreiche Voraussetzung für Partizipation in der Lehre, sollte aber nicht als hinreichende Bedingung gelten. Denn neben der situativen Partizipation geht es bei der Gestaltung von Lehre auch um die Vorbereitung, Analyse und Reflexion der Lehre (Mayrberger, 2019, S. 103).

Tatsächliche Partizipation meint eine geteilte Verantwortung für den Lernprozess und damit verbunden die Möglichkeit, die Lehrveranstaltung auch planerisch mitzugestalten und über die Prozessschritte mitzuentscheiden. Notwendig ist somit eine didaktische Metaebene, auf der über den Verlauf der Lehrveranstaltung diskutiert wird. Die Evaluation von Lehrveranstaltungen kann ebenfalls dazu beitragen, Partizipation an der Lehre zu ermöglichen, je nachdem, ob die Methoden und Ergebnisse darauf ausgelegt sind, tatsächlich mit den Studierenden in Kontakt zu treten.

3.2   Studentische Partizipation an der Forschung

Wenn Studierende forschend tätig sind, ist gemeinhin von forschendem Lernen die Rede. Forschendes Lernen bedeutet, einen Forschungsprozess im Laufe eines Studiums kennenzulernen und zumindest einige seiner Bestandteile selbst umzusetzen. Forschung fließt nicht nur in die Lehre ein, sondern Studierende werden selbst zu Forschenden, die (zumindest potenziell) zum wissenschaftlichen Erkenntnisgewinn beitragen (Huber & Reinmann, 2019). Sie partizipieren somit an der Wissensproduktion einer *scientific community*.

Dass dem so ist, ist jedoch nicht selbstverständlich, sondern setzt voraus, dass das Forschen gegenüber dem Lernen in den Fokus gerückt wird. Um partizipativ zu sein, muss die Beteiligung der Studierenden an der Forschung so gestaltet sein, dass sie die Chance haben, sich mit den relevanten Forschungsfragen des Fachgebiets zu befassen und Antworten zu generieren, die in der *community* wahrgenommen werden. Daher ist erneut nicht allein die Lehrveranstaltung der relevante Kontext für studentische Partizipation. Vielmehr sollte sich die Beteiligung daran orientieren, wo Forschung vollzogen wird: in (sozialen) Situationen der Datenerhebung und -auswertung, in Forschungsverbünden und -konsortien, auf Fachkonferenzen oder in Publikationsformaten.

Wichtig ist, dass die Studierenden Entscheidungen im Forschungsprozess treffen können, indem sie beispielsweise Forschungsthemen identifizieren und -methoden auswählen. Nur so wird die Verantwortung für den Forschungsprozess geteilt und es handelt sich nicht um das von Lehrenden angeregte Einüben einzelner Aspekte des Forschens. Das bedeutet jedoch nicht, dass immer ein gesamter Forschungszyklus durchgeführt werden muss, um von Partizipation sprechen zu können. Vielmehr geht es darum, dass Studierende ihren Anteil am Prozess überblicken und einschätzen können, um so an Forschung mitzuwirken oder sie mitbestimmen zu können.

3.3 Studentische Partizipation am Transfer

Transfer kann als eine problemlösungsorientierte Variante der Wissenschaftskommunikation verstanden werden. „Im Wissenstransfer wird wissenschaftliches Wissen so aufbereitet, dass es in anderen gesellschaftlichen Zusammenhängen bedarfsabhängig nutzbar wird. [...] Es findet also eine Übersetzung von bisher wissenschaftlich konfiguriertem Wissen in Praxisfelder statt" (Pasternack et al., 2022, S. 53). Die Anwendbarkeit wissenschaftlichen Wissens steht hier im Vergleich zu anderen Formen der Wissenschaftskommunikation im Mittelpunkt. Für Studierende entsteht dabei ein Feld, „auf dem die Übertragung wissenschaftlicher Erkenntnis in einer wie auch immer gearteten gesellschaftlichen Praxis ausprobiert und reflektiert werden kann" (Kümmel-Schnur et al., 2020, S. 9). Bekannt geworden ist dafür das Konzept des Service Learning: Im „konkreten gesellschaftlichen Tun" entstehen Lernanlässe für die Studierenden, die gleichzeitig einen Beitrag zur Lösung gesellschaftlicher Probleme leisten (Backhaus-Maul & Roth, 2013, S. 7).

Die Verantwortung wird hier nicht mehr zwischen Wissenschaftler:innen und Studierenden, sondern mit Akteur:innen in Praxisfeldern geteilt. Die Studierenden werden zu Vertreter:innen der Wissenschaft und übernehmen die Übersetzungsleistung von der Forschung in die Praxis. Sie treffen Entscheidungen gemeinsam mit den Praxisakteur:innen, während die Wissenschaftler:innen bzw. Lehrenden im Hintergrund bleiben. Studentische Partizipation am Transfer bedeutet zugleich an der Wissenschaft und an Praxiskontexten mitzuwirken bzw. diese mitzubestimmen. Wichtig ist daher, dass die Studierenden in dieser Rolle ernst genommen werden. Zusätzlich verschiebt sich die Machtdynamik dadurch, dass der Transferprozess nicht unbedingt von der Wissenschaft ausgeht, sondern von Praxisakteur:innen für ihre Zwecke angefragt werden kann. Ob die Wissenschaft oder die Praxis Verantwortung abgeben muss, um Partizipation zu ermöglichen, ist offen.

Für Lehre, Forschung und Transfer gilt gleichermaßen, dass neben den konkreten Situationen, in denen diese Tätigkeiten stattfinden – also der Lehrveranstaltung, der Arbeit an einem Forschungsprojekt oder dem Engagement im Praxisfeld –, auch die berücksichtigt werden müssen, wo sie im praxistheoretischen Sinne *vollzogen* werden. Das bedeutet, dass auch die Kontexte, in denen Entscheidungen über ihre Rahmungen getroffen werden, für studentische Partizipation offenstehen sollten. Daraus folgt die Beteiligung Studierender an der Hochschulpolitik, wie Siegfried-Laferi (2022, S. 121) mit Bezug auf Mollenhauer (1970) treffend formuliert: Das Beteiligungspostulat „schließe neben der konsequenten Beteiligung der Studierenden an noch unabgeschlossenen Erkenntnisprozessen der jeweiligen Disziplinen auch die Partizipation an der politischen Gestaltung des Ortes Hochschule ein, weil diese Erkenntnisse im Kontext akademischer Lehre und Forschung stets in einem *so oder so* gestaltbaren Umfeld generiert werden".

4. Die Chancen einer doppelten Partizipation

Im Folgenden werde ich anknüpfend an die Idee des Transfers durch die Studierenden einen Kontext beschreiben, der nicht nur die studentische Partizipation, sondern auch die Partizipation hochschulexterner Akteur:innen an der Wissenschaft umfasst – in diesem Sinne handelt es sich um eine doppelte Partizipation. Ausgangspunkt ist ein Verständnis von Forschung als transdisziplinär oder partizipativ.

Die transdisziplinäre Forschung denkt Transfer (und damit Anwendung) vom Anfang eines Forschungsprojekts mit. Abgeleitet von der Interdisziplinarität, die zwischen (inter) Disziplinen agiert, soll transdisziplinäre Forschung Disziplinengrenzen überschreiten und zusätzlich nicht-wissenschaftliche Akteur:innen einbeziehen. Sie ist daher eigentlich „trans-akademisch" und öffnet die Wissenschaft für die Partizipation von Personengruppen, die nicht professionell forschen (Pasternack et al., 2022, S. 4). Diese Gruppen können aus unterschiedlichen Akteur:innen bestehen. Es kann sich um Mitarbeiter:innen und Führungskräfte in Organisationen oder um Fachkräfte im Feld handeln, das erforscht werden soll. Oft wird zudem angestrebt, die Personen in die Forschung einzubeziehen, die von einer Problemlage betroffen sind. Im Englischen werden diese Gruppen häufig als *community* bezeichnet; die entsprechenden Kooperationen als *campus-community-partnerships*, häufig mit lokalem Fokus auf dem direkten räumlichen Umfeld der Hochschule (z.B. Bringle & Hatcher, 2002).

Transdisziplinarität zeichnet sich durch eine spezifische Form der Problemorientierung aus. Es geht darum, gesellschaftliche Problemstellungen zu bearbeiten und dabei nicht nur rein wissenschaftliches Wissen, sondern unterschiedliche Wissensbestände (auch Praxis- oder Handlungswissen) zu integrieren (Di Giulio & Defila, 1998). Ziel ist es, durch die Partizipation nicht-wissenschaftlicher Akteur:innen Wissen zu produzieren, das „sozial robust" ist (Nowotny, Scott & Gibbons, 2001). Transdisziplinäre Projekte finden nicht zwangsläufig mit Studierenden statt. Daher ist eine didaktische „Brücke" über das forschende Lernen notwendig, um die studentische Partizipation als Ziel zu markieren (Heudorfer, 2022, S. 37).

Didaktisch sind verschiedene Varianten in Bezug zu den Partizipationsstufen von Mayrberger (2019) möglich, die hier nur beispielhaft aufgeführt werden:

- Mitwirkung an Forschung: Studierende entwickeln Formate des Wissenstransfers und bereiten Forschungsergebnisse zur Nutzung für Akteur:innen in einem Praxiskontext auf; Lehrende unterstützen bei der Auswahl relevanter Studien

- Mitbestimmung der Forschung: Studierende erheben Daten im Praxiskontext und stellen den Praxisakteur:innen die Auswertungsergebnisse zur Verfügung; Lehrende konzipieren den Forschungsprozess

- Selbstbestimmung der Forschung: Studierende und Praxisakteur:innen entscheiden gemeinsam über die Forschungsfragen und -methoden; Lehrende beraten im Forschungsprozess

Ein Forschungsvorhaben von Studierenden, Hochschulexternen und unterstützenden Wissenschaftler:innen erfordert die Verständigung über Inhalte und Vorgehensweisen von sehr unterschiedlichen Standpunkten aus. Für die Studierenden ergibt sich die Chance, nicht nur den Lehrenden zu folgen, sondern eine Perspektivenvielfalt auf einen Gegenstand zu erlangen, der sowohl wissenschaftlich als auch praxisorientiert ist, sodass die Auseinandersetzung mit der eigenen Haltung zu diesem Gegenstand multiperspektivisch erfolgen kann.

Darüber hinaus erhält der Vollzug der Wissenschaft eine neue Dimension: Wie Wissenschaft(-lichkeit) verstehbar gemacht wird, ist nicht nur in der Machtposition der Lehrenden verankert. Denn: „Durch das Hinzutreten eines externen Partners ist die klassische Dozent:innen-Studierenden-Dyade aufgebrochen. Ein außerakademischer Akteur dringt in das Zentrum akademischen Arbeitens ein" (Kümmel-Schnur, 2020, S. 18). Stattdessen entstehen Räume für Aushandlungsprozesse, da Wissenschaftler:innen weniger in der Lage sind, ihre subjektiven Selbstverständlichkeiten widerspruchsfrei zu vermitteln. Die Verantwortung für den Prozess wird zwischen den Studierenden, den hochschulexternen Akteur:innen und den Lehrenden geteilt. Wissenschaftliche Praktiken werden gemeinsam (re-)konfiguriert.

5. Partizipative Kontexte als Räume für Demokratiebildung

Die Konstruktion von Wissenschaft liegt in partizipativen Kontexten nicht allein bei Wissenschaftler:innen, sondern wird von deren Professionalität losgelöst. Die beteiligten Akteur:innen verständigen sich über die Tätigkeiten, die zu praxisrelevanten Forschungsergebnissen führen sollen. Was als wissenschaftlich gilt, wird zum Aushandlungsgegenstand. Durch solche Machtverschiebungen haben diese Kontexte das Potenzial, Wissenschaft zu demokratisieren. Sie sind Räume für Demokratiebildung, weil demokratisches Handeln ermöglicht wird. Anknüpfend an Dewey (1916/2018) wird in der Demokratiebildung Wert auf das Erfahrungslernen gelegt, indem Demokratie als Lebensform im Alltag erlebt wird (z.B. Sturzenhecker & Richter, 2010).

Demokratiebildung hat nach May (2022) drei Dimensionen, die sich auf die Zusammenarbeit von Studierenden mit hochschulexternen Akteur:innen beziehen lassen, insbesondere in Bezug auf dort stattfindende Aushandlungsprozesse.

- Sie ist ein Zielzustand der mündigen Bürger:innen in der demokratischen Gesellschaft. Inwieweit sich die Hochschulen diesem Ziel verpflichtet sehen, bleibt offen. Doch kann das Ziel auf partizipative Kontexte heruntergebrochen werden, wenn den Studierenden Verantwortung für den Prozess zugesprochen wird. Als in diesen Kontexten aushandlungskompetent gewordene Akteur:innen tragen Studierende zu Demokratisierungsprozessen in der Gesellschaft bei. Die Befähigung zum Diskurs, zum kritischen Hinterfragen und zur genauen Analyse gesellschaftlicher Problematiken – um nur einige Bespiele zu nennen – erweitert die Möglichkeiten, demokratische Handlungsspielräume zu erschließen und zu nutzen.

- Sie umfasst die Gestaltung sozialen Miteinanders in konkreten Lernkontexten, also der Erfahrungswelt. Auf dieser Dimension liegen die gemeinsame Gestaltung des Forschungsprozesses und damit zusammenhängend die Erfahrung von demokratischer Praxis in der wissenschaftlichen Arbeit. Diese Kontexte so zu gestalten, dass demokratische Erfahrungen möglich werden, braucht die Professionalisierung auf diesem Gebiet (May, 2022).

- Sie benötigt die ganzheitliche Auseinandersetzung mit der politischen Welt und vor allem mit denjenigen Aspekten, die nicht Teil der alltäglichen Erfahrungswelt sind. Auf dieser Dimension liegt das Potenzial partizipativer Projekte in der Kompetenzaneignung durch Aushandlungsprozesse, weniger im Wissenserwerb über das politische System. Wissenschaftliche Aushandlungsprozesse sind auf Erkenntnisgewinn und nicht auf politische Meinungsbildung gerichtet, doch das Aushandeln *als Praxis* lässt sich auf politische Kontexte übertragen.

Der Zusammenhang von partizipativen wissenschaftlichen Kontexten und Demokratiebildung kann hier nur schlaglichtartig dargestellt werden und wirft zahlreiche Anschlussfragen auf, die empirisch wie theoretisch weiter zu beleuchten sind. Darunter: Welche weiteren wissenschaftlichen Praktiken über das Aushandeln hinaus spielen für Demokratiebildung eine Rolle? Wie verhalten sich Hochschulen zu Demokratiebildung und verstehen sie diese als ihren Auftrag? Welchen Impact haben die Ergebnisse studentischer Forschungsprojekte auf demokratische Gesellschaften, z.B. konkret für zivilgesellschaftliche Organisationen als Kooperationspartnerinnen?

6. Schlussfolgerungen

Sind Hochschulen Orte der Demokratiebildung? Festzuhalten bleibt: Partizipation kann Wissenschaft demokratisieren, insbesondere wenn sie in einem doppelten Sinne verstanden wird, als Partizipation von Studierenden und von hochschulexternen Akteur:innen. Dabei entstehen Räume für Aushandlungsprozesse. Machtdynamiken werden verschoben und wissenschaftliche Praktiken gemeinsam (re-)konfiguriert. Partizipation führt jedoch nicht automatisch zu einer Demokratisierung; wie im ersten Kapitel betont, muss insbesondere aufseiten der Wissenschaftler:innen die Bereitschaft gegeben sein, Verantwortung abzugeben.

Dieser Beitrag hat gezeigt, dass studentische Partizipation – verstanden als geteilte Verantwortung und umgesetzt als Mitwirkung, Mitbestimmung oder Selbstbestimmung eines Prozesses – in allen Handlungsfeldern der Hochschule (Lehre, Forschung und Transfer) mitgedacht werden kann. Studentische Forschungsprojekte in Kooperation mit Praxisakteur:innen integrieren alle drei Felder und schaffen das Potenzial für Demokratiebildung, ohne dass diese als Zusatz- oder Querschnittsaufgabe verstanden werden müsste. Vielmehr wird sie mit den Kernaufgaben der Hochschule verwoben und so in der Wissenschaft verankert, ohne einer unzulässigen Politisierung anheim zu fallen.

7. Literaturverzeichnis

Backhaus-Maul, H., & Roth, C. (2013). *Service Learning an Hochschulen in Deutschland: Ein erster empirischer Beitrag zur Vermessung eines jungen Phänomens*. Springer.

Balzer, N., & Bellmann, J. (2022). Die didaktische Fabrikation von Wissenschaft. Zur Untersuchung wissenschaftstheoretischer Implikationen der Praxis erziehungswissenschaftlicher Lehrveranstaltungen. In G. Reinmann & R. Rhein (Hrsg.), *Wissenschaftsdidaktik 1: Einführung* (S. 53–78). transcript.

Bringle, R. G., & Hatcher, J. A. (2002). Campus-Community Partnerships: The Terms of Engagement. *Journal of Social Issues, 58*(3), 503–516.

Dewey, J. (1916/2018). *Democracy and education. An introduction to the philosophy of education*. Perennial Press.

Di Giulio, A., & Defila, R. (1998). Interdisziplinarität und Disziplinarität. In J.-H. Olbertz (Hrsg.), *Zwischen den Fächern – Über den Dingen?: Universalisierung versus Spezialisierung akademischer Bildung* (S. 111–137). VS Verlag für Sozialwissenschaften.

Eggers, D. (2022). Wissenschaftskommunikation und Verantwortung. In W. Hinsch & S. Brandtstädter (Hrsg.), *Gefährliche Forschung? Eine Debatte über Gleichheit und Differenz in der Wissenschaft* (S. 123–135). De Gruyter.

Feyerabend, P. (1976). *Wider den Methodenzwang*. Suhrkamp.

Heudorfer, A. (2022). Forschung aushandeln. Eine Beobachtungsstudie im Kontext von Hochschullehre nach dem Community-based Research-Ansatz. Dissertation an der Universität Hamburg. https://ediss.sub.uni-hamburg.de/handle/ediss/9942

Hofhues, S., & Schütze, K. (2023). Vorwort. In S. Hofhues & K. Schütze (Hrsg.), *Doing Research – Wissenschaftspraktiken zwischen Positionierung und Suchanfrage* (S. 10–11). transcript.

Huber, L., & Reinmann, G. (2019). *Vom forschungsnahen zum forschenden Lernen an Hochschulen: Wege der Bildung durch Wissenschaft*. Springer.

Jenert, T., & Scharlau, I. (2022). Wissenschaftsdidaktik als Verständigung über wissenschaftliches Handeln. Eine Auslegeordnung. In G. Reinmann & R. Rhein (Hrsg.), *Wissenschaftsdidaktik 1: Einführung* (S. 155–180). transcript.

Knorr Cetina, K. (2012). *Die Fabrikation von Erkenntnis: Zur Anthropologie der Naturwissenschaft* (3. Auflage). Suhrkamp.

Krohn, W., Grunwald, A., & Ukowitz, M. (2017). Transdisziplinäre Forschung revisited: Erkenntnisinteresse, Forschungsgegenstände, Wissensform und Methodologie. *GAIA – Ecological Perspectives for Science and Society, 26*(4), 341–347.

Kümmel-Schnur, A. (2020). Was ist und zu welchem Zweck betreiben wir „Transfer in der Lehre"?. In A. Kümmel-Schnur, S. Mühleisen & T. S. Hoffmeister (Hrsg.), *Transfer in der Lehre: Zivilgesellschaftliches Engagement als Zumutung oder Chance für die Hochschulen?* (S. 17–38). transcript.

Kümmel-Schnur, A., Mühleisen, S., & Hoffmeister, T. S. (2020). Vorwort. In A. Kümmel-Schnur, S. Mühleisen, & T. S. Hoffmeister (Hrsg.), *Transfer in der Lehre: Zivilgesellschaftliches Engagement als Zumutung oder Chance für die Hochschulen?* (S. 9–13). transcript.

May, M. (2022). Was ist Demokratiebildung?. In A. Beelmann & D. Michelsen (Hrsg.), *Rechtsextremismus, Demokratiebildung, gesellschaftliche Integration* (S. 251–264). Springer VS.

Mayrberger, K. (2019). *Partizipative Mediendidaktik: Gestaltung der (Hochschul-)Bildung unter den Bedingungen der Digitalisierung*. Beltz Juventa.

Mollenhauer, K. (1970). Wissenschaft und Praxis – Vorbemerkungen zu einer Wissenschafts- und Hochschuldidaktik. In K. Mollenhauer (Hrsg.), *Erziehung und Emanzipation. Polemische Skizzen* (S. 36–54). Juventa Verlag.

Nowotny, H., Scott, P., & Gibbons, M. (2001). *Re-Thinking Science: Knowledge and the Public in an Age of Uncertainty*. Polity.

Pasternack, P., Beer, A., Göbel, C., Hechler, D., Henke, J., Mauermeister, S., Schulze, H., & Zierold, S. (2022). *Wissenschaftskommunikation, neu sortiert: Eine Systematisierung der externen Kommunikationen der Wissenschaft*. Springer VS.

Reckwitz, A. (2003). Grundelemente einer Theorie sozialer Praktiken: Eine sozialtheoretische Perspektive. *Zeitschrift für Soziologie, 32*(4), 282–301.

Schatzki, T. R. (1996). *Social practices: A Wittgensteinian approach to human activity and the social*. Cambridge University Press.

Siegfried-Laferi, M. (2022). Hochschuldidaktik als Wissenschaftskritik. Grundüberzeugungen wissenschaftsdidaktischer Beiträge um 1970. In G. Reinmann & R. Rhein (Hrsg.), *Wissenschaftsdidaktik 1: Einführung* (S. 109–131). transcript.

Sturzenhecker, B., & Richter, E. (2010). Demokratiebildung in der Kinder- und Jugendarbeit: Partizipative Potenziale nutzen. In D. Lange & G. Himmelmann (Hrsg.), *Demokratiedidaktik: Impulse für die Politische Bildung* (S. 103–115). VS Verlag für Sozialwissenschaften.

Aline Steger[1]

Hochschulpolitische Partizipation Studierender im Kontext nachhaltiger Hochschulentwicklung in Deutschland

Zusammenfassung

Studentische Partizipation ist zentral für die Hochschulentwicklung und bildet gleichzeitig die Grundlage für eine Bildung für nachhaltige Entwicklung (BNE). Die theoretische Auseinandersetzung mit verschiedenen Begriffen und Modellen von Mitbestimmung und Partizipation zeigt eine Bandbreite von formaler Beteiligung bis hin zur Teilhabe an Entscheidungsprozessen. Praxisbeispiele aus dem Bereich der nachhaltigen Hochschulentwicklung verdeutlichen, wie studentische Partizipation im Sinne echter Mitbestimmung gestaltet werden kann. Dieser forschungsgeleitete Entwicklungsbeitrag thematisiert Herausforderungen und Chancen in der Hochschulpraxis in Bezug auf hochschulpolitische Partizipation und betont die Notwendigkeit, studentische Partizipation als integralen Bestandteil nachhaltiger Hochschulentwicklung zu fördern.

Schlüsselwörter

Hochschulentwicklung, Studentische Partizipationsformen, Bildung für nachhaltige Entwicklung, Hochschulpolitik, Organisationsforschung

---

1 Pädagogische Hochschule Weingarten; aline.steger@ph-weingarten.de; ORCID 0009-0000-2436-5520

https://doi.org/10.21240/zfhe/19-03/04

Student participation in higher education policymaking in the context of sustainable higher education development in Germany

Abstract

Student participation, a central aspect of university development, also forms the basis for education for sustainable development (ESD). A theoretical analysis of various concepts and models of co-determination and participation reveals a range from formal participation to involvement in decision-making processes. Practical examples from the field of sustainable university development illustrate how student participation can be organised to foster genuine co-determination. This research-led development contribution addresses challenges and opportunities in higher education practice regarding higher education policymaking participation and emphasises the need to foster student participation as an integral part of sustainable higher education development.

Keywords

higher education development, forms of student participation, education for sustainable development, higher education policy, organisational research

1. Einleitung

Im Hochschulkontext bezieht sich studentische Partizipation sowohl auf die Beteiligung an Hochschulpolitik und studentischer Selbstverwaltung (Dippelhofer, 2004; Ditzel & Bergt, 2013; Heilsberger, 2021) als auch auf die Mitgestaltung von Studium und Lehre (Krah, 2017; Raffaele & Rediger, 2021; Schrader, 2023). Letzteres ist insbesondere auf den Appell der Kultusministerkonferenz zurückzuführen, die eine verbindliche Einbindung in die Evaluation der Lehre festlegt. Auch hochschulpolitische Entwicklungen, wie die Wiedereinführung der Verfassten Studierendenschaft in Baden-Württemberg oder die Änderung des Hochschulgesetzes in Niedersachsen hinsichtlich des Prinzips der „Beteiligung der Hochschulmitglieder", verweisen auf eine stärkere Beteiligungskultur und schreiben diese gesetzlich fest.

Das Prinzip *Partizipation* ist sowohl Grundlage einer nachhaltigen Entwicklung und damit Bestandteil von Bildung für nachhaltige Entwicklung (BNE) (BMBF, 2017) als auch ein wesentliches Merkmal in der Organisationsentwicklung (Altvater et al., 2007; Weber et al., 2013). Bildungspolitisch wird im Handlungsfeld 4 des Nationalen Aktionsplans (BMBF, 2017, S. 63) die „Mitgestaltung und Mitbestimmung der Studierenden im Nachhaltigkeitsprozess" als ein wesentliches Ziel für nachhaltige Hochschulentwicklung benannt. Partizipation soll im Idealfall flache Hierarchien und Kommunikation auf Augenhöhe fördern und eine aktive Teilhabe von Mitgliedern an Entscheidungsprozessen ermöglichen. Partizipation wird in diesem Beitrag als aktive Teilhabe an der Gestaltung der Hochschule verstanden.

Betrachtet man einerseits Partizipation innerhalb von Organisationen und andererseits die Funktion von Hochschule – fachspezifische Wissensvermittlung und Forschung (Kühl, 2020) –, wird ein grundsätzliches Problem deutlich: Studentische Partizipation ist nicht in der eigentlichen Funktion von Hochschulen vorgesehen, obwohl Studierende prozentual den größten Teil der Hochschulmitglieder ausmachen. Nimmt man jedoch den Auftrag von Hochschulen als Erfahrungs- und Bildungsorte ernst, so sind sie über ihren primären Zweck hinaus auch dafür verantwortlich, zukünftige Entscheidungsträger:innen auszubilden und die Entwicklung eines demokratischen Bewusstseins zu fördern. Daher ist die Frage nach studentischer Partizipation eng mit den Merkmalen Mitgliedschaft und Hierarchie an Hochschulen verknüpft (Steger, 2024, S. 3f.).

Ausgehend von der Frage nach der Förderung von studentischer Partizipation und den damit verbundenen Chancen und Herausforderungen für die Hochschulpraxis untersucht der Beitrag die hochschulpolitische Partizipation von Studierenden in Deutschland, insbesondere im Kontext einer nachhaltigen Hochschulentwicklung. Nach einer Abgrenzung von *Mitbestimmung*, *Partizipation* und *Engagement* sowie der Darstellung von Partizipationsmodellen werden bestehende studentische Beteiligungsmöglichkeiten und -formen in Hochschulen gegenübergestellt. Diese werden anschließend mit Blick auf die vorgestellten Partizipationsformen und -modelle eingeordnet. Im zweiten Teil wird der Zusammenhang von Partizipation und BNE anhand von Praxisprojekten beleuchtet. Abschließend werden Empfehlungen zur Förderung von Partizipation in der Organisation Hochschule abgeleitet, um eine partizipative und zukunftsorientierte Hochschulentwicklung zu skizzieren.

2. Studentische Beteiligung zwischen Mitbestimmung und Partizipation

2.1 Begriffsdefinition und Abgrenzung

Die Forderung nach einer partizipativen Einbindung der Hochschulangehörigen findet sich in den Hochschulen nicht nur als normatives Prinzip in Leitbildern, sondern u.a. auch in verschiedenen hochschulischen Erfahrungen mit Organisationsentwicklungsprozessen. In der praktischen Umsetzung dieses Prinzips zeigt sich jedoch ein anderes Bild. Hinzu kommt, dass sowohl in der Praxis als auch in der Theorie die Begriffe *Mitbestimmung* und *Partizipation* häufig synonym verwendet werden. Hier ist zunächst eine theoretische Abgrenzung notwendig.

Unter *Mitbestimmung* werden ganz allgemein institutionalisierte Mitwirkungs- und Einflussmöglichkeiten von Organisationsmitgliedern verstanden (Heilsberger, 2021). Damit verbunden ist der Anspruch, demokratische Beteiligungsstrukturen bereitzustellen. Beides wird unter dem Begriff der verfassten Mitbestimmung gefasst, d.h. es handelt sich um Mitbestimmungsrechte, die gesetzlich zugesichert sind und in der Regel über ein Vertretungsorgan wahrgenommen werden (Friedrichsmeier & Wannöffel, 2010, S. 7).

Demgegenüber bezeichnet *Partizipation* „alle möglichen Formen faktischer, nicht institutionalisierter und informeller Beteiligung der Mitglieder von Organisationen" (Friedrichsmeier & Wannöffel, 2010, S. 8). Partizipation wird auch definiert als „allgemeine Bezeichnung für die Teilhabe und Teilnahme von (einfachen) Mitgliedern einer Gruppe, einer Organisation usw. an deren Zielbestimmung und Zielverwirklichung" (Fuchs-Heinritz, 2020, S. 572). Partizipation ist demnach immer auf Entscheidungsprozesse ausgerichtet (Ditzel & Bergt, 2013) und geht damit über den Begriff der Mitbestimmung hinaus.

Mit Luhmann lässt sich systemtheoretisch argumentieren, dass Partizipation immer auch den Informationsprozess als Entscheidungsgrundlage und den Kommunikationsprozess als Entscheidungsvorbereitung umfasst (Luhmann, 2006). Luhmann fasst Partizipation über den Begriff der Inklusion:

> Das Ziel der Methode „Partizipation" ist es demnach, die Bedingungen der Möglichkeit für Inklusionen herzustellen. Bei der stärksten Partizipationsform, der Beteiligung an Entscheidungsprozessen in formalen Organisationen oder Projekten, geht es darum, die betreffenden Personen (Organisations- und Projektmitglieder) als Entscheidungsträger zu konstruieren und ihre psychischen Systeme als relevante Umwelt in Betracht zu ziehen. (Hafen, 2023, S. 304).

Diese autonome Entscheidungsfindung (echte Partizipation) wird in verschiedenen Partizipationsmodellen beschrieben. Das Stufenmodell von Arnstein „Ladder of Citizen Participation" (1969) ist ein wichtiges Referenzmodell in der Partizipationsdiskussion. Hof und Kolleginnen (2013, S. 285) haben das Raster zur Analyse der Beteiligungsintensität in Partizipationsprozessen Erwachsener für ihre Studie zu Entscheidungsprozessen aufgegriffen und angepasst. Die acht Grade der Partizipation reichen von den zwei niedrigsten Stufen „Manipulation" und „Therapie" als Nicht-Beteiligung über „Information", „Konsultationen" und „Mitbestimmung" als Vorstufen von Beteiligung (Quasi-Beteiligung) bis hin zu „partnerschaftliche[n] Aushandlungsprozesse[n]" und „partiellen Entscheidungsbefugnisse[n]" als Beteiligungsformen und schließlich zu „Autonomie/Selbstorganisation" als höchste Stufe der Beteiligung (Hof et al., 2013, S. 285). Echte Teilhabe wird ab der sechsten Stufe (partnerschaftliche Aushandlungsprozesse) gewährleistet.

2.2 Politische Partizipationsmöglichkeiten und -formen

Hochschulen können als demokratische und partizipative Orte des Lehrens und Lernens verstanden werden. Da Studierende den größten Teil der Hochschulmitglieder ausmachen, erscheint es nur folgerichtig, dass insbesondere ihre Stimme nicht nur gehört, sondern auch aktiv einbezogen wird. Innerhalb der Organisation Hochschule haben Studierende verschiedene Beteiligungs- und Einflussmöglichkeiten: Studentische Mitbestimmung findet sowohl im Rahmen der universitären Selbstverwaltung und ihren jeweiligen Gremien als auch über die Studierendenschaft und ihre Organe (Studierendenparlament und allgemeiner Studierendenausschuss) statt. Damit ist grundsätzlich eine doppelte Repräsentation der Studierenden gewährleistet (Heilsberger, 2021, S. 284ff.). Die Beteiligungsmöglichkeiten sind in Deutschland je nach Bundesland unterschiedlich geregelt, was beispielsweise dazu führte, dass die Verfasste Studierendenschaft in Baden-Württemberg 1977 abgeschafft und erst 2012 wieder eingeführt wurde.

Neben der universitären Selbstverwaltung und der Studierendenschaft sind u.a. studentische Initiativen, als niedrigschwellige Ergänzung zu hochschulpolitischen Gruppen, und die studentische Vertretung in Hochschulräten zwei weitere Möglichkeiten der hochschulpolitischen Beteiligung. Ehrenamtliches Engagement wird an einigen Hochschulen, z.B. im Rahmen von Service Learning, bereits als Studienleistung anerkannt und mit ECTS-Punkten bewertet. Diese Maßnahmen sind an einzelnen Hochschulen verankert und z.T. auch gesetzlich etabliert, um studentische Beteiligung zu erhöhen (Pasternack, 2020, S. 65–67).

Engagement ist hierbei ein zentraler Begriff. Engagement und Partizipation wurden von befragten Studierenden in einer Studie von Ditzel und Bergt (2013) synonym verwendet. Daraus ergeben sich folgende Fragen: Welche Beteiligungsformen gehen über Mitbestimmung hinaus und können als „echte" Partizipation bewertet werden? *Studentisches Engagement* umfasst freiwillige, gemeinschaftliche Tätigkeiten, die nicht auf materiellen Gewinn abzielen und in einem institutionellen Rahmen stattfinden (Robinson, 2012; Rundnagel & Möller, 2019, S. 2). Die Organisationsformen reichen von der studentischen Selbstverwaltung (z.B. Hochschulgremien) über die verfasste Studierendenschaft (z.B. AStA) bis hin zu informellen Beteiligungsmöglichkeiten in Hochschulgruppen. Studentisches Engagement bezieht sich nicht auf Entscheidungen der Hochschule, sondern ist erkennbar als „Kommunikation allein innerhalb des Systems studentischer Strukturen oder als studentische Beratungs- und Serviceleistungen" (Ditzel & Bergt, 2013, S. 180ff.). Im Hochschulkontext umfasst Mitbestimmung alle verfassten Einflussmöglichkeiten der Hochschulmitglieder, also Gremien der akademischen Selbstverwaltung oder die Vertretung der Statusgruppen. Diese institutionalisierte Mitbestimmung ist gesetzlich geregelt und wird somit „top down" ermöglicht (Kleinsteuber, 2011, S. 15). Auch die Abgrenzung zwischen den Begriffen *Mitbestimmung* und *Partizipation* ist oft unklar. Für einige Studierende bedeutet Partizipation bereits die Teilnahme an Wahlen, für andere setzt sie eine von ihnen selbst ausgehende Aktivität voraus, z.B. die aktive Mitarbeit an Hochschulgremien. Die Einordnung des Engagements in Gremien oder organisierten Strukturen als Partizipation erscheint jedoch vor dem Hintergrund der bisher dargestellten theoretischen Bezüge und Modelle nicht schlüssig. Von Partizipation kann demnach erst dann gesprochen werden, wenn eine konkrete Beteiligung an Entscheidungsprozessen gewährleistet ist. Im Hochschulkontext sind damit alle freiwilligen Aktivitäten der Hochschulmitglieder zur Beteiligung an der Verwirklichung der Hochschulziele verbunden (Dippelhofer, 2004, S. 2).

Im Stufenmodell kann die Beteiligung der Studierenden in Gremien wie dem Senat oder der Studienkommission nur als „Mitbestimmung" (Quasi-Beteiligung) eingeordnet werden. Zwar hat der Senat ein umfassendes Informations- und Fragerecht gegenüber der Hochschulleitung, doch der Anteil der Studierenden liegt oft unter einem Viertel. Demgegenüber ermöglichen Formen wie der Allgemeine Studierendenausschuss (AStA), Initiativen, Netzwerke und Referate sowie Fachschaften ein höheres Maß an „echter" Beteiligung. In diesen studentischen Gremien ist Partizipation eher möglich, da sich die Studierenden eigeninitiativ in Aushandlungsprozesse einbringen und somit aktiv an Entscheidungsprozessen mitwirken können. Der Anteil studentischer Partizipation auf organisationaler Ebene ist im Vergleich zu Partizipationsformen auf didaktischer Ebene, z.B. Projektwerkstätten oder im Rahmen des Forschenden Lernens, deutlich geringer. Studierende beteiligen sich hier z.B. an nachhaltigkeitsorientierten Selbstverwaltungsprozessen der Hochschulen (Krah, 2017, S. 248–249).

Robinson (2012) kritisiert im Hinblick auf die unklare Abgrenzung der Begriffe *Partizipation* und *Mitbestimmung*, dass Studierende selten die Agenda mitbestimmen können und lediglich dazu aufgefordert werden, Fragen der Hochschule zu beantworten. Dies entspreche keiner echten Partizipation, die aktive Beteiligung an Veränderungsprozessen erfordert. Der Grat zwischen Mitbestimmung und Partizipation Studierender in der Hochschulpolitik ist oft schmal. Dennoch kann festgehalten werden, dass bei der Unterscheidung immer die jeweilige Zielsetzung und Organisiertheit der Beteiligungsform von Bedeutung ist.

3. Studentische Partizipation im Kontext nachhaltiger Hochschulentwicklung

3.1 Partizipation und Bildung für nachhaltige Entwicklung

Nachhaltige Hochschulentwicklung und BNE werden im wissenschaftlichen Nachhaltigkeitsdiskurs teilweise synonym verwendet, weshalb im Folgenden auf die unterschiedliche Schwerpunktsetzung eingegangen wird. Während BNE vermehrt im erziehungswissenschaftlichen sowie bildungspolitischen Bereich Verwendung findet, ist der Begriff Hochschulentwicklung häufiger in betrieblichen und organisationalen Zusammenhängen vorzufinden. Aus organisationstheoretischer Perspektive liegt bei Letzterem der Fokus auf der Organisationsentwicklung, BNE in der Hochschullehre kann dabei als ein Baustein betrachtet werden. Wenngleich beide Begriffe zahlreiche Schnittstellen aufweisen und häufig synonym verwendet werden, bildet BNE in dieser Analyse einen grundlegenden (bildungspolitischen) Rahmen, nachhaltige Hochschulentwicklung beschreibt hingegen den Entwicklungsprozess sowie das angestrebte (normative) Ziel.

Partizipation und BNE finden sich im Nationalen Aktionsplan BNE in Form eines eigenen Kapitels für den Bildungsbereich Schule wieder, nicht jedoch für den Bildungsbereich Hochschule. Während im Schulkontext zur Stärkung und Umsetzung von Partizipation alle gesellschaftlichen Akteur:innen (Schulleitung, Lehrkräfte, Schüler:innen, Eltern, Politik etc.) explizit einbezogen werden, bleibt diese explizite Nennung im Hochschulkontext aus. Die Relevanz des Prinzips der Partizipation für BNE wird damit begründet, dass sich normative Ziele nicht einfach verordnen ließen. Vielmehr sei es notwendig, offene Entwicklungsprozesse zu gestalten und alle Gruppen aktiv zu beteiligen. Die Teilhabe an Entscheidungsprozessen wird als ein zentrales Ziel von BNE angesehen (Bormann et al., 2020).

Welche Bedingungen befördern einen nachhaltigen Entwicklungsprozess an Hochschulen? Neben den Rahmenbedingungen und den unterstützenden Faktoren für hochschulische Nachhaltigkeitsprozesse lassen sich vier spezifische Handlungsprinzipien identifizieren: Kommunikation, Partizipation, Prozessorientierung, Beharrlichkeit und Langfristigkeit (Bormann et al., 2020, S. 32). Partizipation bezieht sich hierbei auf alle Akteur:innen aus den unterschiedlichen Statusgruppen, Professionen und Disziplinen. Von enormer Bedeutung ist die „Begegnung auf Augenhöhe unabhängig von Hierarchieebenen, der Wissensaustausch und die gemeinsame Arbeit innerhalb der dafür etablierten Arbeits- und Austauschformate." (Bormann et al., 2020, S. 32f.). Dementsprechend wird nachhaltige Hochschulentwicklung als ein gesamtinstitutioneller Wandel (Whole Institution Approach) verstanden, der die Teilhabe aller Hochschulmitglieder ermöglicht. Studierende sollen in ihrer Rolle als Gestalter:innen einer nachhaltigen Entwicklung gefördert und unterstützt werden, um eine ernsthafte Partizipation zu ermöglichen (BMBF, 2017). Der Prozess einer nachhaltigen Hochschulentwicklung wird in diesem Beitrag also mit dem einer partizipativen Hochschulentwicklung gleichgesetzt.

3.2 Praxisbeispiele für studentische Partizipation im Nachhaltigkeitskontext

Das *netzwerk n* ist ein zentraler Akteur in der Nachhaltigkeitslandschaft der Hochschulen. Das deutschlandweite Netzwerk stärkt seit 2012 studentische Nachhaltigkeitsinitiativen und versteht sich als Akteur für nachhaltigkeitsbezogene Transformationsprozesse an Hochschulen (Daubner et al., 2018). Ihr ganzheitlicher und partizipativer Nachhaltigkeitsansatz „ermöglicht Hochschultransformation nicht nur von außen, sondern v.a. von innen und kann zu strukturellen sowie institutionellen Veränderungen führen" (Daubner et al., 2018, S. 347). Ein partizipatives Format des netzwerk n ist die Diskussionsreihe *perspektive n*. Ziel des Fishbowl-Formats ist es, Hochschulangehörige zusammenzubringen und zur Diskussion über die Zukunftsfähigkeit der eigenen Hochschule anzuregen. Obwohl es sich bei dem Format konzeptionell um ein partizipatives Format handelt, bleibt offen, wie partizipativ die Umsetzung in der Praxis ist, denn Partizipation führt nicht zwangsläufig zu schnellem Handeln. Erst wenn es gelingt, dass sich Studierende auf Augenhöhe aktiv in den Organisationsentwicklungsprozess einbringen und dabei selbstbestimmt agieren können, handelt es sich um Formate, die das Prinzip der Partizipation erfolgreich umsetzen. Eine umfangreiche Broschüre des netzwerk n dokumentiert Beispiele des Gelingens aus Lehre, Forschung, Betrieb, Governance und Transfer für die Gestaltung zukunftsfähiger Hochschulen. Bei der Zusammenstellung wurde studentische Partizipation als eines der methodischen Auswahlkriterien berücksichtigt (netzwerk n e.V. c/o Thinkfarm e.V., 2018). Die Projekte wurden gebeten, Angaben zur Form und zum Grad der Partizipation (Mitwirkung, Mitbestimmung, Selbstbestimmung, Selbstorganisation) sowie zur Umsetzung zu machen (netzwerk n e.V. c/o Thinkfarm e.V., 2018, S. 11). Ähnlich dem Stufenmodell lässt sich auch hier ein Sprung zur „echten" Beteiligung zwischen Mitbestimmung und Selbstbestimmung erkennen. Die höchste Stufe der „Autonomie/Selbstorganisation" entspricht der Partizipationsstufe „Selbstorganisation". Einschränkend ist darauf hinzuweisen, dass die vier Begriffe weder theoretisch eingeordnet noch in ihrer Verwendung trennscharf sind. Das aufwändige Verfahren macht partizipative Projektstrukturen transparent und bildet einen Ausschnitt der Entwicklungen im Wissenschaftssystem ab, wenngleich die tatsächliche Umsetzung der Partizipationsformen nicht immer näher beschrieben wird.

Auch in Lehr- und Forschungsprojekten gibt es Bestrebungen, die Studierendenperspektive stärker zu integrieren und zu fördern. Das Projekt „Transformation (Er)leben und (Er)lernen" (TREE, 2024) an der Universität Hohenheim, das u.a. den Aufbau einer Community of Practice für transformative Lehre zum Ziel hat, verfolgte von Beginn an das Prinzip der Partizipation. Der studentische Arbeitskreis Nachhaltigkeit initiierte das Projekt und unterstützte auch bei der Antragstellung. Die Einbindung der Studierenden in die konzeptionelle Phase der Projekte und der Lehre verweist auf „partnerschaftliche Aushandlungsprozesse" und damit auf ein hohes Maß an Partizipation. Im Verbundprojekt „Service Learning und nachhaltige Transformation an Hochschulen" erfolgt die studentische Partizipation durch lehrbezogene und verbundinterne Aktivitäten, die durch netzwerk n-Multiplikator:innen begleitet und durchgeführt werden (Verbundprojekt Senatra, 2024). Auch in der Lehre werden die Studierenden aktiv eingebunden. Viele Hochschulen bieten inzwischen Seminare zu Schlüsselqualifikationen an. Studierende der Universitäten Stuttgart und Ulm organisieren zum Teil eigene Lehrveranstaltungen zum Thema Nachhaltigkeit. Die eigenständige Entwicklung und Durchführung von Veranstaltungen kann der höchsten Beteiligungsstufe „Selbstorganisation" zugeordnet werden. Diese echte Beteiligung an der Ausbringung des Lehrangebots unterstützt aus Sicht der Studierenden als Bottom-up-Prozess auch die Transformation der Lehre.

3.3 Umsetzung und Förderung von Partizipation

Das Fachforum Hochschule fordert Hochschulen auf, „Studierende […] in ihrer Nachhaltigkeitsgovernance zu beteiligen und angemessen zu vertreten, namentlich in Beiräten, Nachhaltigkeitsbüros, Kommissionen, Gremien/Senaten und Konsultationsprozessen." (BMBF, 2017, S. 63). Des Weiteren wird gefordert, dass „das Nachhaltigkeitsengagement von Studierenden u.a. durch Infrastruktur, Ressourcen, Freiräume und Begleitung durch Hochschulmitarbeiterinnen und -mitarbeiter" ermöglicht und legitimiert wird. Damit ist das normative Ziel für die Hochschulen klar benannt. Insgesamt zeigt sich, dass vereinzelt formale Strukturen für die Beteiligung von Studierenden geschaffen werden. Es zeigt sich jedoch eine starke Diskrepanz zwischen den politischen Forderungen nach Partizipationsmöglichkeiten und der Umsetzung an deutschen Hochschulen (Steger, 2024, S. 9). Im Nationalen Monitoring zu „Nachhaltigkeit & BNE im Hochschulsystem" wird betont, dass „Positionierungen der Studierendenvertretungen zu Nachhaltigkeit und BNE (zumindest in einigen Bundesländern) überwiegend ambitionierter ausfallen als viele Veröffentlichungen aus den Bereichen der allgemeinen Hochschulpolitik und akademischen Selbstverwaltung" (Holst & Singer-Brodowski, 2022, S. 16). Die verschiedentlich gestellte Forderung nach mehr studentischer Partizipation erscheint insofern besonders relevant, als in studentischen Initiativen ein großes Potenzial für Hochschulen gesehen wird, eine partizipative Umsetzung von Nachhaltiger Entwicklung zu realisieren (Drupp et al., 2012). Nur durch die Anerkennung und Unterstützung der Studierenden durch die Hochschulleitung kann ein innovativer Wandel gefördert werden, der für eine Transformation in Richtung einer nachhaltigen Hochschule notwendig ist. Die Förderung von Partizipation sollte daher in allen Handlungsfeldern

(Lehre, Forschung, Betrieb, Governance und Transfer) angestoßen werden, insbesondere auf der Organisationsebene, auf der partizipative Formate bislang weniger präsent sind (Krah, 2017). Mit Blick auf die aktive Partizipation von Studierenden erscheint es dabei lohnenswert, beispielsweise im Rahmen von Green Offices, konkrete Strukturen zur Mitgestaltung der Nachhaltigkeitsberichterstattung zu entwickeln (Holst & Singer-Brodowski, 2022, S. 21).

Neben den ausgewählten Praxisbeispielen gibt es weitere konkrete Vorschläge zur Umsetzung studentischer Partizipation: Während Ditzel und Bergt (2013, S. 185) aus ihrer vorgestellten Klassifizierung der Partizipationsneigung von Studierenden eher allgemeine Interventionsstrategien zur Förderung studentischer Beteiligung ableiten, schlagen Raffaele und Rediger (2021, S. 46f.) konkrete Maßnahmen zur Stärkung studentischer Partizipation vor: Ein „Tag der Partizipation" kann die Chancen und die Relevanz studentischer Partizipation transparent machen; die Anerkennung von Engagement z.B. durch ECTS schafft Anreize; eine Erhöhung des Angebots an internen studentischen Stellenangeboten und die aktive Einbeziehung des AStA und der Fachschaftsräte fördern die Hochschule als Interessens- und Lebensmittelpunkt der Studierenden; Instrumente, die verfasste Mitbestimmung und moderne Partizipationsformen (z.B. Runde Tische, Mitbestimmungskonferenzen) miteinander verknüpfen, stärken demokratische Strukturen. Insgesamt wurde deutlich, dass es nicht an Vorschlägen für Maßnahmen für die Umsetzung in der Praxis mangelt. Vielmehr erscheinen organisationale Strukturen und die Trägheit von Organisationen als größte Herausforderungen für die Umsetzung studentischer Partizipation. Ein Wandel hin zu partizipatorischen Entscheidungsstrukturen ist daher dringend erforderlich (Pasternack, 2020, S. 80).

4. Fazit

In theoretischen Modellen wird Partizipation mit Teilhabe an Entscheidungsmacht gleichgesetzt, während „Mitbestimmung" lediglich als „Quasi-Beteiligung" eingestuft und damit von „echter" Partizipation abgegrenzt wird. Besonders der Übergang von „Mitbestimmung" zu „Partnerschaftliche Aushandlung" ist für die studentische Partizipation im Hochschulkontext relevant. Die Analyse zeigt, dass es bereits gute Vorbilder im Bereich der Lehre, Forschung und Governance an Hochschulen gibt. Von einer flächendeckenden Umsetzung studentischer Partizipation ist die deutsche Hochschullandschaft jedoch noch weit entfernt. Für das Gelingen studentischer Partizipation sind neben persönlichen Gründen v.a. organisationale Strukturen und die Organisationskultur entscheidend (Steger, 2024, S. 10). Die Herausforderung liegt in den starren Organisationsstrukturen, die Veränderung erschweren (Kühl, 2020). Zudem werden die Partizipationsstrukturen zumeist von der Hochschulleitung vorgegeben (top-down), was die Möglichkeit für strukturelle Veränderung und damit für eine echte studentische Mitsprache einschränkt. Insgesamt mangelt es bislang an „echten" Mitwirkungsaktivitäten von Studierenden (Raffaele & Rediger, 2021, S. 7). Problematisch ist, dass es an einigen Hochschulen pseudo-partizipative Strukturen gibt, in denen Studierende formal beteiligt, aber nicht ernsthaft einbezogen werden. „Ein Sitz im Gremium ist keine Partizipation!" – Mitbestimmung als formale Teilnahme darf nicht mit aktiver Mitverantwortung und Teilhabe an Entscheidungsprozessen gleichgesetzt werden. Um die Partizipation zu verbessern, müssen Hochschulen ihre Strukturen überdenken und transparente Partizipationsmöglichkeiten schaffen, um die Teilnahmebereitschaft zu erhöhen. Andererseits liegt es auch an den Studierenden, bestehende Partizipationsgelegenheiten zu ergreifen und sich aktiv am hochschulpolitischen Leben zu beteiligen. Es bleibt die Frage, wie studentische Partizipation im Sinne einer nachhaltigen Hochschulentwicklung in neuen Formen gedacht und gefördert werden kann. Denn zukunftsfähige Hochschulentwicklung braucht dringend neue Partizipationsformen, die Studierende aktiv einbeziehen und befähigen.

5. Literaturverzeichnis

Altvater, P., Bauer, Y., & Gilch, H. (2007). *Organisationsentwicklung in Hochschulen* [Dokumentation]. HIS: Forum Hochschule, (14).

Arnstein, S.R. (1969). A Ladder of Citizen Participation. *Journal of the American Institute of Planners*, *35*(4), 216–224. https://doi.org/10.1080/01944366908977225

BMBF (2017). *Nationaler Aktionsplan Bildung für nachhaltige Entwicklung: Der deutsche Beitrag zum UNESCO-Weltaktionsprogramm.* Berlin.

Bormann, I., Rieckmann, M., Bauer, M., Kummer, B., Niedlich, S., Doneliene, M., Jaeger, L., & Rietzke, D. (2020). *Nachhaltigkeitsgovernance an Hochschulen. BMBF-Projekt „Nachhaltigkeit an Hochschulen: entwickeln – vernetzen – berichten (HOCHN)".* Vechta.

Daubner, L., Eicker, J., Holz, J., & Weinhold, L. (2018). Nachhaltige Hochschultransformation von unten denken. In M. Raueiser & M. Kolb (Hrsg.), *CSR und Hochschulmanagement. Sustainable Education als neues Paradigma in Forschung und Lehre* (S. 343–356). Springer

Dippelhofer, S. (2004). *Partizipation von Studierenden an Hochschulpolitik. Sekundäranalytische Befunde des 8. Konstanzer Studierendensurveys* (Hefte zur Bildungs- und Hochschulforschung 41, Arbeitsgruppe Hochschulforschung der Universität Konstanz). Konstanz.

Ditzel, B., & Bergt, T. (2013). Studentische Partizipation als organisationale Herausforderung – Ergebnisse einer explorativen Studie. In S. M. Weber, M. Göhlich, A. Schröer, C. Fahrenwald & H. Macha (Hrsg.), *Organisation und Partizipation* (S. 177–186). Springer. https://doi.org/10.1007/978-3-658-00450-7_15

Drupp, M., Esguerrab, A., Keulc, L., Löw Beerd, D., Meische, S., & Roosen-Runge, F. (2012). Change from below – student initiatives for universities in sustainable development. In W. Leal Filho (Hrsg.), *Sustainable development at universities: new horizons* (S. 733–742). Lang.

Friedrichsmeier, A., & Wannöffel, M. (2010). *Mitbestimmung und Partizipation – Das Management von demokratischer Beteiligung und Interessenvertretung an deutschen Hochschulen*, Hans Böckler Stiftung, Düsseldorf. https://www.boeckler.de/de/faust-detail.htm?sync_id=HBS-004620

Fuchs-Heinritz, W. (2020). Partizipation. In D. Klimke, R. Lautmann, U. Stäheli, C. Weischer & H. Wienold (Hrsg.), *Lexikon zur Soziologie* (6., überarbeitete und erweiterte Auflage, S. 572). Springer.

Hafen, M. (2023). Partizipation. In J. V. Wirth & H. Kleve (Hrsg.), *Lexikon des systemischen Arbeitens. Grundbegriffe der systemischen Praxis, Methodik und Theorie* (S. 303–306). Carl-Auer.

Heilsberger, L. (2021). Politische Partizipation an Hochschulen. In F. Bätge, K. Effing, K. Möltgen-Sicking & T. Winter (Hrsg.), *Politische Partizipation* (S. 275–293). Springer.

Hof, C., Carstensen, N., & Schleiff, A. (2013). Partizipation in regionalen Entscheidungsprozessen – eine Analyse der Erwartungen an Partizipation, deren Formen und Möglichkeiten. In S. M. Weber, M. Göhlich, A. Schröer, C. Fahrenwald & H. Macha (Hrsg.), *Organisation und Partizipation* (S. 281–292). Springer.

Holst, J., & Singer-Brodowski, M. (2022). *Nachhaltigkeit & BNE im Hochschulsystem: Stärkung in Gesetzen und Zielvereinbarungen, ungenutzte Potentiale bei Curricula und Selbstverwaltung. Kurzbericht des Nationalen Monitorings zu Bildung für Nachhaltige Entwicklung (BNE)*. http://dx.doi.org/10.17169/refubium-35828

Kleinsteuber, H.J. (2011). Zur Einleitung. In H.J. Kleinsteuber & S. Nehls (Hrsg.), *Media Governance in Europa. Regulierung – Partizipation – Mitbestimmung* (1. Aufl., S. 9–23). VS Verlag für Sozialwissenschaften.

Krah, J. (2017). *Partizipative Hochschulbildung für nachhaltige Entwicklung. Implementation und Institutionalisierung in Mexiko und Deutschland.* [Dissertation]. Pädagogigsche Hochschule Ludwigsburg.

Kühl, S. (2020). *Organisationen.* Springer. https://doi.org/10.1007/978-3-658-29832-6

Luhmann, N. (2006). *Organisation und Entscheidung* (2. Auflage). VS Verlag für Sozialwissenschaften.

Netzwerk n (2024, 9. Februar). *perspektive n.* https://netzwerk-n.org/angebote/perspektive-n/

Netzwerk n e.V. c/o Thinkfarm e.V. (2018). *Zukunftsfähige Hochschulen gestalten. Beispiele des Gelingens aus Lehre, Forschung, Betrieb, Governance und Transfer* (2. Auflage). Berlin.

Pasternack, P. (2020). *Partizipation an Hochschulen. Zwischen Legitimität und Hochschulrecht* (Die Hochschule, 2020, Beiheft). Institut für Hochschulforschung (HoF).

Raffaele, C., & Rediger, P. (2021). *Die Partizipation Studierender als Kriterium der Qualitätssicherung in Studium und Lehre.* HoF-Arbeitsbericht 117.

Robinson, C. (2012). Student engagement. *Journal of Applied Research in Higher Education, 4*(2), 94–108. https://doi.org/10.1108/17581181211273039

Rundnagel, H., & Möller, C. (2019). Freiwilliges Engagement von Studierenden – Ein vielseitiges Phänomen und Forschungsdesiderat. In C. Möller (Hrsg.), *Freiwilliges Engagement von Studierenden. Analysen, Konzepte, Perspektiven* (S. 1–8). Springer.

Schrader, S. (2023). Bedeutung und Potenziale studentischer Partizipation. *API Magazin, 4*(2), 3–16. https://doi.org/10.15460/apimagazin.2023.4.2.155

Steger, A. (2024). Sustainable University Transformation Through Student Engagement? Organizational Theoretical Considerations. In W. Leal Filho, M. Sima, A. Lange Salvia, M. Kovaleva & E. Manolas (Hrsg.), *University Initiatives on Climate Change Education and Research* (S. 1–16). Springer. https://doi.org/10.1007/978-3-031-25960-9_93-1

TREE (2024, 10. September). Transformation (Er)leben und (Er)lernen. https://sustainability.uni-hohenheim.de/please-change-url-alias-642645379

Verbundprojekt Senatra (2024, 9. Februar). Das Projekt – Senatra Projekt. https://senatra-projekt.de/das-projekt/

Weber, S.M., Göhlich, M., Schröer, A., Fahrenwald, C., & Macha, H. (2013). *Organisation und Partizipation.* Springer.

Susanne Wollin-Giering[1] & Jochen Gläser[2]

Field-Specific Student Participation in Research Processes

Abstract

Student participation in university research has typically been seen in terms of learning benefits for students; and the relevance of students in research processes has been largely neglected. This study addresses the gap in understanding student participation in research by comparing the link between epistemic properties of research processes and research fields on the timing and prevalence of mechanisms of participation in Modern German Literature and Experimental Condensed Matter Physics.

Keywords

student participation, research processes, teaching-research nexus, epistemic properties, scientific fields

1   Corresponding author; Technische Universität Berlin; susanne.wollin-giering@tu-berlin.de; ORCID 0009-0004-5023-9957
2   Technische Universität Berlin; jochen.glaeser@tu-berlin.de; ORCID 0000-0001-7356-9407

https://doi.org/10.21240/zfhe/19-03/05

Susanne Wollin-Giering & Jochen Gläser

Fachgebietsspezifische Partizipation von Studierenden an Forschungsprozessen

Zusammenfassung

Studentische Partizipation an der universitären Forschung wurde bisher meist unter dem Gesichtspunkt des Erkenntnisgewinnes für die Studierenden betrachtet, während die Relevanz von Studierenden in Forschungsprozessen weitgehend vernachlässigt wurde. Diese Studie schließt die Lücke im Verständnis der studentischen Partizipation an der Forschung, indem sie die Verbindung zwischen den epistemischen Eigenschaften von Forschungsprozessen und Forschungsfeldern mit dem Zeitpunkt und dem Auftreten von Mechanismen der Partizipation in der Neueren deutschen Literatur und der experimentellen Festkörperphysik vergleicht.

Schlüsselwörter

Studentische Partizipation, Forschungsprozesse, Lehre-Forschung-Nexus, Integration von Forschung und Lehre, epistemische Eigenschaften, Fachgebiete, Disziplinen

1. Introduction

The active participation of students in teaching and learning has so far been considered mostly from a teaching perspective as a partnership between academics in their teacher role and students in the context of innovative teaching formats (e.g. Børte, Nesje & Lillejord, 2023; Brew & Saunders, 2020). While the importance of research for student active learning is sometimes mentioned in this literature, the participation of students in research is rarely considered as a form of student active learning.

A similar gap can be observed in the literature on the teaching-research nexus (TRN), which predominantly tries to establish the importance of the nexus by either collecting students' and academics' perceptions of the TRN (Neumann, 1992; Robertson & Bond, 2001; Lindsay, Breen & Jenkins, 2002; Prosser et al., 2008) or trying to correlate teaching and research performance, which yields inconclusive evidence (e.g. Feldman, 1987; Braxton, 1996; Hattie & Marsh, 1996; Horta, Dautel & Veloso, 2012). Forms of student participation, the specific roles of students in different forms of participation or role-related contributions by students in research-related teaching formats have not yet found attention.

The variation of student participation in research has been shown to be partly linked to differences between disciplines but the nature of these links is not yet very clear. Case studies of single disciplines (e.g. Jenkins, 2000 and Healey, 2005, of Geography; see Tight, 2016, p. 299 for an overview of single-case studies) contribute little to the exploration of this link. The few conceptual studies (Neumann, Parry & Becher, 2002) and empirical field-comparative studies that attempted the attribution of variations in TRN practices to disciplinary differences used very coarse distinctions of discipline groups like hard vs. soft sciences or humanities vs. the sciences (Jensen, 1988; Colbeck, 1998; Griffiths, 2004; Møller Madsen & Winsløw, 2009; Leišytė, Enders & de Boer, 2009). These dichotomies, which also largely defy empirical operationalisation, cannot support a detailed inquiry of facilitating and hindering conditions for specific forms of student participation in research.

We are thus confronted with a gap in research on student active learning, which underappreciates the participation of students in research, and a gap in research on the TRN, which does not sufficiently recognise the actual roles of students in research processes and underestimates the field-specific nature of this participation. The lack of attention to student participation in research is unfortunate because this perspective can shed light on specific conditions of success for some of the formats that facilitate student active learning.

In this paper, we demonstrate how these two corresponding gaps could be closed by answering the question of how epistemic properties – i.e. properties of research practices and the knowledge of a field – shape student contributions to research and affect the extent to which they occur in different fields in certain phases of the study programme. We utilise findings from a larger study[3] and compare two epistemically highly contrasting fields: Modern German Literature and Experimental Condensed Matter Physics.

2. Theoretical approach

The "conceptual confusion" (Børte, Nesje & Lillejord, 2023, p. 601) concerning "student active learning" (ibid.) complicates the systematic differentiation of forms of student participation in teaching and research. The patterns of student contributions to research we are interested in do not fit into categorisations of how students learn or what they learn (e.g. Healey & Jenkins, 2017). For considering the TRN, it is also important to distinguish between research as a general activity of self-guided knowledge acquisition and research as the production of new contributions to the

---

3   The study was aimed at identifying the impact of new procedures of research evaluation on the TRN at German universities. The two fields analysed in this paper are cases from this larger research project, which includes 11 fields: Astronomy, Architectural Design, Cardiology, Cell Biology, Communication Technology, Comparative Politics, Criminal Law, Experimental Condensed Matter Physics, German Modern Literature, Theoretical Informatics, and Theoretical Philosophy.

stock of knowledge of a scientific community. Some of the patterns of student participation in research we present in this article can be understood as inquiry-based learning, an educational approach in which students learn through their involvement in entire research processes.[4] The field-specificity of these patterns is the subject of our article.

We start from a definition of student participation in research as a collaboration between university students and academics that leads to a change in the content of the academic's *research*. This definition enables a differentiation of forms of student participation according to its content and according to the different roles students and academics may take in this collaboration and thus a specification of the rather general categories that have so far been discussed in the context of "student active learning". This definition differs from that of "student active learning" because students in a passive audience role may still contribute to changes in research.

For the investigation of student participation in research and the specific contributions they make, we employ a sociology of science perspective on the (collaborative) construction of scientific knowledge. This perspective emerged in the 1980s, when the sociology of science shifted focus to analyse scientific research as a local knowledge production process in a specific context like a laboratory (Knorr-Cetina, 1981; Latour & Woolgar, 1986 [1979]). The application of this perspective to the TRN entails a comparison of students' roles as well as the conditions and processes of their involvement in knowledge production.

Making use of this perspective enables the application of two analytical tools to the investigation of student participation in research. First, we can use the literature on forms of research collaboration as a heuristic tool to search for forms of student participation. Laudel (2001) distinguishes types of collaboration according to the roles

---

4 In contrast, in research-oriented teaching students are familiarised with the theories, methods and questions of research without necessarily being actively involved in the research process themselves.

of collaborators, namely "collaboration involving a division of labour" (both partners make creative contributions), "service collaboration" (one partner provides routine services to the other), "transmission of know-how" (one partner provides spe-
cialist knowledge), "provision of access to research equipment" and "mutual stimulation" (partners discuss their research, which leads to new ideas for one or both of
them) (Laudel, 2001, p. 768). We used this typology to identify different forms of
student participation in research and to clarify each partner's role.

Second, we can utilise the sociology of science's tools for studying conditions of
knowledge production to identify facilitating and hindering conditions for the occurrence of particular types of student participation that are produced by the scientific
fields in which student participation occurs. For our field-comparative approach, we
are particularly interested in epistemic conditions of action (which include af-
fordances and constraints set by field-specific properties of research practices and
knowledge). For example, the degree of codification of knowledge "… refers to the
consolidation of empirical knowledge into succinct and interdependent theoretical
formulations" (Zuckerman & Merton, 1972, p. 303). This includes the organisation
of knowledge in unambiguously structured theories and the standardisation of a
field's language. Merton and Zuckerman hypothesised that the degree of codification
affects the speed of competency acquisition (Zuckerman & Merton, 1972, p. 303).
We therefore expect a high level of codification to correspond to a longer process in
which students acquire the language and field-specific concepts they need to participate in research. The levels of expertise necessary for interactions with researchers have been further specified by Collins and Evans (2002), who distinguished between "no expertise", which prevents meaningful interactions with scientists, "interactional expertise", which enables competent conversations about the research of a
field, and "contributory expertise", which equips students to execute collaborative
roles in research processes. As students proceed in their studies, they develop expertise and may transition through these stages. Consequently, the student participation
in research is expected to vary over the course of their studies and depending on the
research field.

3. Empirical approach

3.1 Case selection based on field properties

We compared the TRN in fields of research that are taught in university study programmes. The selection of cases for the main study was based on two epistemic properties of fields, namely the mode of obtaining empirical evidence and the degree of codification of knowledge. We expected the mode of obtaining empirical evidence to affect what is taught in study programmes, some of the teaching formats (e.g. practical laboratory courses), and opportunities for students to contribute to research. As outlined in the description of our theoretical approach, we followed Merton and Zuckerman in their assumption that the degree of codification of knowledge affects the time students require to acquire interactive expertise or contributory expertise, which again affects their opportunities to participate in research.

To select fields, we coded abstracts of currently funded projects in the database of the German Research Foundation. We categorised fields based on their approach to obtaining empirical evidence in fields not using empirical evidence, experimental research, observation-based research, and research involving the creation of objects to experiment with or to observe. For the codification of knowledge, we approximated the prevalence of technical terms, chemical or mathematical formulae, or recurring abbreviations.

We present here findings for Experimental Condensed Matter Physics (ECMP) and Modern German Literature (MGL). The two fields differ in both dimensions applied to the case selection. ECMP explores properties of solids and liquids through experimental techniques, which are used to investigate physical phenomena at the atomic and subatomic levels, such as electronic behaviour, magnetic properties, and structural characteristics. Its knowledge is highly codified. MGL analyses German literature from the Baroque era to the present with a focus on genres, themes, influential authors, and literary movements. Its research methods are centred on close reading and interpretation of literature in the light of cultural and social contexts at the time of writing.

To support this research, MGL scholars produce critical editions of literary works based on archival work, the analysis of versions of texts, research on the genesis of texts and on their historical contextualisation. All these methods are observational. The degree of codification of MGL's knowledge is low.

3.2 Methods

We conducted semi-structured interviews with eight professors at German universities in each field. To gather insights into the field's epistemic properties and research practices, we elicited extensive descriptions of research practices including research aims, methods, collaboration, source of project ideas and the epistemic risks involved in their research. Teaching-related questions focused on course content, structure, teaching formats, and the interviewee's freedom to design courses and structures according to their research interests. Questions on the TRN centred on practices of integrating research findings into teaching, the teaching's impact on research, and student involvement in research processes. We only analysed reported actions and conditions of action and excluded attitudes towards the TRN. Interviewee's suggestions for improvement of the TRN were included insofar they reflected on the effectiveness or efficiency of current practices. To prepare the interviews, we made ourselves familiar with the professors' research. Interviews were conducted face-to-face and lasted between 60 and 90 minutes. They were recorded and fully transcribed. We used extractive qualitative content analysis (Gläser & Laudel, 2010) to systematically extract data relevant to the research question from interview transcripts. We organized the data by content of practices (research, teaching and integration of the two) and time (relative to the course of study), and comparatively analysed them across professors within fields and across fields (ECMP and MGL). The analysis focussed on mechanisms of integrating teaching and research and the conditions under which they occurred.

4. Results

In our comparative analysis of the interviews, we identified five distinct mechanisms of student participation in research and compared the situations in which they occurred. In this section, we identify five generic mechanisms of student participation in research (4.1), the prevalence of these mechanisms (4.2), and epistemic conditions facilitating or hindering their operation (4.3)

4.1 Mechanisms of student participation in research

Stimulation of research through teacher engagement

This mechanism resembles Laudel's collaboration type "mutual stimulation" but it is only the academic who has new ideas and these ideas are purely the result of the academic's work. Although it seems counterintuitive to identify this mechanism as student participation, students are necessary in this collaboration because they execute the role of an audience to which the knowledge is presented and for which the knowledge is selected and structured. According to our interviewees, preparing knowledge for presentation to students may lead to new ideas for research. Researchers sometimes develop courses on a subject to deepen their own understanding of the fundamentals of a particular area of research by systematically reviewing them in class. This is particularly helpful when they want to change the topic of their research. In some interviews, hoped-for benefits from presenting such stimulation of research were mentioned as a motivation for offering new courses. This mechanism represents students' participation in research in the most passive role because they must take the audience role but do not actively intervene in the presentation of knowledge.

Stimulation of research through student inputs

This mechanism can also be considered a specific case of mutual stimulation even though it operates purely one way. It represents the canonical example in popular discussions of the benefits of teaching for research (the "naïve" questions by students as triggers of ideas). It changes research by channelling ideas from teaching to research. Students' questions and comments can trigger ideas, can contain ideas themselves, or can point to previously unexplored literature. Again, the benefits of students stimulating research in this manner can occasionally serve as motivation for academics to offer specific courses.

Service collaboration

This mechanism involves collaboration between students and researchers in research processes, where students carry out tasks like literature searches, data cleaning, conducting measurements or analysing data. Outsourcing these non-creative tasks to students saves academics' time. In addition to internships and thesis work, German universities have institutionalised the position of paid student assistants. These assistants typically work up to 20 hours per week, primarily engaging in service collaborations within a research project.

Fusion of teaching and research

The fusion of teaching and research occurs when students conduct actual research in teaching formats, i.e. contribute creative work to produce new scientific knowledge in educational settings. Not all this new knowledge meets the stringent standards of relevance and rigor to merit publication. Instances of this mechanism include research discussed in teaching or research seminars that refine academics' arguments which they later use in publications, and students' thesis projects which might lead to publications.

Recruitment

In contrast to the mechanisms described above, recruitment operates at a different level, as it precedes other forms of student participation that directly impact content. Academics use teaching and learning to recruit students for roles in service collaboration and fusion mechanisms. In addition to recruitment as student assistants or through offering topics for bachelors' or masters' theses, academics also recruit students for subsequent PhD positions. Since the success of research projects in some fields partly depends on the quality of students' contributions, academics usually compete for the best students to recruit.

4.2 Prevalence of mechanisms in the two fields

We will now present the field-specific patterns for two fields studied for each of the five identified participation mechanisms (see Fig. 1).

Stimulation of research through teacher engagement

In ECMP, academics sometimes chose to take over specific basic courses to familiarise themselves with the foundations of a topic they want to work on or develop new courses to obtain an overview of new developments in a field. In the context of this engagement with topics, academics learned and, in some cases, began to question basics of their field. Courses for master students were always based on the specialisations of the researchers.

In MGL, almost all interviewees reported to use teaching formats synergistically to develop partial aspects of their topics, to refresh knowledge on literary works, to catch up on readings, to deal with authors unknown to them, to familiarise themselves with new research approaches, and to practice to independently position themselves. It is common for academics to make their own research the topic of compulsory courses.

Stimulation of research through student inputs

Stimulation of research through student inputs is not very common in ECMP and begins rather late, namely at the end of the bachelor's programme.

In MGL, seminar discussions that include critical questions or hints at specific, not yet discussed aspects of literary works, begin early on, and occur more frequently. Term papers and final theses also contain such inputs and may point academics to literature they had not yet seen. All interviewees reported beneficial situations of this kind, even relatively early in the study programme.

		Bachelor	Master
Stimulation of research through teacher engagement	**ECMP**	basic lectures, advanced lectures	
	MGL	seminars, lectures, advanced seminars	
Stimulation of research through student inputs	**ECMP**	seminars, lectures, final thesis	
	MGL	seminars, final thesis	
Service collaboration	**ECMP**	student asst., internships — BA thesis	student asst., internships — MA thesis
	MGL	lectures, seminars, student asst.	
Fusion of teaching and research	**ECMP**	BA internships, student asst. thesis	MA internships, student asst. thesis
	MGL	seminars, colloquia — BA thesis	seminars, colloquia — MA thesis
Recruitment	**ECMP**	student asst., lectures — BA thesis	student asst., adv. lectures, internships — MA thesis
	MGL	lectures, seminars, student asst.	

Fig. 1: Student participation patterns in Experimental Condensed Matter Physics and Modern German Literature, structured by time of occurrence in the study programme and teaching format; the width of bars represents the number of professors who have mentioned the mechanism.

Service collaboration

In ECMP, service collaborations typically start after the first year as internships or student assistantships in a research group. Students usually contribute to the building of experimental apparatus, sample preparation and (recurring) measurements, i.e. by executing tasks that do not require theoretical knowledge. Most of the bachelor's theses are also service collaborations. Topics can be assigned again to another student if a student does not meet the standards required for an input into research. Work for the master thesis can be either an extended and more demanding service collaboration or genuine research, in which case it is an instance of fusion (see below).

Service collaborations rarely occur in MGL. Few professors have student assistants at all. Tasks of students mainly consist of literature searches or the transcription of very simple manuscripts in support of editing work. In very rare instances, seminars were used for service collaborations of students, e.g. when seminar participants helped preparing an exhibition.

Fusion of teaching and research

In ECMP, genuine research in teaching formats begins to occur at the end of the bachelor programme with the bachelor's thesis in research groups. From then on, student participation in academics' research processes increasingly turns into fusion, i.e. students make creative contributions by developing measurement procedures, writing analysis software, or analysing data. Bachelor's and master's theses are defended in a research colloquium. A student's work is part of the experimental work of the research group and may include creative contributions that lead to a publication co-authored by the student.

In MGL, much of the fusion happens within seminar discussions. This teaching format is similar to academic discussions in the humanities where researchers' interpretations are discursively tested for validity and developed further. A second instance of fusion are final theses, where students develop own interpretations and views on a specific topic that does not necessarily overlap with the teacher's own research focus. Theses may turn into a contribution to the research of the field that in some cases is worth publishing.

Recruitment

In ECMP, recruitment is a longer process of selecting students for work in the research group. It begins with observing students' performance and interests in undergraduate teaching. Promising students are offered student assistant positions. If their work confirms the first impression, they are often offered topics for bachelor's theses. Good bachelor's degree students are also invited for the master's thesis. These observations continue throughout the study programme, and new 'recruits' are also found in master's courses. In some cases, the process leads to the offer of a PhD position.

MGL has no such sequential recruitment process. Professors are almost exclusively looking for a few student assistants. Generally, the hurdles to getting students interested in academics' research topics are high. As there are only few designated doctoral positions, there is at most a recommendation to do a doctorate somewhere, but no position can be offered to promising students.

4.3 Field-specific conditions facilitating or hindering student participation

The analysis of conditions under which mechanisms of student participation occurred led to the confirmation of the hypothesised impact of the degree of codification of knowledge and of the mode of obtaining empirical evidence. It also returned several additional epistemic properties of fields that affect the frequency and timing of the occurrence of mechanisms. In ECMP, the high degree of codification of knowledge and the experimental approach to obtaining evidence make it possible to disaggregate research processes into steps of variable size that can be carried out by different researchers (the decomposability of research processes is high). Therefore, it is relatively easy for academics to carve out tasks for students that fit both the time they can spend on participating in research and their level of expertise. This opportunity supports both service collaborations and the fusion of teaching and research. These mechanisms occur earlier and more frequently in ECMP than in MGL, which is in turn linked to recruitment for research contributions being much more common in ECMP than in MGL.

The impact of ECMP's high degree of codification of knowledge is ambivalent. On the one hand, the high degree of codification makes some basic theories directly relevant to current research, which is why stimulation of research through teacher engagement may occur quite early, although the prescribed canon of introductory courses leaves little room for adding or replacing courses. On the other hand, students need more time to acquire interactional and contributory expertise and thus are able to stimulate research with their inputs only later in their studies and generally less often than their fellow students in MGL.

This role of epistemic properties is confirmed by the patterns of student participation in MGL, a discipline characterised by a low degree of codification of knowledge, observations as mode of obtaining empirical evidence, and a strong role of personal perspectives in the definition of research problems and in decisions on what counts as empirical evidence. Owing to these properties, research projects in MGL have a low degree of decomposability and are individual rather than group efforts. Research is highly personalised, and few collaborations occur. At the same time, the presentation and discussion of arguments is an important part of the research process.

Under these conditions, the stimulation of research through student inputs can occur earlier because they can acquire interactive and contributory expertise earlier in their studies. Furthermore, the fusion of teaching and research also occurs in seminar discussions where interpretations of literature are presented and discussed. However, the low decomposability of research processes prevents students from being more involved in their teachers' research, especially through service collaborations. Like their professors, students who conduct their own research processes, for example in master's theses, do so independently from others, including from their teachers. The low degree of codification also gives academics in MGL more opportunities to add or replace courses early in the bachelor's programme, which enhances the opportunities for the stimulation of research through teacher engagement.

5. Discussion

We identified several generic mechanisms of student participation in research, the specific forms in which they occur in different disciplines and reasons why prevalence and time of their occurrence are field-specific. Our preliminary results are in accordance with previous observations of field-specific links between research and teaching (e.g. Colbeck, 1998; Møller Madsen & Winsløw, 2009) and, for the first time, provide partial explanations of such differences by linking them to empirically identified epistemic differences between fields of research. We confirmed the hypothesis about the impact of the degree of codification of knowledge formulated by Zuckerman and Merton (1972, p. 303) and our own assumption about the influence of the mode of access to empirical evidence on student participation in research. Our open qualitative approach also let us discover additional epistemic properties that make a difference.

Students participate in a broad range of research practices across the whole research process from taking part in the generation of new ideas up to empirical and publication work. It is also noteworthy that students can participate in research activities at a very early stage of their studies and thus influence them. This early start can also be seen as a long-term socialisation process for the later career of a researcher (Thiry & Laursen, 2011; Feldman, Divoll & Rogan-Klyve, 2013).

The material presented here is limited and supports the shape of our argument rather than a causal account which includes non-epistemic factors. For example, we had to omit the role of institutional conditions, which play an important role in facilitating or promoting student participation (e.g. Leišytė, Enders & de Boer, 2009).

A limitation of the study from which our empirical data are drawn is its empirical focus on interviews with university professors (because these have the highest teaching load). Research and teaching associates may practice the integration of teaching and research differently and may therefore experience different impacts of student participation on their research.

6. Conclusions

Despite the limited scope of our empirical study as presented here, we would like to suggest three tentative conclusions. First, in fields with decomposable research processes students can collaborate with their teachers in the latter's research, which makes the research to some extent dependent on teaching (e.g. as a basis for recruitment). Second, the epistemic properties of fields (the properties of a field's research practices and knowledge) have a strong influence on forms, time, and prevalence of student participation in research. Finally, the observation of a strong dependence of student participation in research on properties of fields suggests that it might be useful to consider the influence of these properties on other forms of student active learning because properties of the knowledge that is taught are likely to affect all situations in which that knowledge is taught and learned.

7. References

Børte, K., Nesje, K., & Lillejord, S. (2023). Barriers to student active learning in higher education. *Teaching in Higher Education, 28*(3), 597–615.

Braxton, J. M. (1996). Contrasting perspectives on the relationship between teaching and research. *New Directions for Institutional Research, 1996*(90), 5–14.

Brew, A., & Saunders, C. (2020). Making sense of research-based learning in teacher education. *Teaching and Teacher Education, 87*, 1–11.

Colbeck, C. L. (1998). Merging in a seamless blend – How faculty integrate teaching and research. *Journal of Higher Education, 69*(6), 647–671.

Collins, H. M., & Evans, R. (2002). The Third Wave of Science Studies: Studies of Expertise and Experience. *Social Studies of Science, 32*(2), 235–296.

Feldman, A., Divoll, K. A., & Rogan-Klyve, A. (2013). Becoming Researchers: The Participation of Undergraduate and Graduate Students in Scientific Research Groups. *Science Education, 97*(2), 218–243.

Feldman, K. (1987). Research productivity and scholarly accomplishment of college teachers as related to their instructional effectiveness: A review and exploration. *Research in Higher Education, 26*(3), 227–298.

Gläser, J., & Laudel, G. (2010). *Experteninterviews und qualitative Inhaltsanalyse als Instrumente rekonstruierender Untersuchungen* (4. Edition). VS Verlag.

Griffiths, R. (2004). Knowledge production and the research-teaching nexus: The case of the built environment disciplines. *Studies in Higher Education, 29*(6), 709–726.

Hattie, J., & Marsh, H. W. (1996). The relationship between research and teaching: A meta-analysis. *Review of Educational Research, 66*(4), 507–542.

Healey, M. (2005). Linking research and teaching to benefit student learning. *Journal of Geography in Higher Education, 29*(2), 183–201.

Healey, M., & Jenkins, A. (2017). The role of academic developers in embedding high-impact undergraduate research and inquiry in mainstream higher education: twenty years' reflection. *International Journal for Academic Development, 23*(1), 52–64.

Horta, H., Dautel, V., & Veloso, F. M. (2012). An output perspective on the teaching-research nexus: An analysis focusing on the United States higher education system. *Studies in Higher Education, 37*(2), 171–187.

Jenkins, A. (2000). The relationship between teaching and research: Where does geography stand and deliver? *Journal of Geography in Higher Education, 24*(3), 325–351.

Jensen, J. J. (1988). Research and teaching in the universities of Denmark: Does such an interplay really exist? *Higher Education, 17*(1), 17–26.

Knorr-Cetina, K. (1981). The Manufacture of Knowledge: An Essay on the Constructivist and Contextual Nature of Science. Elsevier Science & Technology Books.

Latour, B., & Woolgar, S. (1986). *Laboratory Life: The Construction of Scientific Facts.* Princeton University Press.

Laudel, G. (2001). Collaboration, creativity and rewards: Why and how scientists collaborate. *International Journal of Technology Management, 22*(7/8), 762–781.

Leišytė, L., Enders, J., & de Boer, H. (2009). The balance between teaching and research in Dutch and English universities in the context of university governance reforms. *Higher Education, 58*(5), 619–635.

Lindsay, R., Breen, R., & Jenkins, A. (2002). Academic research and teaching quality: The views of undergraduate and postgraduate students. *Studies in Higher Education, 27*(3), 309–327.

Møller Madsen, L. M., & Winsløw, C. (2009). Relations between Teaching and Research in Physical Geography and Mathematics at Reseach-Intensive Universities. *International Journal of Science and Mathematics Education, 7*(4), 741–763.

Neumann, R. (1992). Perceptions of the teaching-research nexus: A framework for analysis. *Higher Education, 23*(2), 159–171.

Neumann, R., Parry, S., & Becher, T. (2002). Teaching and Learning in their Disciplinary Contexts: A conceptual analysis. *Studies in Higher Education, 27*(4), 405–417.

Prosser, M., Martin, E., Trigwell, K., Ramsden, P., & Middleton, H. (2008). University academics' experience of research and its relationship to their experience of teaching. *Instructional Science, 36*(1), 3–16.

Robertson, J., & Bond, C. H. (2001). Experiences of the Relation between Teaching and Research: What do academics value? *Higher Education Research & Development, 20*(1), 5–19.

Thiry, H., & Laursen, S. L. (2011). The Role of Student-Advisor Interactions in Apprenticing Undergraduate Researchers into a Scientific Community of Practice. *Journal of Science Education and Technology, 20*(6), 771–784.

Tight, M. (2016). Examining the research/teaching nexus. *European Journal of Higher Education, 6*(4), 293–311.

Zuckerman, H., & Merton, R. K. (1972). Age, aging, and age structure in science. In M. White Riley, M. Johnson & A. Foner (Eds.), *A theory of age stratification* (Vol. 3, 292–356). Russell Sage Foundation.

Adrian Bucher[1] & Luc Duvoid[2]

Formelle und informelle Partizipation von Studierenden für ein gelebtes Qualitätsmanagement

Zusammenfassung

Dieser Entwicklungsbeitrag versteht sich als Ausgangspunkt für die Auseinandersetzung mit einer wirkungsvollen studentischen Partizipation im Kontext des Qualitätsmanagements: Werden Voraussetzungen und Strukturen geschaffen, in denen sich Studierende als wesentlicher, essenzieller Teil des Qualitätsmanagements wahrzunehmen beginnen, entstehen formelle und informelle Kontakte, welche zur Weiterentwicklung der Organisation einen wesentlichen Beitrag leisten. Nach einer kurzen Bestandesaufnahme und der Vorstellung der studentischen Partizipation im Kontext des Qualitätsmanagements wird deren ‚Herzstück' in Form von drei Gelingensbedingungen und einer abschließenden Hypothese dargelegt.

Schlüsselwörter

Studentische Partizipation, Studierendenorganisation, Qualitätsmanagement, formelle und informelle Kooperation, Hochschulgestaltung

---

1 Corresponding author; Pädagogische Hochschule Luzern; adrian.bucher@phlu.ch; OR-CID 0009-0009-9123-8455
2 Pädagogische Hochschule Luzern; luc.duvoid@phlu.ch; ORCID 0009-0002-7310-5674

https://doi.org/10.21240/zfhe/19-03/06

Formal and informal participation of students for a vibrant quality management

Abstract

This development thesis explores ways to foster effective student participation in the context of quality management. If conditions and structures are created in which students begin to view themselves as essential and vital parts of quality management, formal and informal contacts arise, which make a significant contribution to further organisational development. After a brief look at the current state of student participation in the context of quality management, the paper highlights the core concerns of the topic by providing three success conditions and a concluding hypothesis.

Keywords

student participation, student organisation, quality management, formal and informal cooperation, university structuring

1. Einleitung

Das Qualitätsmanagement und die studentische Partizipation teilen bisweilen dasselbe – wir nennen es ‚talk vs. action' (Brunsson, 1989)[3] – Schicksal: Hochschulen sind zu beidem verpflichtet und können entsprechende Grundlagen und teilweise Aktivitäten vorweisen. Im hochschulischen Alltag gehören jedoch weder die studentische Partizipation noch das Qualitätsmanagement zum ‚Kerngeschäft', fristen immer wieder ein Schattendasein oder geraten in Vergessenheit. Bleiben Aktivitäten in diesen Bereichen aus, werden sie nicht per se und allzu rasch vermisst.

Diesem teilweisen ‚stillen Einvernehmen' treten wir entgegen: Studentische Partizipation ist – genauso wie das Qualitätsmanagement – keineswegs wirkungslos oder gar gefährlich. Von der Führung gewollt und ermöglicht sowie von den Studierenden genutzt, entfaltet sie gewinnbringende Wirkung. Zu dieser These stellt sich die folgende Frage: Mit welchen formellen und informellen Strukturen gibt es im Kontext des Qualitätsmanagements eine wirkungsvolle Partizipation und auf welchen Stufen des Partizipationsverständnisses nach Wright et al. (2007) befindet sich diese? Damit verknüpfen wir den Schwerpunkt des Themenhefts der studentischen Partizipation mit der für Hochschulen anspruchsvollen Querschnittthematik des Qualitätsmanagements.

Dieser Artikel ist in Co-Autorenschaft des Qualitätsbeauftragten Ausbildung und des Präsidenten der Studierendenorganisation der Pädagogischen Hochschule Luzern entstanden und versteht sich explizit als Entwicklungsbeitrag. Er orientiert sich an diesbezüglichen Kriterien – z.B. Behandlung einer Problemlage der Hochschulentwicklung mit Blick aus der und auf die Praxis; Anregungen zur Lehr- und Hochschulentwicklung; Transferüberlegungen und Ansätze einer Theoriebildung inklu-

---

3 Breit diskutiert ist dieses Phänomen auch als Entkopplung oder lose Kopplung von Formal- und Aktivitätsstruktur einer Organisation: Finden Vorgaben lediglich symbolischen Niederschlag in der formalen Struktur oder haben sie Auswirkungen auf die Kernaktivitäten der Organisation?

sive der Benennung von Forschungsdesideraten. Der Artikel referiert auf keine eigenen empirischen Belege, ist in diesem Sinne auch kein Forschungsbeitrag oder forschungsgeleiteter Beitrag und grenzt sich davon ab.

2. Bestandsaufnahme

Die steigenden Ansprüche an eine wirkungsvolle Partizipation der Studierenden für die Planung, Ausgestaltung und Qualitätsbewertung von Studium und Lehre sind – zumindest in Deutschland – klar ersichtlich: Strukturelle Hürden für studentisches Engagement sollen abgebaut, Möglichkeiten aufgebaut und der Mehrwert nachvollziehbar gemacht werden (Wissenschaftsrat, 2022). Studierende werden in diesem Verständnis vom Kunden zur Partnerin. In der Schweiz und Österreich sind zwar keine solch explizit formulierten Ansprüche und Setzungen zu finden. Zudem stammen die wenigen Grundlagenarbeiten in Form von Forschung- und Entwicklungsbeiträgen ebenfalls aus Deutschland (z.B. Raffaele & Rediger, 2021). Dennoch sind ähnliche Ansprüche im Umfeld der Hochschulen auch in diesen beiden Ländern deutlich wahrzunehmen, z.B. in Form von Kriterien (und allfälligen Auflagen) bei Akkreditierungen. Der diesem Artikel vorangegangene Austausch mit verschiedenen Hochschulen sowie der Blick in Grundlagen und Unterlagen (z.B. auf Websites oder aus Akkreditierungsverfahren) lassen aus Autorensicht und in Orientierung am Partizipationsverständnis von Wright et al. (2007) die These zu, dass in allen drei Ländern die studentische Partizipation ab Stufe 6 („Mitbestimmung") nicht oder nur teilweise ausgeprägt ist.

Qualitätsmanagementsysteme und ihre Verantwortlichen stehen vor der Herausforderung, bei den Beteiligten Betroffenheit – im Sinne von Sinnhaftigkeit, Anschlussfähigkeit und Handhabbarkeit – auszulösen. Oft wird das Qualitätsmanagement als Parallelprozess erlebt, welcher z.B. Studierende in ihrer Wahrnehmung kaum direkt betrifft, wenig mit ihnen und ihrer Kerntätigkeit des Studiums zu tun hat und von welchem sie entsprechend wenig wissen (wollen). Qualitätsmanagementsysteme stehen (auch) an Hochschulen wiederholt in der Kritik, (zu) wenig Wirksamkeit zu entfalten und somit den Aufwand nicht zu rechtfertigen (Nickel, 2008). Dieser Kritik kann nachhaltig begegnet werden, indem Instrumente und Aktivitäten des Qualitätsmanagements nicht als Parallelprozesse einer Organisation, sondern als integraler Bestandteil derselben für die kontinuierliche Weiterentwicklung verstanden werden. Ein zentraler Hebel dafür sind in unseren Augen die Studierenden: Die vielfältigen Qualitätsmanagementaktivitäten können insbesondere unter aktiver Mitwirkung der Studierenden ihre Wirksamkeit entfalten. Dies ist ein hoher Anspruch, der bei den Studierenden vieler Hochschulen kaum angekommen zu sein scheint. Dem gegenüber wird im Teilbereich „Wir als (lernende) Organisation" des Leitbilds (Hochschule Luzern, 2013) der Pädagogischen Hochschule Luzern die Grundhaltung hinter der studentischen Partizipation deutlich: „Wir gewährleisten im Rahmen klar definierter Arbeitsaufträge und transparenter Kompetenzregelungen Freiräume bei der Aufgabenerfüllung und das Recht auf Mitgestaltung […] durch die Mitarbeitenden und die Studierenden. […] Die Bereitschaft, Mitverantwortung für die Entwicklung […] zu übernehmen, ist für uns Voraussetzung für das Recht auf Mitgestaltung." Kurz: Wer bei uns Verantwortung übernimmt, den laden wir zur Mitgestaltung ein! Damit wird ersichtlich, dass das Kundin-Dienstleistungs-Verständnis durch das „students as partners"-Verständnis ausgetauscht ist (Healey et al., 2014).

Mit dieser Ausgangslage wird am Beispiel des Qualitätsmanagements der Pädagogischen Hochschule Luzern ein systematisches und konkretes Praxisdesiderat einer funktionierenden studentischen Partizipation gezeichnet und aufgezeigt, wie diese einen wesentlichen Beitrag zur Wirkungs- und Legitimationssteigerung von Qualitätsmanagementaktivitäten hin zur Weiterentwicklung der Organisation leistet.

3. Qualitätsmanagement im Kontext der studentischen Partizipation

Dieses Kapitel erläutert mit Blick auf die studentische Partizipation Grundlagen, Strukturen und spezifische Voraussetzungen des Qualitätsmanagements an der Pädagogischen Hochschule Luzern, die hier als konkretisierendes Beispiel dient.[4] Dies als Ausgangspunkt, um darauf aufbauend in den weiteren Kapiteln Gelingensbedingungen für die studentische Partizipation nachvollziehbar darlegen zu können.

3.1 Qualitätsmanagementkonzept

Die Pädagogische Hochschule Luzern verfügt über ein umfassendes Qualitätsmanagementsystem, welches in einem ausführlichen Konzept (2023) beschrieben ist. Dieses ist in rechtlichen Grundlagen und dem Leitbild (2013) verankert und gründet auf einem gemeinsamen, transparenten Qualitätsverständnis mit drei ineinandergreifenden Elementen: *PDCA-Zyklus*, *fünf Qualitätskriterien* im Sinne von Leistungsansprüchen und *vier Qualitätsdimensionen* (Ziel-, Struktur-, Prozess- und Ergebnisqualität). Das Qualitätsverständnis nimmt für sich eine gelebte Qualitätskultur in Anspruch, welche auf der organisationalen Verankerung der Verantwortung für die Qualität der Leistungen und für das Qualitätsmanagement aufbaut. Die das Qualitätsmanagement zentral koordinierenden Organisationseinheiten sind die Stabsstelle Qualitätsmanagement und die Konferenz der Qualitätsbeauftragten. Letzteres ist ein Meinungsbildungs-, Entscheidungs- und Koordinationsgremium mit breit abgestützten Vertretungen aus allen Leistungsbereichen sowie den Vertretungen der Studierendenorganisation und der Mitarbeitendenorganisation.

---

4   Dieses Kapitel basiert auf Grundlagen des Qualitätsmanagements der Pädagogischen Hochschule Luzern, welche zur weiteren Orientierung mehrheitlich auf der Website (www.phlu.ch) zu finden sind.

Das Qualitätsmanagement mit seinen zahlreichen Aktivitäten bedient die vier Pfeiler a) feedbackgestütztes Lernen (Individualfeedback/persönliche Qualitätsentwicklung); b) datengestütztes Lernen (Selbstevaluation/Qualitätsentwicklung der Organisation); c) Steuerung der Qualitätsprozesse inkl. Personalführung (durch die Leitungspersonen); d) Externe Fremdevaluationen (Anerkennung nach HFKG, EDK- und SBFI-Programmakkreditierungen) (Landwehr & Steiner, 2003) und erfüllt verschiedene Funktionen, welche sich in einer 4-Felder-Matrix – auf der einen Achse als individuelle und institutionelle Funktion, auf der anderen als Entwicklungs- und Rechenschaftsfunktion – darstellen lassen.

	Entwicklung	Rechenschaft
individuell		
institutionell		

Abb. 1: Matrix zu den vier Funktionen des Qualitätsmanagements (eigene Darstellung).

Die Aktivitäten des Qualitätsmanagements – insbesondere die Evaluationen – dienen in unterschiedlichen Ausprägungen a) der Wissensgewinnung – und damit dem Lernen und der Entscheidungsfindung; b) der Normenkommunikation – und damit dem Dialog; c) der Entwicklungsorientierung – und damit der allfälligen Verbesserung; d) der Rechenschaftslegung – und damit der Legitimation (Landwehr, 2019). Der Aufbereitung, Darstellung und Kommunikation der Ergebnisse nach innen und außen bis hin zur Planung und Umsetzung von Veränderungen und Maßnahmen wird große Aufmerksamkeit geschenkt, damit Wirksamkeit erwartet werden darf und der Aufwand gerechtfertigt ist.

3.2 Formelle studentische Partizipation (insbesondere im Rahmen des Qualitätsmanagements)

Rechtliche Bestimmungen, das Leitbild, das Führungsleitbild, das Qualitätskriterium ‚Anspruchsgruppenorientierung‘, Prozessdefinitionen und organisationsstrukturelle Setzungen fördern und fordern auf formeller Ebene eine unmittelbare Mitwirkung der Studierenden an der Pädagogischen Hochschule Luzern. Die Studierendenorganisation ist als öffentlich-rechtliche Körperschaft mit eigener Rechtspersönlichkeit festgelegt (Kanton Luzern, 2013). Die für ein unabhängiges Funktionieren der Anspruchsgruppenvertretungen notwendigen infrastrukturellen und finanziellen Rahmenbedingungen sind gewährleistet. Die Verwendung der Beiträge ist im Finanzreglement der Studierendenorganisation geregelt (Pädagogischen Hochschule Luzern, 2013).

An der Pädagogischen Hochschule Luzern besetzt ein Mitglied der Studierendenorganisation das Ressort Qualitätsmanagement und vertritt die Interessen und Sichtweisen der Studierenden in der Qualitätsbeauftragtenkonferenz, inklusive Stimmrecht. Es unterstützt die Umsetzung, Weiterentwicklung und Kommunikation des Qualitätsmanagements und ist zentraler Wissensträger für die Einschätzung der Akzeptanz und Anschlussfähigkeit bei den Studierenden. Die bedarfs- und bedürfnisorientierte Mitarbeit in bereichsübergreifenden Qualitätsmanagementprojekten und -aufgaben runden die formellen Rollen, Aufgaben und Zuständigkeiten ab.

Studierende sind als eine zentrale Anspruchsgruppe – z.B. mit der systematischen Leistungsüberprüfung und durch regelmäßige Evaluationen – in die Umsetzung der Qualitätsziele der Pädagogischen Hochschule Luzern eingebunden. Sie unterstützen die Weiterentwicklung des Qualitätsmanagementsystems bzw. werden in diese einbezogen. Dieser Einbezug geschieht formell somit in vierfacher Weise: 1.) über den erwähnten Sitz in der Qualitätsbeauftragtenkonferenz; 2.) über institutionalisierte Treffen der Studierendenorganisation mit einem Ausschuss der Hochschulleitung und den Studiengangsleitungen; 3.) über Konsultationen im Rahmen unterschiedlicher Veranstaltungen sowie 4.) über Evaluationen. Mit den ersten drei Möglichkeiten nimmt die Studierendenorganisation direkt Einfluss auf die Weiterentwicklung und die Umsetzung des Qualitätsmanagementsystems. Die Gesamtheit der Studierenden wird durch die regelmäßig durchgeführten Evaluationen – z.B. flächendeckende Befragungen zum Studium, Evaluationen der Studiengänge oder Modulevaluationen – in die Qualitätssicherung einbezogen[5] – und ist in diesem Sinne für die Qualität der Hochschule partizipativ mitverantwortlich.

Studierendenvertretungen aus allen Mentoratsgruppen[6] und Jahrgängen aus demselben Studiengang treffen sich zweimal jährlich mit der entsprechenden Studiengangsleitung zur Mentoratsvertretendensitzung[7], bei der die Studierenden die Traktanden festlegen und mit der Studiengangsleitung ein gemeinsames weiteres Vorgehen bestimmen. Anhand der Mentoratsvertretendensitzung soll die Qualität der Ausbildung gezielt verbessert und die Identifikation von Studierenden mit der Hochschule gefördert werden. Zudem dienen diese Treffen dazu, den Studierenden eingeleitete Maßnahmen aus vorangehenden Rückmeldungen zu präsentieren.

Die Studierenden der Pädagogischen Hochschule Luzern haben weiter das Recht, bei Anstellungsprozessen von Dozierenden mit einem Pensum von über 50 Prozent und von Leitungspersonen in der Findungskommission mit Stimmrecht mitzuwirken. Im durch die Studierendenorganisation wiederholt durchgeführten Diskussions-

---

5   Dabei kommen je nach Evaluationsdesign und -setting verschiedene in Kapitel 3.1 ausgeführte und in Abb. 1 dargestellte Funktionen des Qualitätsmanagements zum Tragen. So bedienen z.B. die Lehrveranstaltungs- bzw. Modulevaluationen sowohl die individuelle und institutionelle Ebene (Ergebnisse auf Ebene Modul, Fach oder Studiengang) als auch die Entwicklungs- und Rechenschaftsfunktion (Austausch in Fachteams oder bei Mitarbeitendengesprächen).

6   Die praxisbegleitenden Mentorate sind wöchentliche Veranstaltungen, in welchen das Handlungs- und Erfahrungswissen sowie subjektive Überzeugungen der Studierenden bewusst und bearbeitbar gemacht werden. Jede Mentoratsgruppe besteht aus ungefähr 20 Studierenden.

7   Gemäß Konzept der Mentoratsvertretendensitzung nimmt jeweils eine Studierendenvertretung aus jeder Mentoratsgruppe an einer Sitzung mit der jeweiligen Studiengangsleitung teil.

foren sprechen und debattieren Studierende, Mitarbeitende und Mitglieder der Hochschulleitung einmal pro Semester gemeinsam über relevante Themen. Darüber hinaus organisiert die Studierendenorganisation mit dem Projekt ExpertNovi die Einführung von Studierenden durch Kommiliton:innen und wertet die gemachten Erfahrungen aus.[8]

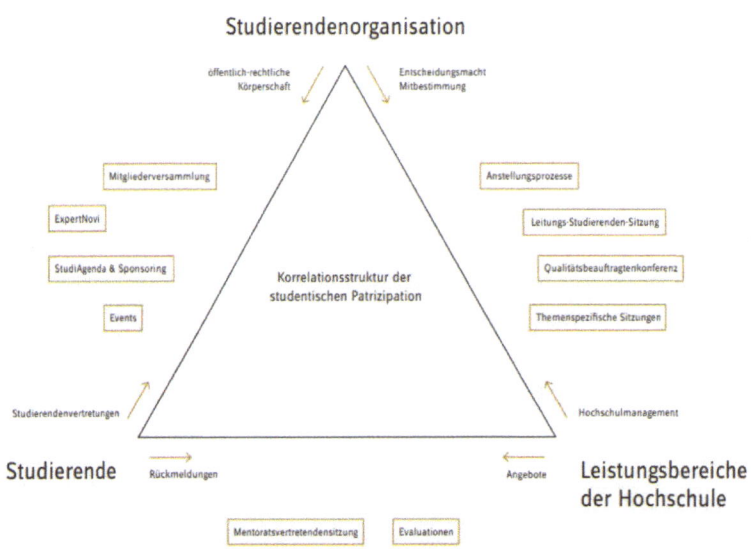

Abb. 2: Korrelationsstruktur der studentischen Partizipation (eigene Darstellung).

---

8   Weitere formelle Strukturen zwischen den Studierenden und der Studierendenorganisation – zum Beispiel die Mitgliederversammlung oder verschiedene Events (siehe Abb. 2) – werden hier nicht weiter expliziert und thematisiert, da sie nicht Bestandteil der studentischen Partizipation im Kontext des Qualitätsmanagements und somit für diesen Artikel sekundär sind. Ebenso hält es sich mit der Studierendenagenda und Sponsoringaktivitäten, wobei Letztere Ausdruck der Eigenständigkeit der Studierendenorganisation sind.

Es ist nun darzulegen, wie sich die Ausgestaltung dieser formellen Korrelations-strukturen im Alltag unserer Hochschule in einer Form auswirkt, die zu einer studentischen Partizipation führt, welche nicht als selbstverständlich angesehen werden kann.

4. Gelingensbedingungen für eine wirkungsvolle studentische Partizipation im Qualitätsmanagement

Auf den bisherigen Ausführungen und den dargelegten formell-strukturellen Voraussetzungen aufbauend, plausibilisieren und konkretisieren wir nun drei Aspekte, welche an der Pädagogischen Hochschule Luzern das ‚Herzstück' für das Gelingen der studentischen Partizipation bilden.

4.1 Formell-strukturelle Voraussetzungen für einen systematischen Einbezug

Die Schaffung manifester und transparenter Strukturen ist ein entscheidender erster Schritt zur Förderung der studentischen Partizipation im Rahmen des Qualitätsmanagements mit all seinen vielfältigen Funktionen. Formelle Strukturen an der pädagogischen Hochschule Luzern wie regelmäßige Sitzungen zwischen Leitungspersonen und Studierenden (z.B. Leitungs-Studierenden-Sitzungen unter Teilnahme von Hochschulleitungsmitgliedern, Studiengangsleitungen und Vertretungen der Studierenden) sowie spezifische Gremien zum Qualitätsmanagement (z.B. Qualitätsbeauftragtenkonferenz) bieten einen offiziellen Rahmen für den Einbezug von Studierenden und den notwendigen Einblick für Studierende in die Hochschule. Damit wird nicht nur gesetzlichen und akademischen Anforderungen gedient, sondern es werden insbesondere Grundsteine für eine adäquate und thematisch umfassende Beteiligung gelegt. Insbesondere durch diesen strukturell geregelten Einbezug der Studierenden wird eine transparente Kommunikation über Ziele und Prozesse des Qualitätsmanagements ermöglicht. Dies mit dem Ziel, dass Studierende Akzeptanz und Wertschätzung spüren und durch Vertrauen und Unterstützung gegenüber Qualitätsinitiativen honorieren.

Ein großer Teil der studentischen Partizipation an der Pädagogischen Hochschule Luzern orientiert sich am Delegationsprinzip und wird durch die Studierendenorganisation wahrgenommen. Im Rahmen einer zweijährlichen flächendeckenden Befragung zum Studium wurde im Mai 2023 deutlich, dass die Studierendenorganisation bekannt ist (89% volle oder teilweise Zustimmung auf einer vierstufigen Likert-Skala). Auch werden deren Tätigkeit und Aktivitäten als positiv und sinnvoll wahrgenommen (87%). Hingegen liegt aufgrund der Befragungsresultate aktuell ein Fokus darauf, die Bekanntheit der Kommunikationskanäle zwischen Studierenden und Studierendenorganisation (67,3% positive Einschätzungen) und der adressierbaren Anliegen (53,6% positive Einschätzungen) zu steigern.

4.2 Von formellen zu informellen Strukturen zur Stärkung eines selbstverständlichen Einbezugs

Das spürbare Interesse an ihren Meinungen und der Erwerb eines tieferen Verständnisses für die Herausforderung und Komplexität der Entscheidungsprozesse, die das Hochschulmanagement kennzeichnen, steigern die Bereitschaft der Studierenden, ihre eigenen Perspektiven aktiv in den Qualitätsmanagementprozess und die Hochschulgestaltung einzubringen. Das Engagement wächst über die formellen Sitzungen und Strukturen hinaus zu informellen Treffen und Besprechungen zwischen den Studierenden und Mitarbeitenden, um Ideen auszutauschen und Feedback zu geben. Der Fokus liegt dabei auf der feedbackgestützten Entwicklungsfunktion des Qualitätsmanagements. Dies soll anhand verschiedener konkreter Beispiele erläutert werden.

Die Studierendenorganisation konnte bei einer formellen Leitungs-Studierenden-Sitzung das Traktandum ‚Präsenzregelung' einbringen, welches wiederholt zu Unzufriedenheiten bei den Studierenden führte. Als Reaktion verfasste die Ausbildungsleitung eine Erklärung und Aktualisierung der Präsenzregelung in einem Dokument, welche vor der Veröffentlichung in einem informellen Austausch der Studierendenorganisation zum Gegenlesen gegeben wurde. Danach wurde das Dokument veröffentlicht.

Die Frequenz der formellen Mentoratsvertretendensitzung konnte kürzlich von einer Durchführung pro Studienjahr auf zwei erhöht werden. Die Zusammenstellung der Traktanden für diese Treffen geschieht vorwiegend über informelle Austausche, bevor sie in einer formellen Struktur vorliegen. Nach der Durchführung der Mentoratsvertretendensitzung werden die Anliegen gemeinsam weiterverfolgt und bearbeitet. Beispielsweise wurde in einem Treffen eine größere Unzufriedenheit bezüglich des Rücklaufs der Evaluationen von Lehrveranstaltungen erfasst. Kurzfristig wurden verschiedene informelle Treffen arrangiert, in welchen das Anliegen und Lösungsansätze besprochen und anschließend umgesetzt wurden. Sowohl der Rücklauf in den Evaluationen wie auch die Zufriedenheit der Studierenden und Dozierenden wurden laut Ergebnissen einer kurzen Meta-Evaluation rasch und markant gesteigert.

In einem weiteren Beispiel konnte durch Anregungen während des formellen Akkreditierungsprozesses von Studierendenseite ein informeller Austausch (angelegt als eine Brainstorming-Sitzung) zwischen der Studierenden-Organisation und der Leitung des Leistungsbereich Forschung & Entwicklung eingefordert werden, um die Partizipation der Studierenden in diesem Leistungsbereich zu erhöhen und den Zugang zu erleichtern. Durch diesen informellen Austausch wurden bestehende formelle Sitzungen angepasst und neue Strukturen für die Studierende geschaffen. Nicht zuletzt ist dieser Artikel ein weiteres Beispiel: der Kontakt der beiden Autoren entstand in Sitzungen der Qualitätsbeauftragtenkonferenz und führte dann in weiterführenden informellen Kontakten zur Idee des Verfassens eines Artikels.

Unter dieser Voraussetzung und mit der Überzeugung, dass die informale Seite neben der Schauseite und der formalen Seite einer Organisation (Kühl, 2020) einen entscheidenden Beitrag zur Weiterentwicklung einer Organisation leistet, lassen sich informelle Kontakte bewusster gestalten. Soziale Beziehungen und Dynamiken innerhalb einer Organisation werden gestärkt und können somit auch positiv auf die

Organisation einwirken. Flexibilität und Anpassungsfähigkeit werden ermöglicht und gefördert sowie der soziale Zusammenhalt der Hochschule gestärkt. Es entsteht ein produktives Netzwerk.

4.3 Offenheit und gegenseitige Bereitschaft zur Kooperation

Die ursprüngliche Initiative für eine gelebte, studentische Partizipation muss von der Führung der Organisation kommen. Transparenz und Akzeptanz gegenüber den Studierenden müssen gegeben sein und vorgelebt werden, damit diese sich wertgeschätzt fühlen und ein Interesse an einer aktiv gestalteten Partizipation haben. Als Beispiel können die Resultate aus standardisierten Modulevaluationen angeführt werden, welche in einem transparenten Prozess und unter Einbezug der Studierenden thematisiert und diskutiert werden – auch bei negativen Werten. Vorangegangen waren in mehreren formellen und informellen Konstellationen Rückmeldungen der Studierenden, dass die Rückspeisung der Resultate aus Modulevaluationen noch nicht flächendeckend und ausreichend zufriedenstellend geschieht. Seither liegt hier ein Fokus mit verbindlichen Erwartungen und Hilfestellungen – auch zur Steigerung der Transparenz und des gegenseitigen Verständnisses von Studierenden und Dozierenden. Die (gemeinsame) Interpretation der Resultate dient dem individuellen und gemeinsamen Lernen.

Das Zusammenführen wichtiger Stakeholder – in unserem Beispiel der beiden Stränge Qualitätsmanagement und Studierendenpartizipation – ist für das Erleben von Wirkung und Wirksamkeit gleichermaßen Voraussetzung und Gelingensbedingung. Kontakte müssen entstehen (können) – nicht in einem Dienstleistungs-Kunden-, sondern in einem partnerschaftlichen Verhältnis. Dies im Bewusstsein, dass die beiden Stränge unterschiedliche Ausgangslagen und Alltagsstrukturen mit sich bringen. Werden diese formell zusammengeführt, können sie sich gemeinsam informell weiterentwickeln, was sich im Zirkelschluss wieder auf die formale Seite – und im Übrigen im Theoriekonstrukt von Kühl (2020) auch auf die Schauseite der Hochschule – auswirkt.

Wir befinden uns in einem fragilen Gebilde, welches für den Aufbau und Erhalt der gelebten studentischen Partizipation von der Offenheit und Bereitschaft einzelner Akteur:innen in zentralen Positionen abhängig ist. Minimieren lässt sich dieses Risiko, indem die studentische Partizipation (und in unserem Fall das Qualitätsmanagement) als ein selbstverständlicher, wichtiger Grundpfeiler der Organisation verankert ist. Diese Verankerung ist ein eindeutiges Zeichen der Bereitschaft und Offenheit zur Kooperation und somit zur studentischen Partizipation. Dies bestärkt den Paradigmenwechsel von einer Bedienung von Kund:innen zu einer partnerschaftlichen Zusammenarbeit in erheblichem Maß.

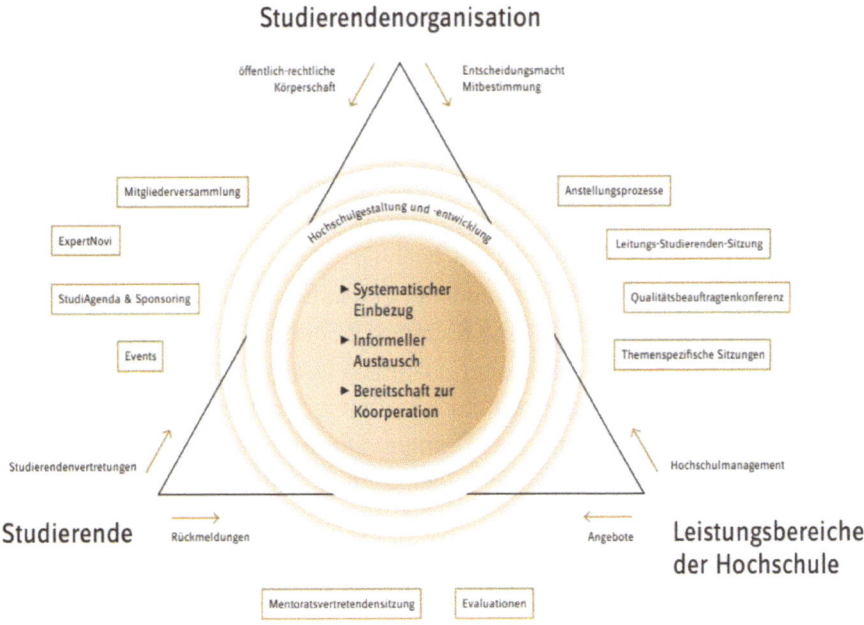

Abb. 3: Pulsierendes Herzstück der studentischen Partizipation (eigene Darstellung).

5. Schlussfolgerungen und Ausblick

Der systematische Einbezug, der informelle Austausch sowie die gegenseitige Bereitschaft zur Kooperation bilden das Herzstück der gelebten studentischen Partizipation der Pädagogischen Hochschule Luzern. Daneben deutet insbesondere die Tatsache, dass die Studierendenorganisation als eine eigenständige öffentlich-rechtliche Körperschaft mit eigener Rechtspersönlichkeit funktionieren darf (und damit das Zusammenspiel stärker in den Statuten der Hochschule verankert werden kann) darauf hin, dass hohe und höchste Partizipationsstufen erreicht sind, welche sich insbesondere durch Entscheidungsmacht und Selbstständigkeit auszeichnen (Wright et al., 2007). Die eingangs erwähnten Herausforderungen der studentischen Partizipation und des Qualitätsmanagements für Hochschulen werden mit dem eingeschlagenen, dargelegten Weg produktiv und sinnstiftend miteinander verknüpft.

Die stärkere Verankerung in einzelnen Studiengängen und weiteren Leistungsbereichen der Hochschule bergen genauso Entwicklungspotenzial wie die breitere Bekanntmachung der Studierendenorganisation und der studentischen Partizipationsmöglichkeiten (z.B. durch eine erhöhte Präsenz im ersten Studienjahr). In diesem Zusammenhang müssen an unserer Hochschule zukünftig auch Vor- und Nachteile des Delegationsprinzips der Studierendenorganisation diskutiert werden. Die Strukturen könnten gegebenenfalls in eine Richtung weiterentwickelt werden, welche die Studierendenorganisation noch breiter abstützen lassen und damit nicht zuletzt die thematisierte Personenabhängigkeit etwas abfedern und die Mitwirkung trotz hoher Arbeitsbelastung attraktiver machen könnten. Die Erhebung empirischer Daten sowie der aktive Austausch mit anderen Hochschulen sollten für Weiterentwicklungen eine verlässliche Grundlage bilden. Darauf aufbauend und darüber hinaus könnten hochschulinterne- und übergreifende Veranstaltungen (z.B. Tagungen, Schulungen, oder Workshops) von Mitarbeitenden und Studierenden zu Qualitäts- und Hochschulentwicklungsthemen ins Leben gerufen werden.

Aus Partizipationsstrukturen wird im Idealfall eine Partizipationskultur geboren, welche im Zusammenspiel mit dem Qualitätsmanagement den Alltag gleichermaßen wie die Strategie der Organisation in zentralen Themen (z.B. und insbesondere im

Kontext von Fragen der Lehre) mitprägen kann. Es ist im ureigenen Interesse der Hochschule, Studierende an Strukturen, Strategien und ihre Kultur heranzuführen, um diese während und idealerweise auch nach dem Studium mitzutragen (Sattelberger, 1994). Die Weiterentwicklung von Studium und Hochschule ist von zentraler Bedeutung. Um diese agiler gestalten zu können, ist die partnerschaftliche, niederschwellige studentische Partizipation ein ernstzunehmendes Puzzleteil. Die dahinterliegende Hypothese mit Forschungsimplikationen ist diejenige, dass ein funktionierendes, selbstverständliches, formelles und informelles Zusammenspiel von Leistungsbereichen der Hochschule, Studierenden und Studierendenorganisation die Organisationsentwicklung positiv beeinflussen und gegebenenfalls punktuell auch beschleunigen kann. Mitarbeitende und Studierende verfolgen partnerschaftlich das gleiche Ziel bezüglich eines erfolgreichen Studiums an einer qualitativ hochstehenden Hochschule. Durch gelebte studentische Partizipation mit den drei Pfeilern – systematischer Einbezug, informeller Austausch und gegenseitige Bereitschaft zur Kooperation – kann eine Hochschule gemeinsam mit den Studierenden ein flexibles, anpassungsfähiges, pulsierendes Herz schaffen, welches die Hochschulgestaltung und -entwicklung fördert und stärkt.

6.   Literaturverzeichnis

Brunsson, N. (1989). *The organization of hypocrisy: Talk, decisions and actions in organizations*. John Wiley & Sons.

Healey M., Flint A., & Harrington, K. (2014). Engagement through partnership: students as partners in learning and teaching in higher education. *International Journal for Academic Development, 21*(1). https://doi.org/10.1080/1360144X. 2016.1124966

Kühl, S. (2020). *Organisationen: eine sehr kurze Einführung* (2., überarbeitete und erweiterte Auflage.). Springer VS. https://doi.org/10.1007/978-3-658-29832-6

Landwehr, N., & Steiner, P. (2003). *Q2E. Qualität durch Evaluation und Entwicklung*. hep Verlag.

Landwehr, N. (2019). *Begleitete Selbstevaluation: ein neuer Weg zur wirksamen Qualitätsdiagnose an Schulen*. hep Verlag.

Nickel, S. (2008). Qualitätsmanagementsysteme an Universitäten und Fachhochschulen: Ein kritischer Überblick. *Beiträge zur Hochschulforschung, 1*, 16–39.

Pädagogische Hochschule Luzern (2023). *Qualitätsmanagement Konzept Pädagogische Hochschule Luzern.* https://www.phlu.ch/ueber-uns/hochschule/hochschulentwicklung/qualitaetsmanagement.html

Raffaele, C., & Rediger, P. (2021). *Die Partizipation Studierender als Kriterium der Qualitätssicherung in Studium und Lehre.* https://www.hof.uni-halle.de/publikation/die-partizipation-studierender-als-kriterium-der-qualitaetssicherung-in-studium-und-lehre/

Sattelberger, T. (1994). Die lernende Organisation im Spannungsfeld von Strategie, Struktur und Kultur. In T. Sattelberger (Hrsg.), *Die lernende Organisation* (S. 11–55). Gabler Verlag. https://doi.org/10.1007/978-3-663-13533-3_1

Wissenschaftsrat (2022). *Empfehlungen für eine zukunftsfähige Ausgestaltung von Studium und Lehre.* https://doi.org/10.57674/q1f4-g978

Wright, M., Block, M., & von Unger, H. (2007, 30. November – 01. Dezember). *Stufen der Partizipation in der Gesundheitsförderung* [Konferenzbeitrag]. 13. bundesweiter Kongress Armut und Gesundheit, Berlin, Deutschland. https://www.armut-und-gesundheit.de/uploads/tx_gbbkongressarchiv/Wright__M..pdf

Pädagogische Hochschule Luzern (2013, Januar). Leitbild der Pädagogischen Hochschule Luzern. https://www.phlu.ch/ueber-uns/hochschule/leitbild-und-strategie.html

Kanton Luzern (2013, August). *Gesetz über die Lehrerinnen- und Lehrerbildung und die Pädagogische Hochschule Luzern.* https://srl.lu.ch/app/de/texts_of_law/515

Pädagogische Hochschule Luzern (2013, September). *Statuten der Studierendenorganisation der Pädagogischen Hochschule Luzern.* https://www.phlu.ch/ueber-uns/studorg.html

Sophia Albrecht[1], Katharina Kaiser[2] & Johannes Waldenburger[3]

Qualität lehren, Partizipation fördern?
Ein hochschulisches Seminar für Studierende

Zusammenfassung

Studentische Partizipation bildet ein wichtiges Element in der Qualitätsentwicklung von Studium und Lehre. Allerdings ist die Partizipationsbereitschaft an deutschen Hochschulen nicht sehr ausgeprägt, da diese bestimmten Hinderungsfaktoren, wie unzureichendem Wissen seitens der Studierenden, unterliegt. Wie den Hinderungsfaktoren begegnet werden kann, zeigt der Beitrag beispielhaft anhand eines Seminars, das die Themen Qualitätsmanagement und Partizipation vereint.

Schlüsselwörter

Qualität, Partizipation, Seminar, Akkreditierung

---

1 Corresponding author; Universität Potsdam; sophia.albrecht@uni-potsdam.de; ORCID 0009-0000-3493-706X
2 Universität Potsdam; katharina.kaiser@uni-potsdam.de; ORCID 0009-0009-9050-3122
3 Universität Potsdam; johannes.waldenburger@uni-potsdam.de; ORCID 0009-0006-4483-6880

https://doi.org/10.21240/zfhe/19-03/07

Sophia Albrecht, Katharina Kaiser & Johannes Waldenburger

Teaching quality, encouraging participation? A university seminar for students

Abstract

Student participation is an important element in the quality development of learning and teaching. However, student participation is not very widespread at German universities because it is subject to certain obstacles such as lack of knowledge on the part of the students. This article presents an example of a seminar that combines the topics of quality management and participation.

Keywords

quality, participation, seminar, accreditation

1. Einleitung

Die Beteiligung von Studierenden in der Qualitätsentwicklung und -sicherung von Studium und Lehre wird im europäischen Hochschulraum und in Deutschland auf Bundes- sowie Landesebene mittels verschiedener Richtlinien und Vorgaben eingefordert (ESG 1.1, 1.2, 1.3, 1.9; MRVO §12 (1), §14). So ist bspw. in den *Standards and guidelines for quality assurance in the European Higher Education Area* (ESG) die kontinuierliche Beteiligung der Studierenden an der Studiengangentwicklung vorgesehen, etwa durch die Einbeziehung der Ergebnisse aus Studierendenbefragungen (ESG 1.7, 1.9). Die deutsche Musterrechtsverordnung für die Akkreditierung von Studiengängen verlangt die Beteiligung studentischer Gutachter:innen im Rahmen des Akkreditierungsprozesses (MRVO §18 (1)). Dabei schafft die Partizipation Studierender nicht nur Legitimation – wie etwa im Rahmen von Akkreditierungsverfahren –, sie ist vielmehr Schlüssel zur Qualitätssicherung und -entwicklung an Hochschulen (Raffaele & Rediger, 2021). Da Studierende als Expert:innen für Probleme des hochschulischen Alltags gelten (Raffaele & Rediger, 2021), stellt die aktive Beteiligung von Studierenden in die Qualitätsbewertung von Studienangeboten einen wesentlichen Bestandteil dar, „[u]m die gemeinschaftliche Verantwortung für gelungene Bildungsverläufe zu fördern" (Wissenschaftsrat, 2022, S. 49). Der Begriff der *Partizipation* ist eine allgemeine Bezeichnung für die Beteiligung und Mitwirkung von Individuen und Gruppen an Entscheidungsprozessen (Pasternack, 2020; Raffaele & Rediger, 2021). Darüber hinaus umfasst Partizipation auch die Beteiligung an Informations- und Kommunikationsprozessen, wobei Informationsprozesse als Entscheidungsgrundlage und Kommunikationsprozesse als Entscheidungsvorbereitung betrachtet werden (Luhmann, 2006 nach Ditzel & Bergt, 2013). Von Partizipation soll nur dann gesprochen werden, „wenn zumindest eine Interaktion mit der Organisation intendiert ist" (Ditzel & Bergt, 2013, S. 180). Dieser Definition folgt der vorliegende Artikel.

Folglich stellt sich die Frage, wie die Partizipation von Studierenden in hochschulischen Gremien sichergestellt werden kann, wie Hochschulen Rahmenbedingungen zur Steigerung der studentischen Partizipation schaffen können und welche Möglichkeiten existieren, um strukturelle Hürden abzubauen. Der vorliegende Beitrag stellt ein Seminar der Universität Potsdam vor, welcher erst kürzlich vom Wissenschaftsrat empfohlen worden ist, Studierende stärker in ihre Gremien einzubeziehen (Wissenschaftsrat, 2024, S. 196). Das hier anzuzeigende Seminar kann von Studierenden verschiedener Studiengänge im Rahmen des Erwerbs von fächerübergreifenden Schlüsselkompetenzen angewählt werden und befähigt sie dazu, als stimmberechtigtes Mitglied in der Internen Akkreditierungskommission (IAK) mitzuwirken, in welcher über die Akkreditierung von Studiengängen abgestimmt wird.

Zu Beginn des Beitrags erfolgt literaturgeleitet eine theoretische Betrachtung zu Einflussfaktoren und Gelingensbedingungen studentischer Partizipation, an die sich die Darstellung des Seminarangebots anschließt. Im Fokus steht dabei, wie das Seminar die zuvor identifizierten Gelingensbedingungen adressiert. Potenzielle Forschungsperspektiven werden zum Ende des Beitrags kurz vorgestellt. Ziel des Beitrags ist es, eine institutionell verankerte Maßnahme zur Förderung studentischer Partizipation vorzustellen, mit der den didaktisch-inhaltlichen, organisatorischen und auch formellen Anforderungen an studentische Partizipation begegnet wird. Mit diesem Praxisbeispiel soll die Sichtbarkeit bestehender Maßnahmen zur Förderung studentischer Partizipation unterstützt werden. Weiterhin ist es ein Anliegen der Autor:innen, den Austausch in der Hochschulcommunity darüber voranzutreiben, wie den Herausforderungen studentischer Partizipation verantwortungsvoll begegnet werden kann.

2. Studentische Partizipation

Die Partizipation von Studierenden in der Gestaltung von Studium und Lehre ist seit den 1960er-Jahren ein fester Bestandteil des deutschen Hochschulsystems. Aus der damaligen Demokratisierungsbewegung entstand die gesetzliche Verankerung studentischer Mitbestimmung[4], deren Bedeutung seither wuchs (Ditzel & Bergt, 2013; Pasternack, 2020). Mit der vermehrten Integration von Qualitätsmanagement-Prozessen (QM) an Hochschulen haben sich für Studierende neue Beteiligungsmöglichkeiten eröffnet, etwa in Evaluations- und Akkreditierungsverfahren. Ferner sind Veranstaltungsformate, wie Seminare, hinzugekommen, die vornehmlich auf Partizipation zielen, indem sie die Lehre studierendenzentriert ausrichten.

Einflussfaktoren und Gelingensbedingungen

Auch wenn an Hochschulen Strukturen zur studentischen Partizipation existieren, sind das Wissen darüber und die tatsächliche Beteiligung nicht immer gesichert. Dies zeigen u. a. Studierendenbefragungen der Universität Potsdam (vgl. Kap. 3). Denn sowohl die Partizipationsbereitschaft Studierender als auch die Auswahl der Partizipationsformen hängt von verschiedenen Einflussfaktoren ab, die Raffaele und Rediger (2021) kategorisiert und denen sie Gelingensbedingungen zugeordnet haben. Diese Faktoren lassen sich in vier Kategorien unterteilen: Neben *persönlichen Faktoren* (z. B. eigenes Interesse an Mitgestaltung oder politisches Interesse) beeinflussen auch *soziodemographische Merkmale* der Studierenden (z. B. Geschlechterzugehörigkeit, Bildungsherkunft, Erwerbstätigkeit) das Partizipationsverhalten. Gleichermaßen bestimmen die *organisatorischen Strukturen der Hochschule* – also wie die bestehenden Partizipationsmöglichkeiten Studierender gestaltet werden – die Partizipationsbereitschaft und können mitunter einschränkend wirken. Dies ist dann der Fall, wenn keine ausreichende Transparenz zu vorhandenen Beteiligungsmöglichkeiten oder Gremienarbeit besteht. Auch kann der Aspekt, dass studentischen

---

4   Der Begriff der *Mitbestimmung* meint institutionalisierte und gesetzlich zugesicherte Beteiligungsrechte (Raffaele & Rediger, 2021).

Gremienmitgliedern die für die Gremienarbeit notwendigen inhaltlichen Kompetenzen fehlen, die Partizipationsbereitschaft hemmen. Daneben können fehlende Einflusschancen für Studierende oder eine geringe Studierenden-Lehrenden-Bindung hinderlich für die Partizipationsbereitschaft sein. Zuletzt beeinflussen auch *Rahmenbedingungen, die die Institution Hochschule sowie den Arbeitsmarkt(-zugang) der Hochschulabsolvent:innen betreffen* (z. B. die Hochschulart oder Fachkultur des Studienfachs), das Partizipationsverhalten Studierender.

Nach Raffaele und Rediger (2021, S. 21) liegen die „Voraussetzungen des Gelingens von studentischer Partizipation [...] vor allem in den Strukturen und der Kultur der Organisation Hochschule sowie in der Sozialisation der Studierenden", wobei Hochschulen hauptsächlich auf Erstere Einfluss nehmen können.

Die beiden Autor:innen unterscheiden bei den Gelingensbedingungen studentischer Partizipation zwischen organisatorischen und motivationalen Aspekten (Raffaele & Rediger, 2021). Auf organisatorischer Ebene sind zunächst die *Erweiterung der Möglichkeiten zur Beteiligung an der Lehre sowie Schaffung von Verbindlichkeiten* zu nennen. Folglich kann Partizipationsbereitschaft erhöht werden, indem in Lehrveranstaltungen eine aktive Beteiligung von Studierenden angeregt wird. In Bezug auf Lehrveranstaltungsevaluationen (LVE) ist es zudem wichtig, eine Ergebnistransparenz zu schaffen und die Verwertung der Ergebnisse für die Qualitätsentwicklung darzustellen. Ein weiterer Aspekt ist die *Schaffung adäquater Studienbedingungen und Studienfinanzierung*. Die aktive Beteiligung an hochschulischen Entscheidungsprozessen erfordert von den Studierenden einen gewissen zeitlichen Aufwand, den viele nicht leisten können oder wollen. Dabei kann z. B. ein Aufwandsausgleich in Form von Leistungspunkten (LP) oder die Anerkennung von außercurricularem Engagement unterstützend wirken. Hier kann auch die *Beeinflussung der Partizipationsbereitschaft durch materielle Anreize* anknüpfen. Um Studierende auf der motivationalen Ebene zu erreichen, ist es wesentlich, die *Relevanz und Chancen der Partizipation transparent* [zu] *machen*. Gleichermaßen kann es hilfreich sein, etwa die *Stärkung der Hochschule als studentischer Interessen- und Lebensmittelpunkt* sowie die *Studienrealität als Anknüpfungspunkt* in den Blick zu nehmen.

Generell ist festzuhalten, dass „die in der Fachliteratur formulierten Gelingensbedingungen studentischer Partizipation [...] allesamt auf eine engere Kopplung Studierender an die hochschulischen Strukturen" abzielen (Raffaele & Rediger, 2021, S. 21). Daher sollten Interventionsstrategien zur Stärkung der Partizipationsbereitschaft die Partizipationsneigung der Studierenden berücksichtigen. Ditzel und Bergt (2013) haben in einer explorativen Studie Partizipationsneigungen Studierender kategorisiert (aktiv partizipierend, ad-hoc-partizipierend, passiv partizipierend und nicht-partizipierend) und entsprechende Strategien abgeleitet. So sollten Studierende, die sich bereits aktiv beteiligen, durch den Ausbau von Strukturen, wie Vernetzungsmöglichkeiten, motiviert werden. Für weniger engagierte und passiv-partizipierende Studierende seien ein sichtbarer Nutzen, wie eine Vergütung oder Leistungspunkte, sowie eine erkennbare Nähe zum Problem wichtig. Insgesamt sei die Schaffung von Transparenz, also dem Wissen über Beteiligungsmöglichkeiten und deren Anforderungen, essenziell für die Stärkung der Partizipationsbereitschaft.

3. Die Interne Akkreditierungskommission (IAK) als Vehikel für studentische Partizipation an der Universität Potsdam

Doch wie sieht die Situation an der Universität Potsdam hinsichtlich der studentischen Partizipation gegenwärtig aus? Das Studierendenparlament, als das höchste beschlussfassende Organ der Studierendenschaft, verzeichnet bei den Wahlen des Studierendenparlaments eine Wahlbeteiligung von unter 10% (Hase, 2021). Schaut man sich die niedrigschwelligen Partizipationsmöglichkeiten, wie z. B. die jährliche Studierendenbefragung, an, pegeln sich die Rücklaufquoten bei ca. 20% ein. Die Beteiligungsquote der durchgeführten LVE[5], als unmittelbares Feedbackinstrument der Lehre, liegt bei durchschnittlich 50%. Womöglich ist studentische Partizipation umso stärker ausgeprägt, je näher der konkrete Anlass zur Mitwirkung an der unmittelbaren Lehr-Lern-Situation liegt – wenngleich dies eine etwas holzschnittartige Deutung der vorstehenden prozentualen Schlaglichter ist. Neben solchen niedrigschwelligen Partizipationsformen gibt es an der Universität Potsdam typische hochschulische Gremien, in denen sich Studierende beteiligen, bspw. eben jenes Studierendenparlament, der Allgemeine Studierendenausschuss, der Senat oder die entsprechende Senatskommission für Studium und Lehre.

Eine weitere Möglichkeit, um die zukünftige Ausgestaltung von Studium und Lehre an der Universität Potsdam zu beeinflussen, ist das Mitwirken als stimmberechtigtes studentisches Mitglied in der Internen Akkreditierungskommission (IAK). Als systemakkreditierte Hochschule ist die Universität Potsdam berechtigt, ihre Bachelor- und Master-Studiengänge im Rahmen des QM-Systems selbst zu akkreditieren. In diesen Prozess sind die Studierenden auf verschiedenen Ebenen und an mehreren Stellen eingebunden. Zum einen wird die studentische Meinung zur Studierbarkeit

---

5 An der Universität Potsdam werden ca. 20% der Lehrveranstaltungen je Semester evaluiert. Die Beteiligungsquote von 50% bezieht sich auf das Standardinstrument SET.UP, welches bei 70% der LVE Anwendung findet.

und Qualität über die Ergebnisse des Studierenden-Panels und über ein Gespräch mit Studierendenvertreter:innen eingeholt. Zum anderen bilden Studierende als abstimmungsberechtigte Mitglieder einen festen Bestandteil in der IAK, die als beschlussgebendes Organ die Akkreditierung der Studiengänge ausspricht (Mauermeister & Reimann, 2017). Jedoch zeigt sich eine mangelnde Kenntnis unter den Studierenden über diese Möglichkeit der Mitwirkung. Lediglich 14% der befragten Studierenden gaben im Befragungsjahr 2023 in der jährlichen Studierendenbefragung an, dass ihnen die Möglichkeit bekannt sei, als Mitglied in der IAK über die Akkreditierung von Studiengängen mitentscheiden zu können.

Um der gering ausgeprägten Bekanntheit der IAK zu begegnen und um die vorgesehene Beteiligung der Studierenden in zentralen QM-Prozessen zu sichern, existiert an der Universität Potsdam ein Seminar für Studierende. Im Zuge der Systemakkreditierung der Universität Potsdam im Jahr 2012 wurde die Lehrveranstaltung *Qualitätsmanagement in der Praxis* entwickelt, um Studierende für eine Teilnahme an der IAK zu gewinnen und zu „schulen". Im Folgenden soll dieses Lehrangebot, welches 2022/23 im Rahmen des von der Stiftung Innovation in der Hochschullehre geförderten Projekts *Q_M_itgestalten* umfangreich überarbeitet wurde (ZfQ, 2023), näher vorgestellt werden. Fokussiert wird hierbei, wie die formulierten Gelingensbedingungen (vgl. Kap. 2) im Rahmen des Seminarangebots adressiert werden, um dadurch die Partizipationsbereitschaft – und dies nicht allein im Hinblick auf die Gremienteilnahme an der IAK – zu fördern und voranzutreiben.

4. Das Seminar Studierendenbeteiligung an Hochschulentwicklungsprozessen – Qualitätsmanagement in der Praxis

4.1 Aufbau und Inhalte

Das Seminar mit dem seit der Überarbeitung neuen Titel *Studierendenbeteiligung an Hochschulentwicklungsprozessen – Qualitätsmanagement in der Praxis* wird jährlich vom Zentrum für Qualitätsentwicklung in Lehre und Studium der Universität Potsdam angeboten und von wissenschaftlichen Mitarbeiter:innen durchgeführt (Universität Potsdam, 2023a). Es richtet sich an Studierende im Rahmen des überfachlichen Studiumplus-Angebots der Bachelor-Studiengänge (außer Bachelor-Lehramt) und umfasst zwei Semesterwochenstunden. Nach erfolgreicher mündlicher Abschlussprüfung erhalten die Teilnehmenden 6 LP und sind berechtigt, als stimmberechtigtes Mitglied in der IAK mitzuwirken. Das Seminar, das vor der Neukonzeptionierung vor allem Akkreditierungsthemen behandelte, wurde um weitere Themen des QM und der Partizipation Studierender erweitert. Ziel ist es, die verschiedenen Partizipationsneigungen der Studierenden anzusprechen und niedrigschwelligere Beteiligungsmöglichkeiten aufzuzeigen. Im Seminar werden grundlegende Kenntnisse und Methoden des QM vor dem Hintergrund der Bologna-Reformen und Regelungen des europäischen Hochschulraums zur Qualitätssicherung und -entwicklung vermittelt. Die Studierenden lernen Qualitätsziele der Universität Potsdam und deren Umsetzung kennen, mit einem besonderen Fokus auf studentische Partizipation und die Repräsentation studentischer Vielfalt (s. Abb. 1).

Seminarsitzung	Themen
1. Sitzung	Einführungssitzung
2. Sitzung	Historische Entwicklung Hochschule
3. Sitzung	Bologna-Prozess
4. Sitzung	Organisation Hochschule
5. Sitzung	Qualitätsmanagement – Was ist Qualität und wie wird sie gemessen
6. Sitzung	Qualitätsmanagement – Rechtliche Grundlagen
7. Sitzung	Qualitätsmanagement – Evaluation und Akkreditierung
8. Sitzung	Qualitätsmanagement – Studierendenbeteiligung im QM-System
9. Sitzung	Akkreditierung – Verfahren
10. Sitzung	Akkreditierung – Studentische Partizipation
11. Sitzung	Akkreditierung – Qualitätsbericht („Qualitätsprofil")
12. Sitzung	Akkreditierung – Interne Akkreditierungskommission
13. Sitzung	Abschlusssitzung und Evaluation
14. Sitzung	Mündliche Prüfung

Abbildung 1: Exemplarischer Seminarplan des Bachelorseminars Studierendenbeteiligung an Hochschulentwicklungsprozessen – Qualitätsmanagement in der Praxis an der Universität Potsdam (eigene Darstellung

4.2 Ziele des Seminars

Zentrales Ziel des Seminars ist es, die Gelingensbedingungen für studentische Partizipation zu adressieren und dabei auf die verschiedenen Partizipationsneigungen einzugehen, um eine Vielzahl an Studierenden mit ihren unterschiedlichen Bedürfnissen zu erreichen. Inwieweit dies in der Seminargestaltung und Konzeption Beachtung findet, wird im Folgenden beschrieben und erläutert.

4.2.1 Lebensweltbezug herstellen

Mit der Aufnahme eines Studiums tauchen junge Menschen in einen neuen bedeutenden Abschnitt ihres Lebens ein. Zwar ist ihnen das organisationale Lernen bereits aus der Schule vertraut, jedoch gestaltet sich dies während des Studiums sehr viel individueller und die Studierenden haben eine hohe Eigenverantwortung und auch das Recht, ihren Studienalltag und die Eingebundenheit in die Organisation Hochschule zu gestalten. Indem das Seminar sich thematisch genau mit diesem Ausbildungsabschnitt beschäftigt und es in den Mittelpunkt rückt, können die Studierenden unmittelbar Bezüge zu ihrer gegenwärtigen Lebenswelt herstellen und eigene Erfahrungen in das Seminar einbringen. Somit wird die Studienrealität als Anknüpfungspunkt und als bedeutsamer motivationaler Aspekt der studentischen Partizipation im Rahmen des Seminars zum Leitmotiv. Wenn bspw. die Prüfkriterien im Rahmen der Akkreditierung in den Blick genommen werden, können die Studierenden abwägen, wie sie diese bereits aus ihren eigenen Erfahrungen bewerten. Das Seminar geht kritisch auf Möglichkeiten, aber auch auf strukturell bedingte Limitationen der studentischen Einflussnahme ein. Indem das Seminar u. a. Mechanismen der universitären Selbstverwaltung beleuchtet und Hochschule als Organisation betrachtet, werden für Studierende Gründe für die häufig als träge wahrgenommenen Prozesse im QM nachvollziehbar. Gleichzeitig kann jedoch das Wissen um die „institutionelle Trägheit" der Hochschulen auch eine Beteiligung in eben jenen Strukturen anregen. Eine möglicherweise bisher wahrgenommene Wirkungslosigkeit oder Stagnation von Entwicklungsprozessen wird somit fortan unter neuen Gesichtspunkten betrachtet und bewertet. Wenn die Studierenden bspw. sehen und verstehen, wie Daten aus den Studierendenbefragungen in die Qualitätsbewertung einfließen, und dass sie damit die Studienganggestaltung indirekt mitgestalten, steigt womöglich auch die Teilnahmebereitschaft. Regelmäßige Rückmeldungen der Studierenden im Seminar zeigen, dass sie motivierter sind, an Befragungen teilzunehmen, nachdem sie erfahren haben, wie diese Daten verwendet werden. Erste Ergebnisse der LVE aus dem Wintersemester 2023/24 deuten darauf hin, dass etwa 77% (n=9) der Studierenden mindestens gelegentlich die Lehrinhalte mit ihren praktischen Erfahrungen verknüpfen konnten. Diese Ergebnisse weisen darauf hin, dass das Seminar möglicherweise bereits erste positive Effekte erzielt hat, auch wenn diese noch vorläufig und begrenzt sind.

Die didaktische Gestaltung des Seminars fördert aktiv die Beteiligung der Studierenden und zielt darauf ab, deren Partizipationsbereitschaft zu steigern. Durch eine aktive Einbindung in die Lehrveranstaltungen wird eine Verbindlichkeit zwischen Lehrenden und Studierenden geschaffen. Partizipation wird somit nicht nur thematisiert, sondern auch im Seminaralltag gelebt. Zu Beginn des Semesters werden die Vorkenntnisse und Erfahrungen der Studierenden zu Partizipation, Qualitätssicherung und -entwicklung sowie deren Erwartungen und Wünsche besprochen. Dies ermöglicht eine Anpassung der Seminardurchführung an die studentischen Erfahrungen und schafft einen Bezug zum Oberthema (QM) und seinen Facetten.

Gleichzeitig werden die Studierenden als Akteur:innen und Beteiligte ihres Lernprozesses verstanden. Der vorläufige Semesterplan wird gemeinsam besprochen, wobei flexibel auf die Neigungen der Studierenden eingegangen wird und thematische Schwerpunktsetzungen je nach Interessenlage der Studierenden möglich sind. Im Verlauf des Semesters erfolgen Anpassungen, wenn Studierende bspw. eigene Themen aus ihrem studentischen Alltag betrachten und diskutieren möchten. Zum Ende jeder Seminarsitzung findet eine kurze Sequenz statt, um ein zielgerichtetes Feedback einzuholen. Darüber hinaus übernehmen die Studierenden in Kleingruppen die inhaltliche Ausgestaltung sowie Durchführung eines Teils einer Sitzung. Die Studierenden sind dabei weitestgehend frei in der didaktischen Gestaltung der Sitzung, die von angeleiteten Gruppendiskussionen über klassische Vorträge bis hin zu Rollenspielen reichen können. Das didaktische Vorgehen und die explizite Aufforderung zur Mitgestaltung des Seminars dienen als Anknüpfungspunkte, um wiederholt die

Relevanz des Themas deutlich zu machen. Gleichzeitig soll erlebbar sein, welche Möglichkeiten durch Beteiligung entstehen können, wenn bspw. im Seminar aufkommende Interessen im Verlauf mit aufgenommen werden.

Ein weiteres Moment, in dem die Chancen und die Relevanz der Partizipation sichtbar werden, ist die Evaluation des Seminars. Das Thema Evaluation bildet im Rahmen des Seminars ein wichtiges Themenfeld. Zum einen wird Evaluation als zentraler Bestandteil für die Weiterentwicklung und Qualitätssicherung theoretisch und methodisch bearbeitet. Andererseits wird versucht, über die LVE im Seminar das Thema noch greifbarer zu machen. Das Evaluationskonzept sieht vor, dass Evaluationsergebnisse im Plenum besprochen werden und Lehrende Stellung beziehen, welche Ableitungen für die Weiterentwicklung und Qualitätssicherung des Seminars getroffen werden. Dadurch wird deutlich, dass die Meinungen und Erfahrungen der Studierenden für die Seminargestaltung bedeutsam sind. Die Studierenden erfahren so unmittelbar, wie sie mit der aktiven Teilnahme an den Lehrevaluationen die Ausgestaltung von Lehre und ihr Studium mitformen können. Letztlich zielt auch dies darauf ab, die Partizipationsbereitschaft der Studierenden zu fördern und sie gleichzeitig als wichtige Adressat:innen und Akteur:innen der Hochschule wahr- und ernstzunehmen.

4.2.2 Bereitstellung von Wissen

Wie von Raffaele und Redinger beschrieben, gilt für alle Partizipationsneigungstypen die Schaffung von Transparenz durch Bereitstellung von Hintergrund- und Kontextwissen als zentrale Gelingensbedingung, um studentische Partizipation anzuregen und Hinderungsfaktoren, aber auch den unterschiedlichen Partizipationsneigungen der Studierenden zu begegnen. Ein grundsätzliches Hindernis studentischer Partizipation stellt zuvorderst das Nichtwissen um Möglichkeiten dieser dar. Indem das Seminar über die vielfältigen Möglichkeiten der studentischen Partizipation aufklärt, wird versucht, diesen Verhinderungsfaktor abzubauen. Die Studierenden erhalten ein vertieftes Wissen zur organisationalen Verfasstheit der Hochschule und zu den inneren Prozessen, zur Entstehungsgeschichte und zu der gesellschaftlichen Bedeutung der Organisation Hochschule. Sie erlangen dadurch die benötigten inhaltlichen

Kenntnisse, um sicher in hochschulischen Gremien mitwirken zu können. Dass es zumindest gelingt, das Wissen der Studierenden auf diesem Themengebiet zu fundieren und zu fördern, zeigen die Ergebnisse aus der bereits angeführten LVE aus dem WiSe 2023/24. Denn 83% der Studierenden (n=6) geben an, einen hohen Erkenntniszuwachs durch das Seminar erfahren zu haben. Wie sich dies auf die Partizipationsneigungen der Studierenden auswirkt, bleibt vorerst unbeantwortet und ist im Rahmen einer Wirkungsanalyse zu beforschen.

Das Seminar informiert überdies darüber, dass neben aktiven und institutionalisiert-kontinuierlichen Beteiligungsmöglichkeiten auch passive sowie sporadisch-anlass-bezogene Möglichkeiten der studentischen Partizipation existieren, wie z. B. die Beteiligung an universitären Wahlen oder das fallweise Mitwirken in der IAK. Dadurch wird für Studierende ersichtlich, dass auch unterschiedliche Präferenzen, Interessen und zeitliche Ressourcen studentische Partizipation ermöglichen.

Das Seminar gibt Studierenden darüber hinaus einen „Blick hinter die Kulissen". Obwohl die an der Universität Potsdam intern stattfindenden Akkreditierungsverfahren auf studentische Beteiligung angewiesen sind, ist dem Großteil der Studierenden sowohl die Möglichkeit dieser Beteiligungsform als auch der Verfahrensablauf einer Akkreditierung unbekannt (vgl. Kap. 3). Im Seminar erwerben die Studierenden diesbezüglich ein breites Kontextwissen. Sie werden mit den formalen Richtlinien und Vorgaben von Akkreditierungen vertraut und erfahren, wie studentische Perspektiven – z. B. in Form von aggregierten Daten aus Studierendenbefragungen, Interviews oder Gremienarbeit – Akkreditierungsentscheidungen beeinflussen können (s. Abb. 1). Dadurch wird ihnen die Relevanz studentischer Partizipation hinsichtlich langfristiger und struktureller universitärer Entwicklungsprozesse ersichtlich.

4.2.3 Anreize zur Mitarbeit im QM und zur Partizipation geben

Die Schaffung von Anreizen, insbesondere in materieller Form von LP oder monetären Vergütungen, ist ein Versuch, mit unterschiedlichen Partizipationsneigungen umzugehen und Hinderungsfaktoren wie fehlenden zeitliche Ressourcen zu begegnen. Indem das Seminar mit 6 LP honoriert ist, werden auch bisher passiv- oder nicht-partizipierende Studierende niedrigschwellig angeregt, sich intensiver mit dem Thema der studentischen Partizipation auseinanderzusetzen. Neben dem Seminar können Studierende an der Universität Potsdam im Praxismodul „demokratisches Engagement" ihr ehrenamtliches Engagement, inklusive der Beteiligung in universitären Gremien mit 6 LP anrechnen lassen (Universität Potsdam, 2023b). Somit wird die theoretische und praktische Beschäftigung mit studentischer Partizipation mit bis zu 12 LP honoriert und gefördert.

Ein Anreiz zur Gremienarbeit, wie der Teilnahme an der IAK, besteht in der monetären Aufwandsentschädigung. Studentische Mitglieder erhalten für ihre Mitarbeit in der IAK eine finanzielle Aufwandsentschädigung in Höhe von 50 Euro für jeden Studiengang, an dessen Akkreditierungsentscheid sie mitwirken. Eine Besonderheit der IAK ist, dass diese – im Gegensatz zu vielen anderen Gremien – keine regelmäßige Teilnahme der studentischen Mitglieder erfordert. Studierende können stattdessen bei jeder stattfindenden Sitzung selbst entscheiden, welche und wie viele der jeweils zu akkreditierenden Studiengänge sie betreuen möchten. Dies erlaubt auch Studierenden mit weniger zeitlichen Ressourcen die Beteiligung an hochschulinternen Entwicklungsprozessen.

5. Fazit und Ausblick

Studentische Partizipation in QM-Prozessen ist auf vielen Ebenen formal als fester Bestandteil der Organisation Hochschule vorgesehen. Dennoch stehen Hochschulen vor der Herausforderung, einer sinkenden Partizipationsbereitschaft zu begegnen und Maßnahmen zu entwickeln, die Hinderungsfaktoren studentischer Partizipation abbauen und die formalen Anforderungen der studentischen Beteiligung sichern. Das Seminarangebot an der Universität Potsdam setzt genau dort an. Denn damit sollen durch die Schaffung von Transparenz und mit der Thematisierung verschiedener Partizipationsmöglichkeiten die Beteiligungsbereitschaft und die unterschiedlichen Partizipationsneigungen adressiert werden.

Wie bereits angeführt, wurde das Seminarangebot im Zeitraum 2022/23 neukonzipiert und überarbeitet, um dem Umstand geringer studentischer Partizipation zu begegnen. Demzufolge stellt sich die Frage, wie das Angebot auf die Partizipationsbereitschaft wirkt. An dieser Stelle kann diese Frage nur implizit beantwortet werden. Eine begleitende Wirkungsanalyse ist für die Zukunft geplant. Hierfür liegen bereits Items aus einer vergangenen Befragung von in der IAK tätigen Studierenden vor (Banditt, Reimann & Wawrzynek, 2023). Erfasst wurden hierbei u. a. Tätigkeiten und Motivationen der studentischen Partizipation sowie Einschätzungen hinsichtlich der Inhalte des Seminars und Vorbereitung auf die Gremientätigkeit in der IAK. Dabei wurde das „alte" Seminar von den Studierenden als hilfreich für die Arbeit in der IAK angesehen. Nun bleibt im Rahmen der geplanten Wirkungsanalyse – unter umfangreicher Überarbeitung der vorhandenen Erhebungsinstrumente – zu prüfen, ob das Seminar nach der Neukonzipierung und inhaltlichen Erweiterung um das Thema der studentischen Partizipation den Gelingensbedingungen und den Hinderungsfaktoren begegnet. Zum jetzigen Zeitpunkt kann festgehalten werden, dass das Seminar eine Vielzahl an Hinderungsfaktoren studentischer Partizipation adressiert und auf verschiedenen Ebenen versucht, diese abzubauen. Hierzu zählen die Schaffung von Transparenz über die vielfältigen und auf unterschiedlichen Ebenen gelagerten Partizipationsmöglichkeiten an der Hochschule, die Förderung inhaltlicher Kompetenzen sowie das Aufzeigen der möglichen Einflusschancen und das Verdeutlichen ihrer Relevanz in der studentischen Lebenswelt Hochschule. Aus Dozent:innensicht kann resümiert werden, dass vor allem der Aspekt der Relevanz und die verschiedenen Partizipationsmöglichkeiten im Rahmen des Seminars deutlich und erfahrbar werden.

6. Literaturverzeichnis

Banditt, C., Reimann, M., & Wawrzynek, J. (2023). Die Evaluierung einer Evaluierung als Beobachtung zweiter Ordnung: Eine Metaevaluation der internen Akkreditierung von Studienprogrammen an einer systemakkreditierten Hochschule. *Zeitschrift für Evaluation, 22*(1), 55–75. https://doi.org/10.31244/zfe.2023.01.04

Ditzel, B., & Bergt, T. (2013). Studentische Partizipation als organisationale Herausforderung – Ergebnisse einer explorativen Studie. In S. M. Weber, M. Göhlich, A. Schröer, C. Fahrenwald & H. Macha (Hrsg.), *Organisation und Partizipation. Beiträge der Kommission Organisationspädagogik, Organisation und Pädagogik Band 13* (S. 177–186). Springer VS.

Hase, A. (2021). Studentische Partizipation an der Universität Potsdam während Covid-19 2020/21. https://globalhistorydialogues.org/projects/student-participation-at-the-university-of-potsdam-germany-during-the-covid-19-pandemic-2020-21/, Stand vom 3.6.2024.

Kultusministerkonferenz (2017). Musterrechtsverordnung gemäß Artikel 4 Absätze 1–4 Studienakkreditierungsstaatsvertrag. Beschluss der Kultusministerkonferenz vom 07.12.2017. https://www.hrk.de/fileadmin/redaktion/hrk/02-Dokumente/02-04-Lehre/02-04-01-Qualitaetssicherung/KMK_Musterrechtsverordnung.pdf, Stand vom 04.06.2024.

Luhmann, N. (2006). *Organisation und Entscheidung*. VS Verlag.

Mauermeister, S., & Reimann, M. (2017). Das Verfahren der Internen Akkreditierung an der Universität Potsdam – Konzepte, Umsetzung, erste Erfahrungen. In Arbeitskreis Evaluation und Qualitätssicherung der Berliner und Brandenburger Hochschulen (Hg.), *QM-Systeme in Entwicklung: Change (or) Management* (S. 19–27).

Pasternack, P. (2020). *Partizipation an Hochschulen. Zwischen Legitimität und Hochschulrecht* (HoF-Handreichungen 12). Halle-Wittenberg: Institut für Hochschulforschung.

Raffaele, C., & Rediger, P. (2021). *Die Partizipation Studierender als Kriterium der Qualitätssicherung in Studium und Lehre*. Halle-Wittenberg: Institut für Hochschulforschung.

Standards and guidelines for quality assurance in the European Higher Education Area (ESG) (2015). *Beiträge zur Hochschulpolitik 3*/2015, 2. Ausg. Bonn 2 https://www.enqa.eu/wp-content/uploads/filebase/esg/ESG%20in%20German_by%20HRK.pdf, Stand vom 12.10.2023.

Universität Potsdam (2023a). Modul: Studierendenbeteiligung an Hochschulentwicklungsprozessen – Qualitätsmanagement in der Praxis. https://puls.uni-potsdam.de/qisserver/rds?state=verpublish&status=init&vmfile=no&moduleCall=modulansicht&publishConfFile=modulverwaltung&publishSubDir=up/modulbearbeiter&&modul.modul_id=4691&menuid=&topitem=Modulbeschreibung&subitem=, Stand vom 31. Mai 2024.

Universität Potsdam (2023b). Modul: Praxismodul demokratisches Engagement. https://puls.uni-potsdam.de/qisserver/rds?state=verpublish&status=init&vmfile=no&moduleCall=modulansicht&publishConfFile=modulverwaltung&publishSubDir=up/modulbearbeiter&&modul.modul_id=4580&menuid=&topitem=Modulbeschreibung&subitem=, Stand vom 31. Mai 2024.

Wissenschaftsrat (WR) (2022). *Empfehlungen für eine zukunftsfähige Ausgestaltung von Studium und Lehre*. Köln: WR.

Wissenschaftsrat (WR) (2024). *Empfehlungen zur Weiterentwicklung des Hochschulsystems des Landes Brandenburg*. Köln: WR.

Zentrum für Qualitätsentwicklung in Lehre und Studium (ZfQ) (2023). Q_M_itgestalten. Vom studentischen Lernen zur Partizipation. https://www.uni-potsdam.de/de/zfq/hochschulstudien/q-m-itgestalten, Stand vom 31. Mai 2024.

Annalisa Biehl[1]

Schein-Partizipation überwinden – Entwurf eines Partizipationsmodells für Fachschaften

Zusammenfassung

Die bislang vorliegenden Studien zur Partizipation von Studierenden verweisen auf ein abnehmendes hochschulpolitisches Engagement, unter anderem in Bezug auf die Beteiligung in Fachschaften. Noch kaum untersucht ist dabei bislang, welche institutionellen bzw. organisatorischen Faktoren seitens der Hochschule die geringe Partizipation(-sbereitschaft) erklären können. Angesichts dessen sollen in diesem Beitrag zunächst potenzielle Hürden in Bezug auf die Arbeit von Fachschaften herausgearbeitet werden, um in einem weiteren Schritt in Anlehnung an die Empfehlungen des Wissenschaftsrats sowie den Students-as-Partners-Ansatz ein anzustrebendes Partizipationsmodell für Fachschaften zu entwerfen.

Schlüsselwörter

Hochschule, Partizipation, Studierende, Fachschaften

---

1 Universität Münster; abiehl@uni-muenster.de; ORCID 0000-0001-9754-5653

https://doi.org/10.21240/zfhe/19-03/08

Annalisa Biehl

Overcoming pseudo-participation: Designing a participation model for student councils

Abstract

Studies on student participation point to a declining level of involvement in the making of higher education policy, including participation in student councils. However, little research has been done on what institutional or organisational factors on the part of the university may explain the low level of participation (or willingness to participate). Therefore, this paper first identifies potential obstacles to the work of student councils and then develops a participation model for student councils based on the recommendations of the 'Wissenschaftsrat' (German Science and Humanities Council) and on the "students-as-partners" framework.

Keywords

university, participation, students, student councils

1. Einleitung

Studentische Mitbestimmung stellt bereits seit den 1960er-Jahren, mindestens aber seit den im Kontext der Bologna-Reformen umgesetzten Maßnahmen der Qualitätssicherung und -entwicklung ein festes Element an deutschen Hochschulen dar (Ditzel & Bergt, 2013), indem diese auch in den Hochschulgesetzen der Länder – wenn auch in unterschiedlichem Maße – rechtlich verankert ist (Heilsberger, 2021; Wagner-Diehl & Seibel, 2023). Durch Stimmrechte in Gremien der akademischen Selbstverwaltung sowie im Rahmen von Akkreditierungs- und Berufungsverfahren sollen Studierende im Sinne der Qualitätssicherung sowie Demokratisierung an Entscheidungsprozessen beteiligt werden und ihre Bedarfe und Bedürfnisse artikulieren können (Dippelhofer, 2012; Schrader, 2023). Obwohl die Partizipationsmöglichkeiten und auch -erfordernisse insbesondere mit den Bologna-Reformen zunahmen (Ditzel & Bergt, 2013), ist das Interesse an Hochschulpolitik sowie dem Engagement im Rahmen von Gremien bei Studierenden in den letzten Jahrzehnten gesunken (Bargel, 2017; Multrus et al., 2008). Auch Fachschaften (in der Schweiz auch Fachvereine bzw. in Österreich Studierendenvertretungen), über die an deutschen Hochschulen zumeist die entsprechenden Gremien besetzt werden, finden insbesondere seit der COVID-19-Pandemie immer weniger Zulauf (Goethe-Universität Frankfurt, 2022; Wagner-Diehl & Seibel, 2023).

In der Diskussion um mögliche Gründe für die sinkende Partizipationsbereitschaft wird zwar immer wieder auf die Bedeutung individueller wie auch institutioneller bzw. organisatorischer Faktoren verwiesen (Ditzel & Bergt, 2013; Raffaele & Rediger, 2021), allerdings betrachten bislang vorliegende Untersuchungen vornehmlich weitestgehend organisatorisch bzw. institutionell unabhängige Faktoren, indem die sinkende Partizipations(-bereitschaft) z.B. mit dem Verweis auf zunehmende zeitliche Einschränkungen von Studierenden (Backhaus-Maul et al., 2018; Ditzel & Bergt, 2013) oder die stärkere Präferenz für außeruniversitäre Formen des Engagements erklärt wird (Möller, 2019). Kaum untersucht ist bislang, welche hochschulseitigen Faktoren in Bezug auf die Partizipation(-sbereitschaft) von Studierenden

insbesondere im Rahmen von Fachschafts- sowie studentischer Gremienarbeit ermöglichend oder einschränkend wirken. Die wenigen empirischen Ergebnisse und
auch die Selbstberichte von Fachschaften deutscher Hochschulen verweisen allerdings auf die Existenz zahlreicher organisatorisch-institutioneller Hürden, die sowohl auf struktureller Ebene (z.B. Ressourcenverfügbarkeit) als auch auf Prozess-
ebene (z.B. Anerkennung) wirksam werden. Diese sollen in dem vorliegenden Beitrag zunächst herausgearbeitet werden, um in einem weiteren Schritt in Anlehnung
an die Empfehlungen des Wissenschaftsrats (2022) sowie den Students-as-Partners-
Ansatz (s. Healey et al., 2014) aus studentischer Perspektive einen Vorschlag für ein
Partizipationsmodell von Fachschaften zu entwerfen, welches Partizipation ganzheitlich als Zusammenarbeit von Fachschaften mit dem akademischen Personal
denkt.

2. Partizipation von Fachschaften – Status quo

Fachschaften sind entsprechend der Hochschulgesetze der Länder (z.B. SHSG, § 83,
Abs. 2; HessHG, § 85, Abs. 3) dazu beauftragt, die Interessen der Studierenden zu
vertreten. Darüber hinaus kommen ihnen durch die hochschulstandortspezifischen
Satzungen der Studierenden formal weitere Aufgaben zu (z.B. Organisation von Ori-
entierungsveranstaltungen), für deren Umsetzung sie in der Regel durch den Allgemeinen Studierendenausschuss (AStA) finanzielle Mittel zur Verfügung gestellt be-
kommen. Da über die Fachschaften auch Gremien auf Fachbereichs-/Fakultätsebene
besetzt werden und insbesondere dort Möglichkeiten der Interessenvertretung und
Einflussnahme bestehen, sind die Fachschaften in ihrer Arbeit bzw. der Ausgestaltung einer entsprechenden Interessenvertretung auch abhängig von den jeweiligen
Bedingungen am Fachbereich bzw. an der Fakultät. Um tatsächlichen Einfluss auf
die Entscheidungs- bzw. Konsensfindung nehmen zu können, bedarf es demnach –
auch entsprechend der Empfehlungen des Wissenschaftsrats (2008; 2022) – einer
partizipativen Einbindung von studentischen Vertreter:innen. Partizipation impliziert dabei nicht nur die Teilnahme, sondern auch die Teilhabe aller Beteiligten an
entsprechenden Prozessen (Schnurr, 2018). Es geht nicht um ein ‚bloßes Dabeisein‘

(Flieger, 2017) oder ‚irgendwie mitmachen‘ (Krause, 2019), sondern um geteilte Einflussmöglichkeiten sowie Entscheidungsmacht. Einzelne Akteur:innen werden in diesem Verständnis – so Groß et al. (2024) in Anlehnung an Munsch & Müller (2020) – „nicht (passiv) beteiligt", es handelt sich vielmehr um ein „(aktives) Sich-Beteiligen" (Groß et al., 2024, S. 40). Dementsprechend schließt Partizipation – in Abgrenzung zu Mitbestimmung – nicht nur institutionalisierte Formen der Beteiligung, sondern auch informelle Prozesse der Einflussnahme mit ein (Heilsberger, 2021). In Bezug auf die Arbeit von Fachschaften verantworten insbesondere Lehrende die entsprechenden Möglichkeiten zur Ausgestaltung der Interessenvertretung, indem sie die Partizipation im Rahmen der Gremienarbeit (z.B. durch das Setzen der Tagesordnung) sowie informeller Partizipationsprozesse (z.B. durch die Initiierung von Austauschtreffen) steuern. Die (wenigen) vorliegenden empirischen Befunde (z.B. Ditzel & Bergt, 2013; Seibel, 2023; Wagner-Diehl & Seibel, 2023) sowie Selbstberichte von Fachschaften bzw. anderen studentischen Initiativen (z.B. RefRat Humboldt-Universität, 2018; VDSI, 2023) verweisen auf zahlreiche vorliegende Hürden in der Interaktion von Studierenden und akademischem Personal, die dem Anspruch einer gleichberechtigten Teilhabe sowie Einflussnahme entgegenstehen und im Folgenden ausgeführt werden sollen.

Grundlegend zeigt sich ein *Anerkennungs- bzw. Wertschätzungsdefizit* der Arbeit von Fachschaften und auch von einzelnen Fachschaftsvertreter:innen. Studierenden wird in Gremien – so folgern Wagner-Diehl & Seibel (2023) aus den Ergebnissen ihrer Untersuchung, in der sie 17 Gruppendiskussionen mit 105 Fachschaftsvertreter:innen durchgeführt haben – ausschließlich eine ‚passive Beobachterrolle‘ zugedacht. Die Fachschaftsarbeit wird als ‚selbstverständliche Dienstleistung‘ verstanden, welche – ungeachtet des zeitlichen Aufwands von wöchentlich mehreren Stunden – neben Studium und gegebenenfalls Erwerbstätigkeit (s. z.B. Kroher et al., 2023) freiwillig erbracht wird (ebd.). Die fehlende Anerkennung wird auch dann deutlich, wenn durch die Überschneidung (anwesenheitspflichtiger) Lehrveranstaltungen mit Gremienterminen eine Vereinbarkeit von Studium und Engagement quasi verunmöglicht wird und dann aufseiten der Lehrenden sogar teils mit Unverständnis reagiert wird, wenn Fachschaftsvertreter:innen dann die Teilnahme an Lehrveranstaltungen vorziehen, auch weil – wie die befragten Studierenden hervorheben – die Teilnehme an Gremiensitzungen oft nicht entschuldigt wird (ebd.).

Hindernd für die Arbeit von Fachschaften – und dies hängt mit dem Anerkennungsbzw. Wertschätzungsdefizit zusammen – ist auch die partiell *eingeschränkte Verfügbarkeit von Informationen* sowie auch die *Ausgestaltung von Informationsprozessen.* Wie Studierendenvertreter:innen artikulieren (vgl. Ditzel & Bergt, 2013; Planas et al., 2011; Yadessa et al., 2022; Wagner-Diehl & Seibel, 2023), werden keine oder zu wenige Informationen über Partizipationsmöglichkeiten bereitgestellt, manche Gremien werden deshalb nicht besetzt, weil Studierende nicht von deren Existenz wissen. Entsprechend sind Fachschaften darauf angewiesen, sich selbst Informationen und Wissen anzueignen, dieses zu sichern und dann an neue Vertreter:innen weiterzugeben (Wagner-Diehl & Seibel, 2023), was angesichts der kurzen Amtszeiten (insbesondere seit den Bologna-Reformen) und vor allem im Zusammenhang mit den Generationenwechseln in Fachschaften als problematisch beschrieben wird (Ditzel & Bergt, 2013; ZaPF, 2020) – nicht selten liegt das Wissen bei einigen wenigen Personen, von denen der entsprechende Wissenstransfer dann abhängt (Raffaele & Rediger, 2021). Die befragten Studierenden in der Untersuchung von Wagner-Diehl und Seibel (2023) verweisen allerdings nicht nur auf die eingeschränkte Bereitstellung grundlegender Informationen bezüglich Partizipationsmöglichkeiten und Gremienarbeit, sondern berichten auch von intransparenten Kommunikationsprozessen, indem studentischen Vertreter:innen z.B. Informationen zur Tagesordnung vorenthalten werden. Ferner ist davon auszugehen, dass entsprechende informationsbezogene Unterschiede das ohnehin *starke Machtungleichgewicht* zwischen akademischem Personal und Studierenden noch weiter verstärken, zumal viele studentische Vertreter:innen auch unsicher bezüglich ihrer Qualifikation zur Mitarbeit in Gremien sind (Raffaele & Rediger, 2021). Hinzu kommt, dass Studierende neben ihrer Funktion als Gremienvertreter:innen den Lehrenden auch im Rahmen von Lehrveranstaltungen begegnen und daher unter Umständen aus Angst vor einer negativen Bewertung sich in Gremien eher zurückhalten, obwohl eigentlich nicht die persönlichen, sondern ausschließlich die Interessen einer Statusgruppe vertreten werden.

Als Hürde wird auch benannt, dass abseits von Gremienterminen – in denen die Studierenden in Unterzahl und teils unzureichend informiert sitzen – *kaum die Gelegenheit des Austauschs und der Vernetzung* besteht. Lehrende treten zwar gelegentlich an Fachschaften heran (Seibel, 2023; Wagner-Diehl & Seibel, 2023), allerdings ist fraglich, ob bzw. inwiefern (auch) institutionalisierte Formen des Austauschs bestehen. Entsprechend berichten studentische Vertreter:innen von einem *eingeschränkten Wirksamkeitserleben* (Schrader, 2023; Wagner-Diehl & Seibel, 2023). Auch internationale Untersuchungen (z.B. Gul, 2010) verweisen darauf, dass Studierendenvertreter:innen zwar viel Zeit in die Arbeit investieren, allerdings ausschließlich „,little' influence in decion making in the units and matters" (Gul, 2010, S. 568) wahrnehmen. Wie groß der Einfluss bzw. die Wirksamkeit ist, sei wiederum – so die befragten Studierenden in der Untersuchung von Lizzio und Wilson (2009) – maßgeblich abhängig vom Engagement des akademischen Personals.

Letztlich drückt sich die fehlende Anerkennung auch in der *prekären Ressourcenausstattung bzw. -verfügbarkeit* von Fachschaften aus. Zwar stehen diesen – und dies ist auch teils in den Hochschulgesetzen der Länder geregelt (z.B. Hochschulgesetz NRW, § 77, Abs. 2) – finanzielle Ressourcen zur Verfügung, welche über den AStA oder die Fachschaftenkonferenzen abgerufen werden können, allerdings dürfen Fachschaften über kein eigenes Budget verfügen, was sich insbesondere mit Blick auf die Anschaffung von Materialien sowie die Organisation von Veranstaltungen als herausfordernd erweist (Wagner-Diehl & Seibel, 2023). Abseits von der eigenen Finanzierung ist es zudem problematisch, wenn die Perspektive von Studierenden bei unmittelbar studienrelevanten Investitionen (z.B. Qualitätsverbesserungsmittel in Studium und Lehre, vgl. Gesetz zur Verbesserung der Qualität in Lehre und Studium an nordrhein-westfälischen Hochschulen) nicht oder nur geringfügig miteinbezogen wird. Neben finanziellen Fragen erweist sich die oftmals prekäre Raumsituation für die Fachschaftsarbeit als eine Hürde, indem Fachschaften meist nur kleine, schlecht ausgestattete und oftmals weit abgelegene Räume zur Verfügung stehen, welche ihnen durch Raumplanungsmaßnahmen der Fakultät auch oftmals wieder aberkannt werden können, wie es Fachschaftsvertreter:innen in der Studie von Wagner-Diehl & Seibel (2023) bzw. Seibel (2023) berichten. Insbesondere angesichts zunehmender Digitalisierungsprozesse sowie einer immer geringeren Bindung der Studierenden untereinander sowie an den Ort Hochschule (Bargel, 2000; Ditzel & Bergt, 2013) stellt sich die Frage, welche Auswirkungen die als unzureichend beschriebene Ressourcenausstattung von Fachschaften für die Sichtbarkeit nach außen und damit auch für die Anwerbung neuer Mitglieder bzw. die Partizipationsbereitschaft noch nicht engagierter Studierender hat.

Es lässt sich zusammenfassen, dass die Partizipation von Fachschaften durch verschiedene institutionalisierte Voraussetzungen (z.B. Stimmrechte in Gremien, finanzielle Zuweisungen) in einigen Hinsichten zwar ermöglicht wird, allerdings mit Blick auf deren Ausgestaltung, d.h. insbesondere in den Interaktionen mit dem akademischem Personal, verschiedene Barrieren existieren (z.B. fehlende Anerkennung/Wertschätzung, intransparente Informationsprozesse), die eine Partizipation im eigentlichen Sinne erschweren, gar verunmöglichen (s. Abb. 1). Zwar liegen sicherlich für einige Standorte auch positive Beispiele in Bezug auf die Partizipation von Fachschaften vor, allerdings verwiesen die dargestellten Befunde – zumindest mit Blick auf den nationalen Raum – auf strukturell bedingt defizitäre Beteiligungsprozesse sowie -möglichkeiten. Insofern – so die leitende These – handelt es sich bei der Partizipation von Fachschaften weitestgehend um eine **Schein-Partizipation** (s. Gamsjäger & Wetzelhütter, 2020; Schönborn & Buschhorn, 2024). Indem Studierende formal an Mitbestimmungsprozessen beteiligt werden, können zwar entsprechende Entscheidungen effizient herbeigeführt und gegenüber außenstehenden Akteur:innen legitimiert werden, allerdings werden die Perspektiven von Studierenden in diesen Prozessen scheinbar nicht wirklich gehört, ernst genommen und miteinbezogen, sodass die Legitimation entsprechender Entscheidungen durchaus infrage gestellt werden kann. Ist dies der Fall, bietet eine solche Form der (Schein-)Partizipation wiederum keine oder nur wenige Anreize für noch nicht engagierte Studierende, im Rahmen von Fachschaftsarbeit zu partizipieren.

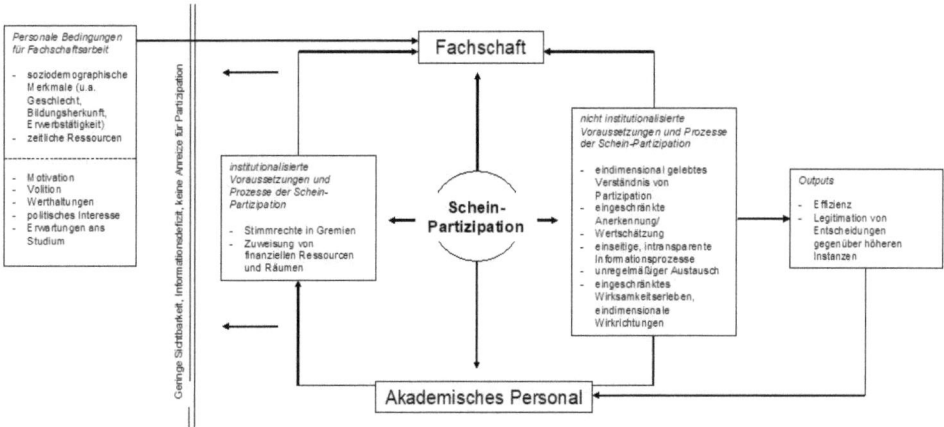

Abb. 1: Schein-Partizipation von Fachschaften

Unter den Voraussetzungen einer Partizipation im eigentlichen Sinne könnte – und daran schließt das folgende Kapitel an – gerade über die Transparentlegung der (dann von allen Akteur:innen mitgetragenen) Partizipationsergebnisse die Motivation noch nicht engagierter Studierender gesteigert werden (Ditzel & Bergt, 2013), welche neben anderen personenbezogenen Faktoren – wie z.B. zeitliche Ressourcen oder auch das allgemeine politische Interesse (vgl. ebd.; Raffaele & Rediger, 2021) – als ein Einflussfaktor für die hochschulpolitische Partizipation betrachtet werden kann.

3. Entwurf eines Partizipationsmodells für Fachschaften

Ausgehend von den herausgearbeiteten Problembereichen sowie den Implikationen theoretisch-konzeptioneller wie empirischer Arbeiten wird im Folgenden ein Partizipationsmodell für Fachschaften vorgestellt, welches Partizipation im eigentlichen Sinne und entsprechend der Empfehlungen des Wissenschaftsrats (2022) als „aktive, selbstbestimmte und gleichberechtigte Beteiligung [...] an Entscheidungsprozessen" (S. 26) begreift (vgl. Abb. 2). Studierende und das akademische Personal werden in diesem Modell als gleichwertige Akteur:innen verstanden, die sich auf Augenhöhe begegnen und deren Handlungen in wechselseitigen Bezügen stehen (Wissenschaftsrat, 2022). Studentische Vertreter:innen sind demnach nicht nur als ‚passive Beobachter' (vgl. Wagner-Diehl & Seibel, 2023), welche ‚irgendwie mitmachen' (Krause, 2019), sondern „verantwortungsvolle Mitgestalterinnen und Mitgestalter" (Wissenschaftrat, 2022, S. 50) im Rahmen hochschulischer Entscheidungs- und Entwicklungsprozesse. Mit diesem Verständnis von Partizipation schließt dieser Beitrag an den sogenannten Students-as-Partners-Ansatz an (s. Healey et al., 2016). In Abgrenzung zur neoliberalen Auffassung von Studierenden als ‚Kund:innen' versteht der Ansatz Studierende und Lehrende als Partner:innen, d.h. als gleichermaßen aktiv involvierte Akteur:innen in Bezug auf hochschulische Lehr- und Lern-, aber auch darüber hinausgehende Gestaltungs- und Entwicklungsprozesse (vgl. Cook Sather et al., 2014; Healey et al., 2016). Sie werden als ‚collaborators' (Mercer-Mepstone et al., 2017) beschrieben, die mit gegenseitigem Respekt und geteiltem Verantwortungsbewusstsein zusammenarbeiten.

Unter Zugrundelegung dieses Konzepts sowie vor dem Hintergrund der in Kap. 2 herausgearbeiteten Hürden bedarf es in Bezug auf die Partizipation von Fachschaften umfassender Veränderungen auf struktureller wie prozessbezogener Ebene. Grundlegend braucht es mehr Anerkennung von Fachschaftsvertreter:innen bzw. auch der Fachschaftsarbeit an sich. So geben über die Hälfte der befragten Studierenden in der Untersuchung von Backhaus-Maul et al. (2018) an, dass sie sich engagiert hätten, wenn sie durch die Hochschule eine Form der Anerkennung erfahren hätten. Dies kann einerseits in institutionalisierter Form erfolgen, z.B. durch eine Anrechnung von ECTS oder zusätzlichen Bafög-Semestern, die Aushändigung von Zertifikaten oder auch eine Vergütung für Fachschaftsarbeit (Raffaele & Rediger, 2021; Schrader, 2023). Andererseits – und dies wird von befragten Studierenden in der Erhebung von Wagner-Diehl und Seibel (2023) als weitaus bedeutsamer eingeschätzt – bedarf es nicht-institutionalisierter Formen der Anerkennung, indem Studierendenvertreter:innen *wirkliche* Wertschätzung für ihre Arbeit entgegengebracht und diese nicht als ‚selbstverständliche Dienstleistung' abgewertet wird (Raffaele & Rediger, 2021).

Entsprechend muss sich auch von der Auffassung distanziert werden, dass Stimmrechte in Gremien allein die Partizipation von Studierenden sicherstellen. Sie ermöglichen diese zwar formal, allerdings verweisen die von Studierendenvertreter:innen artikulierten Unsicherheiten darauf, dass eine stärkere Einbeziehung derer notwendig ist, damit sie ihre Perspektiven entsprechend vertreten können und so wirklich Entscheidungs*macht* haben, wie auch internationale Arbeiten herausstellen: „For this reason" – so Gul (2010) – „it seems necessary to make amendments in regulations or guides for students councils so that students can be given not only rights to vote but to participate in decision making as well." (S. 568). Strukturell könnte dies auch eingelöst werden, indem neue Gremien mit mehr studentischen Stimmanteilen eingerichtet werden (Planas et al., 2011). Auf diese Weise würde Studierendenvertreter:innen vermittelt werden, dass sie Entscheidungsprozesse wesentlich mitgestalten können und dementsprechend auch (Mit-)Verantwortung für die Ergebnisse tragen (Bargel, 2000; Raffaele & Rediger, 2021). Auch der Wissenschaftsrat verweist auf die Bedeutung der Hochschule bzw. der Lehrenden in Bezug auf die Wirksamkeitserleben von studentischen Vertreter:innen, welches im Rahmen einer (Schein-)Partizipation wie dargestellt nur gering ausgeprägt ist (z.B. Gul, 2010; Schrader, 2023).

Gleichzeitig muss im Falle entsprechender struktureller Maßnahmen Vereinbarkeit gewährleistet sein. Dies könnte über Formen der institutionalisierten Anerkennung erfolgen, bedarf aber auch weiterer Maßnahmen, wie z.B. einer grundsätzlich vorgesehenen Überschneidungsfreiheit von Lehrveranstaltungen und Gremienterminen oder – wenn dies nicht realisierbar ist – einheitlicher Regelungen bezüglich der Abwesenheit von Studierenden in Lehrveranstaltungen aufgrund von Gremienterminen (Seibel, 2023; Wagner-Diehl & Seibel, 2023). Lehrende sollten so auch dafür sensibilisiert werden, dass Studierendenvertreter:innen sich permanent im Spannungsfeld zwischen Studium und Gremienarbeit bewegen, und entsprechend anerkennen, wenn entweder die Lehrveranstaltung der Gremiensitzung vorgezogen wird oder auch umgekehrt. Ausgehend von den von Ditzel und Bergt (2013) herausgearbeiteten unterschiedlichen Partizipationsneigungen kann eine bessere Vereinbarkeit auch durch eine Diversifizierung der Partizipationsmöglichkeiten erzielt werden, indem neue Formen der Beteiligung etabliert oder auch bestehende Angebote zugänglicher gestaltet werden (z.B. hybride Durchführung von Gremiensitzungen) (Raffaele & Rediger, 2021).

Wie bereits in Bezug auf die Setzung von Gremienterminen verwiesen und wie auch darüber hinaus aus den empirischen Untersuchungen hervorgeht (z.B. Planas et al., 2011; Wagner-Diehl & Seibel, 2023) sind in Bezug auf die Partizipation von Fachschaften insbesondere Veränderungen in der Ausgestaltung von Informations- und Kommunikationsprozessen notwendig, indem einerseits studentischen Vertreter:innen – insbesondere angesichts der häufigen Generationswechsel, worauf auch der Wissenschaftsrat (2022) verweist – Hintergrundwissen zur Gremienarbeit zugänglich gemacht wird. Andererseits sollten studentische Vertreter:innen auch im Prozess – z.B. durch deren Aufnahme in E-Mail-Verteiler der Fakultät bzw. des Fachbereichs – rechtzeitig informiert werden. Um die Kommunikation von Fachschaften und akademischem Personal zu verbessern, bedarf es zudem auch entsprechend der Empfehlungen des Wissenschaftsrats (2022) institutionalisierter Formen des Austauschs, z.B. in Form regelmäßiger Gespräche, Mitbestimmungskonferenzen oder sogenannter runder Tische (Friedrichsmeier & Wannöffel, 2010; Wissenschaftrat, 2022). Sinnvoll wäre darüber hinaus auch, seitens des Fachbereichs bzw. der Fakultät unabhängige Ansprechpartner:innen zur Verfügung zu stellen, die von Fachschaftsvertreter:innen bei Anliegen kontaktiert werden können.

Wie in Kap. 2 gezeigt, stellt eine wesentliche Voraussetzung für die Arbeit und damit auch die Partizipation von Fachschaften die Verfügbarkeit von Ressourcen dar, welche gemäß der Befunde von Wagner-Diehl und Seibel (2023) oftmals prekär bzw. unzureichend ist. Es bedarf demnach der Bereitstellung (geeigneter) Räumlichkeiten einschließlich der entsprechenden Ausstattung (Planas et al., 2011; Seibel, 2023; Wissenschaftsrat, 2022) sowie einer stärkeren finanziellen Unterstützung, insbesondere im Hinblick auf die Organisation und Durchführung von Veranstaltungen (Wagner-Diehl & Seibel, 2023).

Durch diese institutionalisierten sowie nicht-institutionalisierten Strukturen und Prozesse wird wie dargestellt einerseits Partizipation ermöglicht, andererseits hat eine in dieser Form gelebte Partizipation auch wiederum positive Auswirkungen auf entsprechende Partizipationsbedingungen bzw. -voraussetzungen, indem z.B. das Verantwortungsgefühl studentischer Vertreter:innen durch die partizipative Ausgestaltung von Gremienarbeit gesteigert wird. Durch eine entsprechend gelebte Partizipation ergeben sich darüber hinaus verschiedene Outputs, die – in Abgrenzung zur Schein-Partizipation – Relevanz für alle Akteursgruppen und somit auch die gesamte Institution Hochschule haben. Indem Studierende (als größte hochschulische Akteursgruppe) stärker in Gestaltungs- sowie Entscheidungsprozesse involviert sind, können zunächst Rückmeldungen zu bestehenden Angeboten eingeholt sowie bislang nicht sichtbare Bedarfe kommuniziert werden (Dippelhofer, 2012). So kann erstens die Qualität von Studium und Lehre besser gesichert sowie weiterentwickelt werden (Raffaele & Rediger, 2021), zweitens wirken entsprechende strukturelle sowie prozessbezogene Veränderungen in zweifacher Hinsicht demokratisierend: Durch den aktiven Austausch und Einbezug verschiedener Perspektiven sind nicht nur Ergebnisse stärker demokratisch legitimiert, sondern die verschiedenen Akteur:innen erwerben im Rahmen dieser Entscheidungsfindungsprozesse unter anderem auch politisch-demokratische Kompetenzen – Partizipation kann in diesem Sinne also auch als qualifizierend betrachtet werden (Dippelhofer, 2012; Yadessa et al., 2022). Letztlich ermöglicht Partizipation auch, dass die Hochschule (wieder) stärker zu einem Lebens- und Aufenthaltsort wird. So deuten Befunde auf eine zunehmende Entfremdung der Studierenden von der eigenen Hochschule hin (Bargel,

2000), die unter Umständen durch Auswirkungen der COVID-19-Pandemie noch verstärkt wurde (Ramm-Traoré et al., 2023).

Um sicherzustellen, dass Partizipation nicht als Schein-Partizipation gelebt wird und somit auch (zumindest partiell) entsprechende Outputs generiert werden, sollten Kriterien und auch Ziele der Partizipation gemeinsam definiert und z.B. durch Studierendensurveys, sogenannte ‚Students Days' oder Gespräche mit der Fachschaft evaluiert werden (Raffaele & Rediger, 2021), deren Ergebnisse dann transparent dargelegt werden und Ausgangspunkt für weitere Entwicklungsmaßnahmen darstellen sollten (Bargel, 2000). Ein entsprechendes Monitoring könnte auch über die Erhebung eines *participation index* erfolgen, anhand dessen verschiedene Partizipationsformen an Hochschulen messbar und somit vergleichbar gemacht werden könnten (Friedrichsmeier & Wannöffel, 2010).

Partizipation als solche sowie die entsprechenden Outputs können wiederum vermittelt über erhöhte Anreize (z.B. Aufwandsentschädigung für Gremienarbeit), eine bessere Sichtbarkeit (z.B. geeignete Räumlichkeiten) und insbesondere die vermehrte Bereitstellung von Informationen über entsprechende Partizipationsmöglichkeiten bzw. die Arbeit von Fachschaften (z.B. gemeinsam organisierte Informationsveranstaltungen, Thematisierung der Fachschaftsarbeit im Rahmen von Lehrveranstaltungen, Informationen über Website oder Verteiler der Fakultät bzw. des Fachbereichs) die Partizipationsbereitschaft noch nicht engagierter Studierender erhöhen. So verweist neben den in Kap. 2 dargestellten Befunden auch die Untersuchung von Backhaus-Maul et al. (2018) auf einen hohen Informationsbedarf, in welcher über die Hälfte der Studierenden rückblickend zustimmte, sich bei mehr Informationen engagiert zu haben. Dieser Befund verdeutlicht darüber hinaus, dass abgesehen von den Perspektiven von Fachschaftsvertreter:innen auch die Interessen, Bedarfe sowie Partizipationsmotive der breiteren Studierendenschaft z.B. im Rahmen von Studierendensurveys oder Studiengangsbefragungen erfragt und entsprechend untersucht werden sollten (Ditzel & Bergt, 2013; Raffaele & Rediger, 2021; Yadessa et al., 2022).

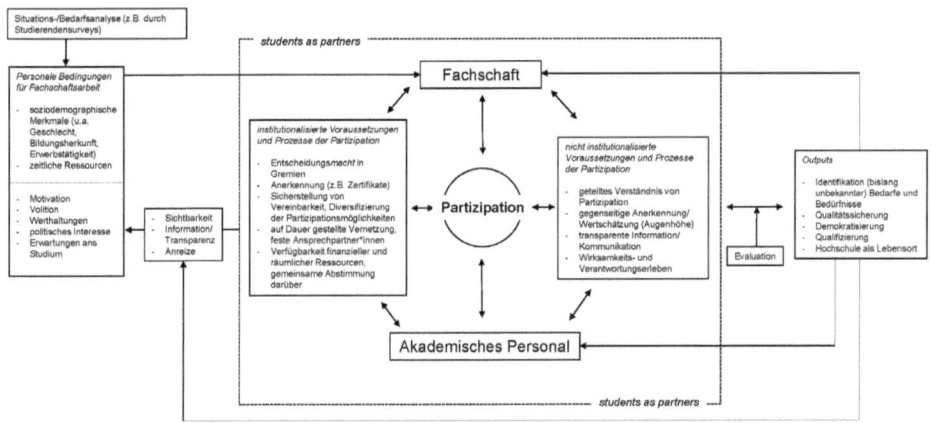

Abb. 2: Vorschlag eines Partizipationsmodells für Fachschaften

Die dargestellten institutionalisierten sowie nicht-institutionalisierten Partizipations-bedingungen, welche im Wesentlichen durch das akademische Personal am Fachbereich bzw. der Fakultät (mit-)beeinflusst werden, können in Bezug auf die Partizipation von Fachschaften im Sinne von deren Teilhabe an Gestaltungs- und Entscheidungsprozessen zwar ermöglichend wirken, allerdings bedarf es auch fakultäts- bzw. fachbereichsübergreifender Maßnahmen, um Partizipation in der Institution Hochschule ganzheitlich zu etablieren. Bspw. könnten über eine Verankerung im Leitbild entsprechende Entwicklungen angestoßen werden. Dies wird unter dem Begriff des *Participation Mainstreamings* diskutiert, welcher – in Anlehnung an das Konzept des Gender Mainstreamings – Partizipation als übergreifende hochschulische Aufgabe fasst (Friedrichsmeier & Wannöffel, 2010). Letztlich geht es um die Etablierung einer nachhaltigen Partizipations- bzw. Beteiligungs*kultur* (ebd.; Heilsberger, 2021), in der Studierendenvertreter:innen anerkannt werden sowie aktiv und gestalterisch teilhaben. Dafür bedarf es weitaus mehr als des pseudo-partizipativen Einbezugs von Studierenden im Rahmen einzelner Qualitätsverbesserungsmaßnahmen, nämlich einer umfassenden, aber durchaus dringlichen „Richtungsänderung" (Wissenschaftsrat, 2022, S. 71).

4 Literaturverzeichnis

Backhaus-Maul, H., Grottker, L., & Sattler, C. (2018). *Gesellschaftliche Teilhabe durch Engagement*. MLU Halle.

Bargel, T. (2000). *Studentische Mitwirkung: Implusreferat – Fragen zur studentischen Mitwirkung*. Universität Konstanz.

Bargel, T. (2017). *Studentische Orientierungen gegenüber Studium, Beruf und Politik im Wandel. Zeitreihen des Studierendensurveys 1983–2013*. Universität Konstanz.

Cook Sather, A., Bovill, C., & Felten, P. (2014). *Engaging students as partners in learning and teaching: a guide for faculty*. Jossey-Bass.

Dippelhofer, S. (2012). *Politische Orientierungen und hochschulpolitische Partizipation von Studierenden, Empirische Analysen auf Grundlage des Konstanzer Studierendensurveys*. JLU Gießen.

Ditzel, B., & Bergt, T. (2013). Studentische Partizipation als organisationale Herausforderung – Ergebnisse einer explorativen Studie. In S. Weber, M. Göhlich, A. Schröer, C. Fahrenwald & H. Macha (Hrsg.), *Organisation und Partizipation* (S. 177–186). Springer VS.

Flieger, P. (2017). Partizipation. In K. Ziemen (Hrsg.), *Lexikon Inklusion* (S. 179–180). Vandenhoeck & Ruprecht.

Friedrichsmeier, A., & Wannöffel, M. (2010). *Mitbestimmung und Partizipation – Das Management von demokratischer Beteiligung und Interessenvertretung an deutschen Hochschulen*. HBS.

Gamsjäger, M., & Wetzelhütter, D. (2020). Mitbestimmung von Schüler/innen in der Schule. Eine repräsentative Befragung österreicherischer Schüler/innen der Sekundarstufe II. *Journal für educational research online, 12*(1), 91–118.

Goethe-Universität Frankfurt (2022). *Fachschaften freuen sich sehr über neue Mitstreiter*innen*. UniReport, 5.22.

Groß, S., Trostmann, S., & Baar, R. (2024). Die Grundschulwerkstatt an der Universität Bremen: Entwicklungen zwischen Autonomie und Partizipation. In V. S. Franz, J. K. Langhof, J. Simon & E.-K. Franz (Hrsg.), *Demokratie und Partizipation in Hochschullernwerkstätten* (S. 37–51). Klinkhardt.

Gul, H. (2010). Participation of student councils in decision making at universities in Turkey. *College Student Journal, 44*(2), 568–578.

Healey, M., Flint, A., & Harrington, K. (2014). *Engagement through partnership: Students as partners in learning and teaching in higher education*. HE Academy.

Healey, M., Flint, A., & Harrington, K. (2016). Students as partners: Reflections on a conceptual 9 model. *Teaching & Learning Inquiry, 4*(2).

Heilsberger, L. (2021). Politische Partizipation an Hochschulen. In F. Bätge, K. Effing, K. Möltgen-Sicking & T. Winter (Hrsg.), *Politische Partizipation. Kommunale Politik und Verwaltung* (S. 275–293). Springer VS.

Krause, H.-U. (2019). *Beteiligung als umfassende Kultur in den Hilfen zur Erziehung. Haltungen – Methoden – Strukturen*. IGfH-Eigenverlag.

Kroher, M. et al. (2023). *Die Studierendenbefragung in Deutschland: 22. Sozialerhebung. Die wirtschaftliche und soziale Lage der Studierenden in Deutschland 2021*. Bundesministerium für Bildung und Forschung.

Lizzio, A., & Wilson, K. (2009). Student participation in university governance: the role conceptions and sense of efficacy of student representatives on departmental committees. *Studies in Higher Education, 34*(1), 69–84.

Mercer-Mapstone, L. et al. (2017). A Systematic Literature Review of Students as Partners in Higher Education. *International Journal for Students as Partners, 1*(1), 15–37.

Möller, C. (2019). In Zahlen ausgedrückt – Berichterstattungen zu freiwilligem Engagement von Studierenden. In C. Möller & H. Rundnagel (Hrsg.), *Freiwilliges Engagement von Studierenden* (S. 9–32). Springer VS.

Multrus, F., Bargel, T., & Ramm, M. (2008). *Studiensituation und studentische Orientierungen. 10. Studierendensurvey an Universitäten und Fachhochschulen. Langfassung*. BMBF.

Munsch, C., & Müller, F. (2020). Jenseits der Intention. Ambivalenzen, Störungen und Ungleichheit mit Partizipation zusammendenken. In F. Müller & C. Munsch (Hrsg.), *Jenseits der Intention – Ethnografische Einblicke in Praktiken der Partizipation* (S. 10–36). Beltz Juventa.

Planas, A., Soler, P., Fullana, J., Pallisera, M., & Vilà, M. (2011). Student participation in university governance: the opinions of professors and students. *Studies in Higher Education, 38*(4), 571–583.

Raffaele, C., & Rediger, P. (2021). *Die Partizipation Studierender als Kriterium der Qualitätssicherung in Studium und Lehre*. MLU.

Ramm-Traoré, M., Richter, S., & Will, L. (2023). Studieren auf Distanz. Entfremdung und Beratungsbedarfe in Folge der Coronapandemie. *Hessische Blätter für Volksbildung, 73*(4), 20–32.

RefRat Humboldt Universität (2018). *Fachschaften an der HU Berlin: wer die Uni möglich macht. Eine Meinung aus dem RefRat*. RefRat Humboldt-Universität.

Schnurr, S. (2018). Partizipation. In G. Graßhoff, A. Renker & W. Schröer (Hrsg.), *Soziale Arbeit. Eine elementare Einführung* (S. 631–648). Springer VS.

Schönborn, H., & Buschhorn, C. (2024). Die Bilderbuch- und Lernwerkstatt an der HAW Hamburg als Raum gelebter Partizipation?! In V. S. Franz, J. K. Langhof, J. Simon & E.-K. Franz (Hrsg.), *Demokratie und Partizipation in Hochschullernwerkstätten* (S. 95–106). Klinkhardt.

Schrader, S. (2023). Bedeutung und Potenziale studentischer Partizipation. Kontextualisierung und erste Ergebnisse einer durch das Projekt KOMWEID durchgeführten Befragung Studierender der HAW Hamburg. *API Magazin, 4*(2).

Seibel, L. (2023). Studentisches Engagement in Fachschaften – Hindernisse und Chancen. In T. Schreiner & D. Wagner-Diehl (Hrsg.), *Soziale Ungleichheit, Bildung, Biographieforschung. Perspektiven zum Werk von Ingrid Miethe* (S. 131–140). Barbara Budrich.

VDSI (2023). *Strukturelle Herausforderungen*. Verband Deutscher Studierendeninitiative e.V.

Wagener, M. (2024). Partizipatives Agieren in Hochschullernwerkstätten. Zwischen pädagogisch inszeniertem Raum und Mitbestimmung. In V. S. Franz, J. K. Langhof, J. Simon & E.-K. Franz (Hrsg.), *Demokratie und Partizipation in Hochschullernwerkstätten* (S. 131–139). Klinkhardt.

Wagner-Diehl, D., & Seibel, L. (2023). Gremienbeteiligung von Fachschaften: Hinderliche und förderliche Faktoren des hochschulischen Engagements. *Zeitschrift für Soziologie der Erziehung und Sozialisation, 43*(3), 295–314.

Wissenschaftsrat (2022). *Empfehlungen für eine zukunftsfähige Ausgestaltung von Studium und Lehre.* Wissenschaftsrat.

Yadessa, M., Bekabil, M., & Fetene, G. T. (2022). Student representation and participation in institutional decision-making: the perspective of AAU student representatives, Ethiopia. *Heliyon, 8*(4), e09332.

ZaPF (2020). *SoSe20 AK Generationswechsel.* ZaPFWiki. https://zapf.wiki/SoSe20_AK_Generationswechsel

Dorle Stecher[1], Johanna Schnurr[2] & Daphne Reim[3]

Zwischen studentischem Engagement und akademischer Anerkennung – Selbstverwaltung als Modul an Hochschulen

Zusammenfassung

Die Partizipation Studierender an der Hochschule erfolgt unter anderem über deren Engagement in Gremien. Um die Bereitschaft zu erhöhen, sich aktiv an Gremienarbeit zu beteiligen, etablieren einige Hochschulen Module, in denen Studierende Credit Points für die Gremientätigkeit erhalten. Die Konzeption eines solchen Moduls ist Thema dieses Entwicklungsbeitrags. Er schildert die Vorgehensweise, beschreibt die Möglichkeiten des Moduls und identifiziert die Herausforderungen, die vor allem in den Rahmenbedingungen der Hochschule und in Konzepten zur Kompetenzentwicklung liegen.

Schlüsselwörter

Partizipation, Partizipative Didaktik, Schlüsselkompetenzen, überfachliche Kompetenzen, Modulentwicklung

---

1 Corresponding author; Technische Hochschule Lübeck; dorle.stecher@th-luebeck.de; ORCID 0009-0003-3976-9239
2 Technische Hochschule Lübeck; johanna.schnurr@th-luebeck.de; ORCID 0009-0007-6488-4430
3 Technische Hochschule Lübeck; daphne.reim@th-luebeck.de

https://doi.org/10.21240/zfhe/19-03/09

Dorle Stecher, Johanna Schnurr & Daphne Reim

Between student engagement and academic recognition –
A module for committee work in higher education institutions

Abstract

In German higher education, students can participate in various governance and decicion-making processes via committee work. To increase the readiness to actively participate in committee work, some universities have established modules in which students can earn credit points for committee work. This paper explores the design of one such module. It describes the approach, outlines the module's possibilities, and identifies the challenges, which primarily lie in the regulatory framework of the university and concepts of competency development.

Keywords

participation, participatory design, generic skills, key competencies, curriculum development

1. Einleitung

In Deutschland genießen Hochschulen eine hohe Autonomie, die mit einer entsprechend großen Verantwortung für Entscheidungen einhergeht. Diese Entscheidungen haben Auswirkungen auf sämtliche internen Abläufe der Hochschule und spielen eine wichtige Rolle für die Profilbildung, die Sichtbarkeit nach außen und die Leistungsfähigkeit einer Hochschule (Heilsberger, 2021). Alle Mitglieder sind in den Hochschulgesetzen der Bundesländer aufgefordert, sich im Rahmen der Selbstverwaltung in Gremien und Ausschüssen zu beteiligen. Dazu zählen die Studierenden in besonderem Maße, da sie zahlenmäßig die größte Gruppe der Hochschulmitglieder stellen. Sie sind somit aufgerufen, an den Entscheidungsprozessen der Hochschule teilzuhaben. Allerdings war die Bereitschaft, Teil der verfassten Studierendenschaft zu sein, sich also zur Wahl für studentische und akademische Gremien aufzustellen, unter Studierenden nie hoch (Raffaele & Rediger, 2021). Das Interesse an studentischer Selbstverwaltung und aktiver Mitarbeit in entsprechenden Gremien sinkt seit den 2000er-Jahren zudem stetig; die Zahl der Studierenden, die in Gremien aktiv sind, bewegt sich im einstelligen Prozentbereich (Heilsberger, 2021).

Um Studierende für Gremientätigkeit zu gewinnen, bieten einige Hochschulen Module an, welche die Gremientätigkeit begleiten und den Studierenden den Erhalt von ECTS-Punkten ermöglichen. Der vorliegende Entwicklungsbeitrag beschreibt die Konzeption und erste Erfahrungen in der Durchführung eines solchen Moduls. Das Modul mit dem Titel ‚Akademische und studentische Selbstverwaltung' (ASSV) wurde im Jahr 2023 an der TH Lübeck unter Beteiligung von Studierenden konzipiert und im Wintersemester 2023/24 erstmalig durchgeführt.

Ziel dieses Beitrags ist es, das Spannungsfeld, das im Hinblick auf Partizipation offengelegt wurde, zu skizzieren sowie Möglichkeiten und Herausforderungen eines solchen Moduls aufzuzeigen. Hierfür wird in Abschnitt 2 zunächst der Partizipationsbegriff erläutert. Abschnitt 3 beschreibt die Konzeption und erste Durchführung und Abschnitt 4 die Herausforderungen.

2. Studentische Partizipation und ihre Relevanz für die Hochschule

Studentische Partizipation kann nach Heilsberger (2021) auf mehrere Weisen erfolgen:

- informell und nicht-institutionalisiert, wie z.B. über Evaluationen oder bei konkreten Anlässen.

- direkt, indem Studierende unmittelbar in einer Angelegenheit die Initiative ergreifen und diese adressieren.

- formal, indem sie sich als gewählte Mitglieder der verfassten Studierendenschaft in studentischen Gremien oder den Gremien der akademischen Selbstverwaltung engagieren.

Letzteres wird als Mitbestimmung (Heilsberger, 2021, S. 276–277) oder aktive Partizipation (Ditzel & Bergt, 2013, S. 184) beschrieben.

Aufgrund der hochschulrechtlichen Erfordernisse haben die wenigen aktiv partizipierenden Studierenden einen großen und wachsenden Umfang der Gremienarbeit zu tragen (Ditzel & Bergt, 2013). Sie sehen sich zudem den klar geäußerten Erwartungen der Studierendenschaft gegenüber, deren Interessen entsprechend zu vertreten (Raffaele & Rediger, 2021).

Den Studierenden stehen weitreichende Möglichkeiten der Mitbestimmung, Mitgestaltung und aktiven Einflussnahme auf das Geschehen und die Entscheidungsprozesse an einer Hochschule zur Verfügung, wie im Folgenden aufgeführt.

- Hochschulübergreifend werden durch Gremien studentische Belange, wie bspw. Kosten des Semestertickets, eingebracht.

- Hochschulintern gestalten studentische Gremien Aktionswochen mit, setzen Impulse und vertreten studentische Sichtweisen.

- In akademischen Gremien wirken Studierende an Empfehlungen und Beschlüssen mit, die maßgeblich für Studiengangsentwicklung, Personalentscheidungen oder Schwerpunktsetzungen in Hochschulstrategien und weitere Bereiche sind (vgl. Heilsberger, 2021, S. 285–286 für eine knappe Darstellung).

- Studentische Gremien unterstützen bei Wohnungssuche, bieten Orientierung bei Problemen im Studienalltag, beraten, organisieren große Teile von Erstsemesterwochen und vieles mehr (vgl. Schulze-Reichelt & Wippermann, 2019, für die Schilderung eines Fallbeispiels).

Der Einsatz der verfassten Studierendenschaft ist somit mitentscheidend für die Kennzahlen, die u.a. in den Ziel- und Leistungsvereinbarungen mit dem Land festgelegt sind. Diese Kennzahlen bilden die Grundlage, auf der die Hochschule ihren Erfolg bewertet und sich teilweise finanziert.

Ziel vieler Hochschulen ist es daher, die Zahl der aktiv partizipierenden Studierenden zu erhöhen. Ein häufig genannter Ansatz hierzu besteht in der Etablierung von Anreizsystemen, entweder monetär oder in Form von Credit Points für ein Modul. (Ditzel & Bergt, 2013; Heilsberger, 2021). Die Autorinnen wurden mit der Konzeption eines solchen Moduls an der Technischen Hochschule (TH) Lübeck beauftragt.

3. Konzeption des Selbstverwaltungsmoduls

3.1 Vorüberlegungen im Konzeptionsprozess

Viele Module an Hochschulen sind in das Curriculum eines Studiengangs integriert, was u.a. Lernziele und Inhalte beeinflusst (Ulrich, 2016). Das ASSV-Modul dagegen musste studiengangsübergreifend angesiedelt werden. Dies wirkte sich signifikant auf die Konzeption des Moduls aus. Daher wurde zu Beginn ein interdisziplinäres Konzeptionsteam gebildet, zu dem Lehrende unterschiedlicher Fachbereiche sowie Studierende aus unterschiedlichen Studiengängen und Gremien gehörten. Zudem suchten wir den Austausch mit anderen Hochschulen, die ein ähnliches Modul anbieten[4], um auf der Basis bereits gemachter Erfahrungen das ASSV-Modul zu konzipieren.

Wie definiert man die Lernziele und die Inhalte eines Moduls, dessen Existenz sich nur teilweise im fachlichen Lernbedarf der Studierenden begründet und dessen ECTS-Gegenwert sich in der aktiven Partizipation der Studierenden bemessen soll? Wie entscheidet man über Kerninhalte, wenn die Gremientätigkeit der Studierenden große qualitative und quantitative Unterschiede aufweist? Wie kann man die Vermittlung dieser Inhalte valide prüfen? Mit diesen Fragen beschäftigte sich das Konzeptionsteam in den ersten Treffen, deren Ziel eine Modulbeschreibung war.

Die gängigen Handlungsschritte zur Modulkonzeption unter Beachtung des Constructive Alignments (Biggs & Tang, 2015) sind, zuerst Lehr-Lernziele, dann die Inhalte und schließlich die anzuwendenden Methoden, die Prüfungsart und die Rahmenbedingungen festzulegen (Ulrich, 2016). Im ASSV-Modul mussten diese Schritte von Beginn an integrativ betrachtet und deren wechselseitiger Einfluss analysiert werden. Dies wollen wir anhand zweier Beispiele deutlich machen.

---

4 Die Erkenntnisse aus dem Recherche- und Austauschprozess zu ähnlich gelagerten Modulen anderer Hochschulen waren: 1) Modul zum Empowerment 2) geringe Annahme des Moduls durch Studierende 3) schwierige Workloadberechnung.

Beispiel 1: Student:in im Referat Öffentlichkeitsarbeit des AStA

Luca wurde in den AStA gewählt und ist im Referat Öffentlichkeitsarbeit aktiv. Die Tätigkeit umfasst die Erstellung von Beiträgen auf den Social-Media-Kanälen des AStA, die Kommunikation nach außen, die Ankündigung von Veranstaltungen und die Pflege der Webseite.

Beispiel 2: Student:in im Vorsitz einer Fachschaft

Robin ist im Vorsitz einer Fachschaft und verantwortlich für die Organisation einer Kennenlernparty während der Erstsemesterwoche. Weiterhin obliegt es Robin, die Ausgabe von Altklausuren, Adaptern für Präsentationen und Laserpointern zu managen. Im Moment sucht Robin das Gespräch mit der hochschulseitig beauftragten Person für die Lehre, da Studierende sich über eine Prüfung beschwert haben. Weiterhin ist Robin Mitglied in zwei Findungskommissionen zur Neuberufung von Professor:innen.

Die Beispiele illustrieren, wie unterschiedlich Gremienarbeit in Umfang und Inhalt ausfallen kann. Im konzipierten ASSV-Modul bildete die Gremientätigkeit das Kernelement, aus dem sich alles Weitere, von Lernzielen über rahmende Inhalte bis hin zur Prüfung, ableitet. Die Frage lautete somit: Welche Designkriterien definieren wir, um die Lernerfahrungen durch die Gremientätigkeit flexibel zu nutzen und zu erweitern? Wir identifizierten drei Bereiche: Kompetenzerwerb, Engagement und Partizipation.

3.2 Design für Kompetenzerwerb

Wir sahen von Anfang an das Potenzial des ASSV-Moduls, die Entwicklung von Schlüsselkompetenzen, die Persönlichkeitsentwicklung sowie das gesellschaftliche Engagement der Studierenden zu fördern. Zu den ersten beiden Punkten sind Hochschulen generell aufgefordert (Seidl, 2021). Allerdings gab es an der TH Lübeck kein hochschulweit etabliertes, strategisches Vorgehen zur Weiterentwicklung von Schlüsselkompetenzen, auf das die Modulkonzeption zurückgreifen konnte. Zudem werden teils sehr unterschiedliche Kompetenzen unter dem Dach der Schlüsselkompetenzen subsumiert. Seidl schlägt zur Operationalisierung in Lehrkontexten als Referenz das KSAVE-Modell vor, das Schlüsselkompetenzen bzw. 21st Century Skills, in Knowledge, Skills, Attitudes, Values und Ethics unterteilt (vgl. ebd., S. 120). Die Unterteilung war richtungsweisend für die Gestaltung des Moduls.

Für die im ASSV-Modul avisierten Kompetenzen war es weiterhin wichtig, mit größtmöglicher Offenheit zu planen, da weder der Kompetenzstand der Studierenden im Vorfeld einschätzbar war, noch welche Kompetenzen in der individuellen Gremientätigkeit weiterentwickelt werden können. Feinlernziele für Schlüsselkompetenzen in der Modulbeschreibung festzulegen, wie es die gängige Literatur in der Hochschuldidaktik häufig postuliert (Seidl, 2021; Ulrich, 2016), erschien für dieses Modul nicht ratsam. Es konnten demnach nur Grobziele (Ulrich, 2016) formuliert werden. Diese wurden wie folgt festgelegt[5]:

1. Studierende verstehen, wie Hochschulen rechtlich und strukturell verfasst sind, wie diese finanziert werden und kennen das größere politische Bild (Governance/ Big Picture).

2. Studierende können ihre eigene Gremientätigkeit vor dem Hintergrund des Big Picture gestalten (Empowerment).

3. Studierende können sich eigenständig Ziele für ihre eigene Gremientätigkeit setzen und diese selbst gesetzten Ziele im Hinblick auf das Erreichen bewerten.

4. Studierende entwickeln ihre Selbst-, Kommunikations- und Reflexionskompetenzen weiter und reflektieren diese in Bezug auf ihre Gremientätigkeit.

Betrachtet man die Lernziele unter Anwendung des KSAVE-Modells, ergeben sich erste Zuordnungen, wie in Tabelle 1 dargestellt.

---

[5] Die Nummerierung der Lernziele dient lediglich der Referenz in Tabelle 1 und stellt keine Hierarchie dar.

Tabelle 1: Verortung der Lernziele im KSAVE-Modell

Knowledge	Skills	Attitudes, Values, Ethics
Lernziel 1: Wissen über die gelisteten Bereiche Lernziel 3: Wissen über Methoden zum Ziele-Setzen und deren Reflexion Lernziel 4: Wissen über gelistete Kompetenzen inkl. Methoden zur Anwendung	Lernziele 2–4: Entwicklung von Ideen & Herangehensweisen in der Gremientätigkeit inkl. Selbst- und Kommunikationskompetenz; Umsetzung und Auswertung	Lernziele 2–4: z.B. Offenheit für Ideen und Perspektiven, Umgang mit Feedback, Umgang mit Rückschlägen, Ausdauer

Für die Lernzielanteile, die im KSAVE-Modell außerhalb des Knowledge-Teils liegen, existieren bislang nur wenige konkrete Ansätze zur Lehrausgestaltung (Seidl, 2021). Unsere erste Konzeption fußte daher auf den wenigen Herangehensweisen, die sich im Bereich Schlüsselkompetenzen bereits etabliert hatten. Für den Erwerb interkultureller Kompetenz plädieren Gregersen-Hermans und Pusch (2012) dafür, eine Art Spiralcurriculum zu entwickeln, in dem Lernende wiederholt die vier Phasen „Experience", „Conceptualize", „Reflect" und „Experiment" durchlaufen. Sie stellen weiterhin fest, dass die Gesamtkonzeption des Lehr-Lerngeschehens von den bestehenden Kompetenzen der Teilnehmenden abhängt, diese also dort abgeholt werden müssen, wo sie stehen.

Für die Modulkonzeption bedeutete das, dass Raum, Möglichkeiten und Verbindlichkeiten eingeplant wurden, um das wiederholte Durchlaufen der vier Phasen zu sichern. Besonders das begleitende Reflektieren der Skills, Attitudes und Values erschien vor dem Hintergrund der vielfältigen Gremientätigkeiten und der Erfassung sowie Ermöglichung zur Weiterentwicklung von Schlüsselkompetenzen wichtig.

Durch die Reflexion und Abstraktion der gemachten Erfahrungen lassen sich durch Gremienarbeit erworbene Kompetenzen zudem auf spätere Anwendungssituationen transferieren.

Unter Beachtung der Rahmenbedingungen für Module an der Hochschule ergab sich ein Modulkonzept mit zwei Säulen: einem Vorlesungsteil, der das Big Picture mit formal-rechtlichen Governance-Aspekten sowie Knowledge und Skills im Bereich der Schlüsselkompetenzen umfasst, und einem Praktikumsteil, der die Gremientätigkeit der Studierenden als Praktikumsleistung definiert. Dieser wird von verbindlichen Reflexionsrunden in kleinen Gruppen begleitet und avisiert die Zyklen den Phasen „Experience" und „Reflect". Abbildung 1 zeigt die Modulkonzeption inkl. Aufschlüsselung des Workloads, der KSAVE-Anteile sowie der Verankerung der vier Phasen im Modul.

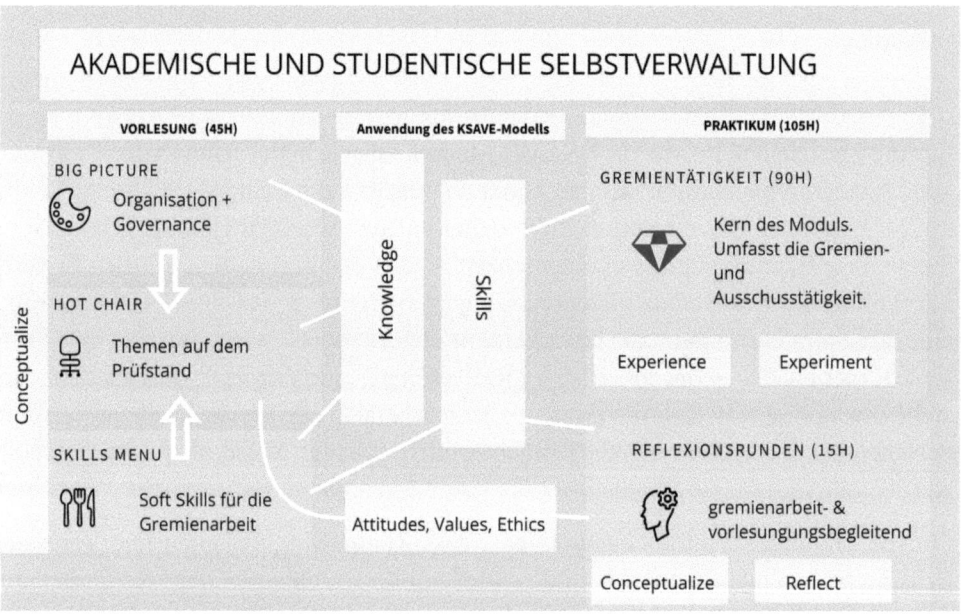

Abb. 1: Konzeption des ASSV-Moduls mit Kennzeichnung der KSAVE-Anteile und der Verankerung der vier Phasen (Conceptualize, Experience, Reflect, Experiment)

Der Vorlesungsteil Big Picture wurde mit asynchronen und synchronen Elementen konzipiert, das Skills Menu mit in Präsenz stattfindenden Workshops. Die Hot-Chair-Veranstaltungen setzen Themen wie Governance, Hochschulfinanzierung und Partizipation auf den Prüfstand, um sie sowohl von Big Picture-Perspektive als auch aus der Perspektive der Soft Skills zu beleuchten.

3.3 Design für Engagement

Das Modul sollte so gestaltet werden, dass Gremientätigkeit ermöglicht und geför-dert wird. Die Gremientätigkeit verorteten wir im Praktikumsteil des Moduls. Sie muss von den Studierenden dokumentiert werden. Zur Dokumentation erarbeiteten wir Kriterien, die sowohl den zeitlichen Umfang der Gremientätigkeit als auch qua-litative Aspekte berücksichtigen. Diese Unterscheidung war auch den an der Kon-zeption beteiligten Studierenden wichtig, da es in ihrem Interesse lag, vor allem lang-fristiges Engagement zu erfassen. Zugleich sollte die Motivation, sich als Teil der verfassten Studierendenschaft aufzustellen, durch den Modulansatz adressiert wer-den, also ‚kleine Aufgaben' anerkannt werden. Daher entschieden wir uns für eine Dokumentation basierend auf Punkten, um diese Aspekte nicht gegeneinander auf-zurechnen, sondern in ein gemeinsames System zu überführen, welches vier Berei-che umfasst:

- Punkte, die für Sitzungen sowie deren Vor- und Nachbereitung erworben werden.

- Punktepauschalen für Gremienvorstände, die die besondere Verantwortung und Einbindung aggregiert erfassen.

- Punktepauschalen, die den zahlreichen Sondertätigkeiten von Studierenden ab-seits der enger gefassten Gremienarbeit Rechnung tragen. Hierzu zählen bspw. Veranstaltungen für Erstsemester, die von Mitgliedern der Fachschaften organi-siert und durchgeführt werden, oder die Vorbereitung von Lehrpreisen, bei denen Studierende maßgeblich beteiligt sind. Abseits der formal geregelten Gremienar-beit messen wir diesen Tätigkeiten einen hohen Wert zu und sehen sie als wichtiges ‚Spielfeld' zur Weiterentwicklung personaler Kompetenzen. Es ist aber nahezu unmöglich, die reine Arbeitszeit zu dokumentieren. Wir entschieden uns auch hier für Pauschalen, die pro Semester vergeben werden können, und betitelten die Punktepauschale als ‚Wildcards'.

- Punktepauschalen, die selbstinitiierten Projekten der Studierenden Rechnung tragen. Hier werden Ideen von Studierenden berücksichtigt, die gezielt Kompetenzen ausbauen wollen, für die sie im Rahmen der Gremientätigkeit das Potenzial sehen. Dies können u.a. Social Media Skills für die Kommunikation oder Datenschutzthemen für digitale Angebote sein. Sie unterscheiden sich somit von den drei zuvor genannten, da sie nicht durch andere Organe oder Gremien der Hochschulen initiiert werden, sondern aus dem individuellen Engagement von Studierenden entstehen.

Die differenzierte Konzeption sollte dem breiten Spektrum an Gremienarbeit gerecht werden und der Herausforderung, dass kaum Feinlernziele vorgegeben werden, begegnen. Zugleich wurden Erfahrungen anderer Hochschulen berücksichtigt, welche Transparenz und realistisch erreichbare Vorgaben im Punktesystems als zentrale Kriterien nannten.

In der inhaltlichen Ausgestaltung, so wurde in der Konzeption deutlich, muss das Modul offen und in hohem Maß partizipativ angelegt sein. Die hierfür notwendigen Schritte werden im folgenden Abschnitt geschildert.

3.4 Design für Partizipation

Für das ASSV-Modul sahen wir die Gestaltung von Partizipationsmöglichkeiten als dem Modul immanentes Designkriterium an, weil es dem Grundgedanken des Moduls entspricht. Zudem können die unterschiedlichen Bedarfe der Teilnehmenden nur durch ein partizipatorisches Design erfüllt werden.

Es galt somit, Partizipationsraum zu schaffen. Mayrberger (2019, S. 194–195) sieht den Partizipationsraum als Ermöglichung eines „gemeinsamen Handlungsraums

Lehre", in dem „Kommunikation, soziale[r] Interaktion und Handeln und [die] daraus hervorgehenden Beziehungen" konstituierend präsent sein müssen. Die Ermöglichung sahen wir im Modul vor allem in den Reflexionsrunden. Hier können die Studierenden eigene Themen hineintragen und diese unter unserer Moderation mit anderen Teilnehmenden diskutieren, wodurch eine Ko-Konstruktion von Wissen ermöglicht wird, die auf der Interaktion der Studierenden miteinander und mit Lehrenden beruht. Wie Mayrberger (2019, Kapitel 6; vgl. auch Abbildung 2) ausführt, fallen unter „Partizipation" die Formen „Mitwirkung", „Mitbestimmung" und „Selbstbestimmung".

DIMENSION	FREMDBESTIMMUNG						SELBSTBESTIMMUNG/SELBSTORGANISATION			
Formen von (Nicht-) Partizipation	Fremdbestimmung oder Instrumentalisierung	Dekoration oder Anweisung	Alibi-Teilnahme	Teilhabe oder Anhörung	Einbeziehung	Mitwirkung	Mitbestimmung	Selbstbestimmung	Selbstverwaltung oder Selbstorganisation	
Typen	**Typ I:** Nicht-Partizipation		**Typ II:** Vorstufen der Partizipation; Pseudo- oder Schein-Beteiligung			**Typ III:** Partizipation			**Typ IV:** volle Autonomie; über Partizipation hinaus	
						PARTIZIPATIONSRAUM				

Abb. 2: Partizipationsmodell nach Mayrberger (2019). Quelle: Partizipative Mediendidaktik von K. Mayrberger, 2019, S. 106

Mitwirkung bedeutet, dass Teilnehmende Einfluss nehmen, aber nicht über die Umsetzung mitbestimmen können. Die Entscheidungsbefugnis ist der Unterschied zur *Mitbestimmung*, denn in dieser Partizipationsform werden Entscheidungen auf

Grundlage demokratischer Prinzipien getroffen, wobei alle Akteur:innen beteiligt sind. Die *Selbstbestimmung* beinhaltet darüber hinaus, dass die Studierenden die Initiative ergreifen und ihnen die gesamte Entscheidungsbefugnis hinsichtlich eines Vorhabens zufällt. Diese Partizipationsform ist zwischen *Mitbestimmung* und *Selbstbestimmung* angesiedelt, da die Studierenden zwar formal zur Teilnahme verpflichtet sind, die Ausgestaltung aber eigeninitiativ erfolgt.

Auf Basis dieser Aufschlüsselung konkretisierten wir den Partizipationsraum wie in Tabelle 2 dargelegt.

Tabelle 2: Konkretisierung des Partizipationsraums im ASSV-Modul

Partizipationsmöglichkeit	Mitbestimmung bis Selbstbestimmung	Mitbestimmung	Mitwirkung
Umsetzung im Modul	Reflexionsrunden: Alle Beteiligten können Themen bestimmen und diskutieren Punktepauschalen für die Umsetzung eigener Ideen	Vorlesungsteil Hot Chair: Alle Beteiligten können Themen und Formate einbringen/vorschlagen	Vorlesungsteil Skills Menu: Studierende wählen aus vorgegebenen Themenbereichen Schwerpunkte

Der Partizipationsraum sollte den Studierenden ermöglichen, ihre Feinlernziele selbst zu setzen und zu reflektieren, was die in Abschnitt 3 dargelegten Designansätze aufgreift. Er wurde aber letztlich durch die Rahmenbedingungen des Moduls eingeschränkt. Diese und weitere Herausforderungen legen wir im folgenden Abschnitt dar.

4. Herausforderungen im Modul

Zum Zeitpunkt der Artikelfinalisierung wurde das Modul drei Mal angeboten und über Feedbackbögen und Feedbackgespräche evaluiert. Daraus abgeleitete Ergebnisse flossen iterativ in das jeweils anschließende Semester ein. Insgesamt haben rund 20 Studierende das zweisemestrige Modul belegt, 12 haben Vorlesung und Praktikum abgeschlossen. Dieser Abschnitt schildert die vielfachen Herausforderungen in der ersten Konzeption und den ersten Durchführungen des Moduls. Diese lassen sich in vier Teilbereiche subsumieren: partizipatives Design, Rahmenbedingungen, Macht und Lernziele zum Kompetenzerwerb.

4.1 Herausforderung Partizipatives Design

Die Bereitschaft zur Partizipation muss seitens der Lehrenden/Betreuenden und der Teilnehmenden vorhanden sein. Mayrberger (2019, S. 108) schreibt hierzu: „Allgemein betrachtet, hängt Partizipation von der Bereitschaft der einen Seite ab, Verantwortung für Entscheidungen […] abzugeben und ebenso von der Bereitschaft und Kompetenz der anderen Seite, Verantwortung für Entscheidungen zu übernehmen." Wie wir beobachteten, war die Bereitschaft zur Übernahme von Entscheidungen seitens der Studierenden nur teilweise gegeben. So wurden Vorschläge zu Soft Skill-Workshops *angenommen*, aber im Entscheidungsprozess ließ sich kein wirklicher Aushandlungsprozess festmachen, auf dessen Basis die Entscheidung getroffen wurde. Ebenso kamen nur wenige Impulse zu Themen für Hot-Chair-Treffen. Der einzige explizite Themenwunsch für einen Workshop bezog sich darauf, Rekrutierungsmaßnahmen für die Gremienarbeit zu entwickeln. Genau dies sehen wir allerdings nicht als Aufgabe des Moduls, welches zu Gremienarbeit befähigen soll, nicht aber die Arbeit der Studierenden übernehmen kann. Es geht also um die Befähigung engagierter Studierender, weitere Studierende vom Wert des Engagements zu überzeugen. Die Verantwortung verbleibt bei den Studierenden.

Einen Grund für die fehlende Bereitschaft zur Partizipation vermuten wir in der Hochschulkultur. Ein Großteil der Lehrveranstaltungen an der Hochschule ist nicht-partizipativ gestaltet und so stellt dieses Modul zunächst etwas Ungewohntes dar, für das es keine erlernten Reaktionsmuster gibt. Diese Vermutung wird gestützt von Jenert et al. (2009), in deren Arbeitsbericht die Hochschule als Sozialisation der Beteiligten thematisiert wird.

4.2 Herausforderung Rahmenbedingungen

Beim Design von Lehrveranstaltungen müssen die hochschulseitig vorgegebenen Rahmenbedingungen beachtet werden (Ulrich, 2016). Bereits in der Konzeption erwiesen sich die Rahmenbedingungen der Hochschule stellenweise als Hürde. Es galt, Lehrveranstaltungsformate neu zu interpretieren, um das didaktisch ausgearbeitete Konzept in bestehende Lehrveranstaltungs- und Prüfungsformate einzupassen. So konnte den Anforderungen an Workload in Selbststudien- und Präsenzzeiten entsprochen werden. Dies hatte Auswirkungen auf mögliche Prüfungsformate. Zwar hat jede Hochschule hier eigene Regularien, doch gehen wir davon aus, dass die für das Modul benötigte Gestaltungsfreiheit an vielen Hochschulen eine Herausforderung ist. Gestaltungsfreiheit zu gewähren, stellt somit ein Desiderat dar.

Weiterhin ist Zeit eine wesentliche Herausforderung. Semesterzeiten und Gremienwahlrhythmen sind nicht aufeinander abgestimmt. Dies macht die Teilnahme nicht für alle Studierenden attraktiv. Um das Modul belegen zu können, musste eine Gremientätigkeit entweder geplant oder bereits vorhanden sein. Dies war ein Grund, warum das Modul über mehrere Semester belegbar und auch die Modulanmeldung unabhängig von Vorgaben der Vorlesungszeit sein musste.

4.3 Herausforderung Macht

Das Modul wurde und wird in einem dynamischen Spannungsfeld unterschiedlicher Interessen konzipiert und durchgeführt. Das Interesse der Hochschule ist eine aktive, engagierte Studierendenschaft (vgl. Abschnitt 2; Raffaele & Rediger, 2021). Weiterhin hat die Hochschule ein Interesse an der Aufrechterhaltung und Sicherung der Sonderaufgaben, die die studentischen Gremien übernehmen, wie beispielsweise die (anteilige) Organisation und Durchführung der Erstsemesterwoche. Solche studentischen Aktivitäten reduzieren potenziell Abbruchquoten, was für die Hochschule ein maßgeblicher Erfolgsfaktor ist.

Der implizite Auftrag an das Modul lautete somit, einen Anreiz zu schaffen, der die Gremientätigkeit ‚vergütet‘ und attraktiver für die Studierenden macht. Hier decken sich die Interessen der Hochschule mit denen der Studierenden.

Mit diesem impliziten Auftrag mussten wir in der Konzeption des Moduls einen Umgang finden. Letztlich definierten wir einen gesellschaftlichen Auftrag, den wir anhand des Stichworts *Empowerment* in die Lehr-Lernziele des Moduls einfließen ließen. Dies knüpft im weiteren Kontext an den *Students as Partners*-Ansatz (z.B. Matthews, 2017) an. Die Gestaltungsmacht, die Lehrende und Studierende im Modul teilen, kann sich potenziell auf die Hochschule auswirken. Aus diesem Grund sehen die Lehrenden im Modul ihre Rolle als Facilitator, nicht als Anwält:innen der Studierenden. Ein entsprechendes Ausfüllen der Rolle erschien grundlegend für alle Entscheidungen hinsichtlich der inhaltlichen Ausgestaltung des Moduls.

Ein weiterer Machtfaktor liegt in der Anrechnung der Gremientätigkeit. Während einige Aspekte des Punktesystems (vgl. Abschnitt 3.3) leicht dokumentierbar und nachvollziehbar sind, ist die Dokumentation von Sonderaufgaben in der Hand der Studierenden. Eine über ‚Wildcard‘ dokumentierte Gremientätigkeit wird durch den Vorsitz des Gremiums bestätigt. Diese Regelung erschien unerlässlich, etabliert aber ein Machtverhältnis zwischen Gremienvorsitz und der Person, die die ‚Wildcard‘ erhält. Aus unserer Sicht muss darauf geachtet werden, dass die Möglichkeit zum Modulabschluss nicht durch Gremienpolitik beeinflusst werden kann. Zugleich ist die faire soziale Interaktion und verantwortungsbewusste Ausübung von Vorsitztätigkeiten in studentischen Gremien Teil des Kompetenzzuwachses durch das Modul. Eine explizite Thematisierung in formaler und in inhaltlicher Richtung scheint aus unserer Sicht unumgänglich.

4.4   Herausforderung Lernziele und Kompetenzerwerb

Der Kompetenzerwerb und die damit verbundene Formulierung und Überprüfung der Lernziele stellen gleichzeitig Potenzial und Herausforderung dar. Die Gremientätigkeit kann als Spielwiese gesehen werden, in der Studierende Kompetenzen entwickeln, ausbauen und reflektieren können. Um formal den Kriterien der Module zu entsprechen, mussten Lernziele getrennt nach kognitiven (bzw. fachlichen) und überfachlichen Kompetenzen formuliert werden. Diese Trennung setzte sich formal in der Modulkonzeption fort (vgl. Abschnitt 3.2), weil die Bedingungen dies erforderten. Für eine zukunftsweisende Gestaltung plädieren wir auch hier für mehr Offenheit, die ein Erfassen der individuell bestehenden Kompetenzen der Studierenden einerseits ermöglicht und andererseits den möglichen Kompetenzerwerb durch die individuelle Gremientätigkeit berücksichtigt. Nicht jede Kompetenz kann in jedem Gremium weiterentwickelt werden.

Dieser Wunsch nach einer Integration fachlicher und überfachlicher Kompetenzen entspricht Punkt 5, den Erpenbeck (2020, S. 82) für die Hochschulen der Zukunft formuliert. Eine Dichotomie von Fachwissen und Softskills ist nicht zielführend und die Übersetzung von Lernergebnissen in Kompetenzen abzulehnen. Benötigt werden neue Ansätze, die Raum, Praxis und angeleitete Reflexion ermöglichen.

Gleichzeitig sehen wir, dass für die Kompetenzentwicklung bisher wenig Forschung Auskunft darüber gibt, wie die Ausgestaltung der Lehr-Lernsettings erfolgen kann oder sollte. Von entsprechenden Erkenntnissen würde das Modul profitieren.

5. Zusammenfassung und Ausblick

Das Kernelement des ASSV-Moduls ist die Partizipation Studierender durch ihre aktive Gremientätigkeit. In der Konzeption zeigte sich, dass alle Bestandteile des Moduls in einem Partizipationsraum angesiedelt werden müssen, der die Aushandlung und Ko-Konstruktion von Wissen und den Kompetenzerwerb ermöglicht. Insbesondere die Reflexionsrunden dienen diesem Ziel. Zugleich zeigte sich, dass das Prinzip ‚Partizipation' von allen Beteiligten im Modul angenommen und die Verantwortung dafür übernommen werden muss. Die Verantwortung der Lehrenden ist es, die Gestaltungsmacht für den Kurs mit den Studierenden zu teilen. Die Verantwortung der Studierenden ist es, dies anzunehmen. Die jeweiligen Hochschulrahmenbedingungen können die für eine erfolgreiche Durchführung erforderliche Partizipation erschweren oder fördern.

Der Kompetenzerwerb umfasst idealerweise fachliche und überfachliche Kompetenzen als Einheit. Anstatt vordefinierter Lernziele erscheint eine individuelle (Weiter-)Entwicklung von Kompetenzen sinnvoll und zukunftsfähig. Wie dies genau erfasst werden kann und wie Kompetenzerwerbsphasen konkret gestaltet sein können, ist derzeit nicht klar. In diesem Bereich besteht also ein Bedarf für weitere Forschung.

6. Literaturverzeichnis

Biggs, J., & Tang, C. (2015). Constructive Alignment: An Outcomes-Based Approach to Teaching Anatomy. In L. K. Chan & W. Pawlina (Hrsg.), *Teaching Anatomy: A Practical Guide* (S. 31–38). Springer International Publishing. https://doi.org/10.1007/978-3-319-08930-0_4

Ditzel, B., & Bergt, T. (2013). Studentische Partizipation als organisationale Herausforderung – Ergebnisse einer explorativen Studie. In S. M. Weber, M. Göhlich, A. Schröer, C. Fahrenwald & H. Macha (Hrsg.), *Organisation und Partizipation: Beiträge der Kommission Organisationspädagogik* (S. 177–186). Springer Fachmedien. https://doi.org/10.1007/978-3-658-00450-7_15

Erpenbeck, J. F. (2020). Hochschulen der Zukunft. In U.-D. Ehlers & S. A. Meertens (Hrsg.), *Studium der Zukunft – Absolvent(inn)en der Zukunft: Future Skills zwischen Theorie und Praxis* (S. 65–82). Springer Fachmedien. https://doi.org/10.1007/978-3-658-29427-4_4

Gregersen-Hermans, J., & Pusch, M. D. (2012). How to design and assess an intercultural learning experience. In *Building Cultural Competence*. Routledge.

Heilsberger, L. (2021). Politische Partizipation an Hochschulen. In F. Bätge, K. Effing, K. Möltgen-Sicking & T. Winter (Hrsg.), *Politische Partizipation* (S. 275–293). Springer Fachmedien. https://doi.org/10.1007/978-3-658-33985-2_15

Jenert, T., Moser, F. Z., Dommen, J., & Gebhardt, A. (2009). Lernkulturen an Hochschulen. Theoretische Überlegungen zur Betrachtung studentischen Lernens unter individueller, pädagogischer und organisationaler Perspektive. *St. Gallen: IWP-HSG*.

Matthews, K. E. (2017). Five propositions for genuine students as partners practice. *International Journal for Students as Partners*, *1*(2). https://doi.org/10.15173/ijsap.v1i2.3315

Mayrberger, K. (2019). *Partizipative Mediendidaktik: Gestaltung der (Hochschul-)Bildung unter den Bedingungen der Digitalisierung*. 1. Aufl. Beltz Juventa.

Raffaele, C., & Rediger, P. (2021). *Die Partizipation Studierender als Kriterium der Qualitätssicherung in Studium und Lehre*. *117*. https://www.hof.uni-halle.de/publikation/die-partizipation-studierender-als-kriterium-der-qualitaetssicherung-in-studium-und-lehre/

Schulze-Reichelt, F., & Wippermann, M. (2019). Die Bedeutung von Fachschaftsräten in der Studieneingangsphase am Beispiel der Universität Potsdam. *Alles auf Anfang! Befunde und Perspektiven zum Studieneingang*, 149–164.

Seidl, T. (2021). Förderung von Schlüsselkompetenzen. In R. Kordts-Freudinger, N. Schaper, A. Scholkmann, B. Szczyrba (Hrsg.), *Handbuch Hochschuldidaktik* (S. 117–128). wbv.

Ulrich, I. (2016). *Gute Lehre in der Hochschule*. Springer Fachmedien Wiesbaden. https://doi.org/10.1007/978-3-658-11922-5

Selina Gartner[1] & Erika Unterpertinger[2]

„Ich bin genauso Teil des Projekts irgendwie" – Studentische Partizipation auf Ebene von studentischer Mitarbeit

Zusammenfassung

Tutor:innen und Studienassistent:innen sind für studentische Partizipation zentral: Sie erhalten einerseits Einblicke in universitäre Strukturen, andererseits ermöglichen sie Partizipation für andere Studierende. Der vorliegende, explorative Beitrag greift dieses im österr. Hochschulkontext noch wenig erforschte Feld auf und erforscht die Selbstwahrnehmung von studentischen Mitarbeitenden als studentisch Partizipierende. Die thematische Analyse von zwei Gruppendiskussionen mit studentischen Mitarbeitenden zeigt, dass studentische Mitarbeitende ein starkes Bewusstsein für das Ermöglichen von Partizipation anderer Studierender haben, sich selbst aber häufig nicht als partizipierend wahrnehmen.

Schlüsselwörter

Studentische Partizipation, studentische Mitarbeitende, Tutorium, Lehren und Lernen, Peer-Ebene

---

1   Corresponding author; Universität Wien; selina.gartner@univie.ac.at; ORCID 0009-0006-8638-4448
2   Corresponding author; Universität Wien; erika.unterpertinger@univie.ac.at; ORCID 0000-0002-6723-7032

https://doi.org/10.21240/zfhe/19-03/10

"I'm somehow just as much a part of the project." – Exploring student participation at the level of student staff

Abstract

Student staff play an essential role in student participation. Tutors and study assistants gain insight into university structures, while also enabling other students to participate. This paper explores the self-perceptions of student staff as student participants, which is a relatively new area in the Austrian university context. A thematic analysis of two group discussions with students shows that tutors and study assistants have a strong awareness of facilitating the participation of other students, but often do not perceive themselves as participating.

Keywords

student participation, student tutors, tutorials, peer-level, teaching and learning

1. Einleitung

Studentische Partizipation wird in der Literatur unterschiedlich ausgelegt: Ditzel und Bergt (2013, S. 180) beschreiben ein Spektrum von Informations- über Kommunikations- bis hin zu (hochschul-)politischen Entscheidungsprozessen, die das „Herzstück" studentischer Partizipation ausmachen (Raffaele & Redinger, 2021, S. 10). Dazu gehören die Unterstützung von Kommiliton:innen, etwa durch Mentoring-Programme, und die Arbeit an strukturellen Veränderungen, wie sie die Österreichische Hochschüler:innenschaft (ÖH) anstrebt. Dieser breiten Definition schließt sich dieser Artikel an, da damit auch die Tätigkeit als studentische Mitarbeitende in dieses Spektrum eingereiht werden kann.

Studentische Mitarbeitende erleben und ermöglichen dieser Definition zufolge studentische Partizipation. Zum einen erhalten Studienassistent:innen (StudAss) und Tutor:innen (TUT)[3] einen Einblick in universitäre Strukturen und partizipieren selbst. Zum anderen ermöglichen sie durch ihre Positionierung zwischen Lehrenden und Studierenden auch Partizipation für andere Studierende (Bauer et al., 2020). Während sie eine wichtige Rolle in der Einbindung und Unterstützung der Studierenden auf fachlicher wie auf Ebene der akademischen Sozialisation einnehmen, wurde ihre Rolle für studentische Partizipation im österreichischen Hochschulkontext bislang noch nicht erforscht. Deshalb beschäftigt sich dieser Beitrag mit der Frage, welchen Einfluss die Tätigkeit und Selbstwahrnehmung studentischer Mitarbeitender auf ihre Wahrnehmung studentischer Partizipation hat.

Zur Beantwortung der Frage wurden zwei Gruppendiskussionen mit vier studentischen Mitarbeitenden durchgeführt und anhand einer thematischen Analyse ausgewertet. Der Beitrag präsentiert erste Ergebnisse und eröffnet weitere Fragen für das Forschungsfeld.

---

3 Studentische Mitarbeitende werden in Tutor:innen und Studienassistent:innen unterteilt. Für eine Erklärung der Tätigkeiten und Übersicht zur Tutorienarbeit in Österreich s. Unterpertinger (2024).

2. Studentische Partizipation und Zugehörigkeit

Forschung zu studentischer Partizipation bezieht sich bislang nicht auf die Selbstwahrnehmung von studentischen Mitarbeitenden. Um dem Rechnung zu tragen, wird in diesem Beitrag eine breite Definition von Partizipation gewählt. Hierbei wird Partizipation weiter als nur im Kontext politischer Partizipation gedacht. Ditzel und Bergt (2013, S. 180) zufolge ist die Interaktion mit der Organisation essenziell, um von studentischer Partizipation zu sprechen.

Dementsprechend wird studentische Partizipation auf einem Spektrum angesiedelt, das sich rund um (hochschul-)politische Entscheidungsprozesse bewegt. Im Rahmen dessen finden Informations- und Kommunikationsprozesse, die sich als Unterstützung von Kommiliton:innen, z.B. in Form von Beratung, struktureller Arbeit in Studierendenvertretungen oder Gremienarbeit äußern kann.

Ditzel und Bergt (2013, S. 179) beschreiben in ihrer explorativen Studie mit Studierenden drei kritische Phasen, die das Verhältnis bestimmen: die Orientierungsphase vor Studienbeginn, der Studienbeginn sowie verschiedene Wendepunkte. Wendepunkte bezeichnen beispielsweise studentische Mitarbeit oder den Studienabschluss; es liegt die Annahme nahe, dass solche Wendepunkte die Selbstwahrnehmung Studierender beeinflussen.

Diese Wendepunkte führen zu studentischer Beteiligung (*student involvement*, Astin, 1999, S. 518), womit das Engagement in wissenschaftlichen Aktivitäten gemeint ist, welches als zentraler Faktor für Lernerfolg gilt. Dieses Engagement ist von fünf Schlüsselelementen geprägt: physische und psychische Investition, Beteiligung an akademischen und sozialen Aktivitäten, Zeitaufwand für akademische und außerakademische Aktivitäten, erlebte Relevanz und Bedeutung der Aktivitäten sowie Einfluss des Engagements auf die akademische Leistung und persönliche Entwicklung (ebd., S. 519). Astin (1999, S. 522) spricht sich deshalb für einen spezifischen Lehrplan aus, welcher Studierende entsprechend fordern soll.

Bei Tinto (2017) steht Engagement mit Beharrlichkeit (*persistance*) in Verbindung, die sich aus Motivation, Selbstwirksamkeit und Zugehörigkeitsgefühl ergibt (ebd., S. 256). Diese These steht im Einklang mit der Self-Determination Theory (SDT) von Ryan und Deci (2000). Auch die SDT betont neben Autonomie und Kompetenz die Bedeutung von Zugehörigkeitsgefühlen. Laut SDT besteht ein starker Zusammenhang zwischen Zugehörigkeit und akademischem Erfolg, was sich in Kombination mit sozialer Eingebundenheit positiv auf studentische Motivation auswirkt.

Studentische Zugehörigkeit bezieht sich nach Goodenow (1993) auf die Verbundenheit mit und Akzeptanz durch Peers und Universitätspersonal. Ahn und Davis (2020, S. 626) beschreiben vier Domänen von Zugehörigkeit: *academic engagement*, *social engagement*, *surroundings* und *personal space*. Drei dieser Domänen können durch studentische Mitarbeitende beeinflusst werden, da sie Beteiligung an außer- und inneruniversitären Aktivitäten und damit soziales Engagement fördern können, was sich positiv auf Zugehörigkeitsgefühle auswirkt (Ahn & Davis, 2020; Meehan & Howells, 2019; Thies & Falk, 2023). Dies ist entscheidend für einen positiven Übergang in die Universität (Tinto, 2012).

Während soziales Engagement als wichtigster Faktor für Zugehörigkeit (*belonging*) gilt (Ahn & Davis, 2020), zeigte eine jüngere Studie, dass *social engagement* nicht immer direkt mit Zugehörigkeitsgefühlen verbunden ist, insbesondere bei Studierenden aus benachteiligten Hintergründen (Ahn & Davis, 2023).

Studentische Partizipation und Zugehörigkeit haben großen Einfluss auf Lernmotivation und Studienerfolg, das heißt, dass sich ihre Erfahrungen in der Tätigkeit positiv auf die Studiererfahrung studentischer Mitarbeitender auswirken kann. Es bleibt unklar, bei welchen sozialen Aktivitäten ein direkter Zusammenhang der beiden Faktoren besteht. In diesem Beitrag liegt deshalb ein Schwerpunkt auf sozialen Aktivitäten im Zusammenhang mit der Arbeit mit Studierenden auf Peer-Ebene.

Zuletzt wird die affektive Ebene z.B. bei Ryan und Deci (2000) als Faktor wahrgenommen, aber nicht gesondert erforscht. Um diese Ebene sichtbar zu machen, wurde in der vorliegenden Studie ein explorativer, qualitativer Zugang gewählt, der es ermöglicht, den Gefühlen der Teilnehmenden Raum zu geben.

3. Feldzugang und Methode

Zur Beantwortung der Forschungsfrage wurde das Format der Gruppendiskussion (Vogl, 2019) gewählt. Eine Einladung zur Gruppendiskussion wurde im Januar 2024 via Moodle über das Center for Teaching and Learning (CTL) der Universität Wien versandt und hat potenziell 380 studentische Mitarbeitende erreicht. Vier Interessierte meldeten sich und wurden aufgrund ihrer Verfügbarkeit auf zwei Termine verteilt.

Eine Autorin übernahm die Rolle der Interviewführenden, während die zweite Autorin als Beobachtende interessante Aussagen notierte. Die Interviews fanden in Räumen des CTL statt und folgten einem halbstrukturierten Leitfaden mit sieben Fragen und ergänzenden Nachfragen. Die Teilnehmenden beschrieben zunächst ihre Tätigkeit und Motivation, bevor sie zu studentischer Partizipation befragt wurden.

Datenschutzkonforme Basistranskripte wurden erstellt und anhand der thematischen Analyse (Braun & Clarke, 2012) mit MAXQDA ausgewertet. Ein erster Codierleitfaden wurde deduktiv erstellt und während des Codierprozesses induktiv angepasst. Jede Forscherin codierte ein Transkript, das dann von der anderen geprüft wurde. Der finale Codierleitfaden besteht aus sechs übergreifenden Themen mit untergeordneten Codes, die diese genauer fassen: Gefühle von Zugehörigkeit, mit der Arbeit verbundene Emotionen, Organisation Universität, Umsetzen der eigenen Tätigkeit, Verständnisse von Partizipation, Wahrnehmung der eigenen Rolle.

Nach Abschluss des Codierprozesses erhielten die Teilnehmenden die codierten Transkripte zur Überprüfung und Kommentierung, um sie in die Dateninterpretation einzubeziehen. Zwei von vier Teilnehmenden kommentierten die Codes, was in die Datenanalyse einfloss. Den Teilnehmenden wurde angeboten, namentlich als Beitragende erwähnt zu werden, was sie ablehnten.

3.1 Die Teilnehmenden: Fallvignetten

Alle vier Teilnehmenden sind studentische Mitarbeiterinnen an der Universität Wien. Zwei studieren im Master, zwei im Bachelor. Sie verfügen zwischen einem und sechs Semestern an Erfahrung in ihren aktuellen Tätigkeiten; zwei Personen bewegen sich im fachlichen Kontext als TUT (P1 und P3), eine Person (P4) ist im fachlichen und eine Person (P2) in einem überfachlichen Kontext als StudAss tätig. Tabelle 1 gibt einen Überblick über ihre demografischen Daten.

Tab. 1: Überblick über die Teilnehmenden

TN	Studienrichtung im Fächercluster	Studienlevel	Vorerfahrungen	Tätigkeit	Länge der Tätigkeit
P1	Geisteswissenschaften	Master	Mentoring-Programme der Uni Wien (2 Semester);	Fachlich & überfachlich	1,5 Jahre
P2	Sozialwissenschaften	Bachelor	Mentoring-Programme der Uni Wien (3 Semester);	Überfachlich	3 Jahre
P3	Geisteswissenschaften	Bachelor	STV-Tätigkeit[4]; Nachhilfe;	Fachlich	2 Semester
P4	Sozialwissenschaften	Master	STV-Tätigkeit; Nachhilfe;	Fachlich	1 Semester (aktuell nicht aktiv)

---

4   Studienrichtungsvertretung (STV), in Deutschland auch „Fachschaft" genannt. Die STV vertritt die Interessen der Studierenden ihrer Studienrichtung auf Ebene der Fächer.

P1 studiert ein geisteswissenschaftliches Studium im Master und vereint zwei Rollen in sich. In ihrer fachlichen Tätigkeit ist sie TUT, dazu kommt eine überfachliche Tätigkeit als StudAss in enger Zusammenarbeit mit Lehrenden. Für die fachliche Tätigkeit hat sie sich „gar nicht beworben, sondern wurde von meiner SPL[5] gefragt" (I1: 73). Für die überfachliche Tätigkeit hat sie sich wegen des Wunsches nach finanzieller Unabhängigkeit und der institutionellen Verankerung – „weil es am [zentrale Abteilung der Universität] ist" (I1: 73) – beworben.

P2 studiert ein sozialwissenschaftliches Studium im Bachelor und ist vorrangig in überfachlichen Kontexten tätig, wobei sie engen Kontakt mit Studierenden hat. Sie hat sich aus fachlichem Interesse und weil sie zum Zeitpunkt ihrer Bewerbung im Jahr 2021 „ur viel Zeit" hatte und das Gefühl hatte sie „könnte mit der Zeit was anfangen" (I1: 74) beworben.

P3 studiert ein geisteswissenschaftliches Studium im Bachelor und ist TUT für eine Lehrveranstaltung zu Studienanfang. Sie hat sich für ihre Stelle beworben, weil sie „die Erfahrung machen [wollte], mal auf der anderen Seite zu sein" (I2: 24).

P4 ist in einem sozialwissenschaftlichen Studium im Master und hat als TUT Studierende in einem Projekt begleitet. Diese Begleitung bestand aus einem Tutorium und der Mitarbeit an einer Veranstaltung, die im Rahmen des Projektes veranstaltet wurde. Sie hat sich, ähnlich wie P3, aus dem Interesse heraus beworben, um zu sehen, „wie wäre es, da zu arbeiten?" (I2: 182).

Die Teilnehmenden erfüllen in ihren jeweiligen Rollen unterschiedliche Funktionen; ihre Erfahrungen bleiben dabei relativ homogen. Alle hatten in unterschiedlichen Kontexten – Mentoring-Programmen und der Arbeit als Studienrichtungsvertretung (STV) – schon erste Erfahrungen in der Beratung und Begleitung von Studierenden gesammelt. Zwei nennen das Interesse, auf der ‚anderen Seite' zu stehen und Lehrerfahrung zu sammeln. Bei P1 war die Beschäftigung an der zentralen Abteilung der Universität Wien mit ein Grund für die Bewerbung.

---

5   Studienprogrammleitung, Institutsleitung

4. Ergebnisse

Anders als Definitionen von studentischer Partizipation in der Literatur wie etwa von Ditzel und Bergt (2013), definieren die vier Teilnehmerinnen studentische Partizipation aus zwei Perspektiven heraus: zum einen beschreiben sie ihr Verständnis von studentischer Partizipation aufseiten der Studierenden, die im Rahmen der Lehre gefördert werden kann. Zum anderen sind auch sie studentisch Partizipierende.

4.1 Partizipation aus Studierendenperspektive

Auf Ebene der Studierenden bewegen sich die Beschreibungen der Teilnehmenden auf einem Spektrum von aktivem Mitdenken bis hin zu „ins Tun kommen" (P2, I1: 79). Die genannten Beispiele entsprechen den fünf Schlüsselelementen von *student involvement* (Astin, 1999, S. 519).

Eines dieser Schlüsselelemente ist die Beteiligung an akademischen und sozialen Aktivitäten (ebd.). Laut zwei Teilnehmenden zählt es nicht als Partizipation, „wenn man nur eingeschrieben ist, quasi aber gar nichts, also auch an keiner Arbeit oder so schreibt" (P1, I1: 94) – wenn also geringes *involvement* vorliegt. Werden Studierende hingegen für ihr eigenes Studium aktiv, erfüllen sie laut den Teilnehmenden die Grundvoraussetzung für studentische Partizipation. Dies könne im Tutorium, in der Lehre und auf curricularer Ebene unterstützt werden. So entstehe Partizipation durch den Kontakt zu anderen Studierenden durch unterschiedliche soziale Aktivitäten, etwa eigens geschaffenen Lehrveranstaltungen (P1, I1: 99) oder die gezielte didaktische Gestaltung von Tutorien und Lehrveranstaltungen. Die Teilnehmenden nennen hierfür verschiedene Beispiele, wobei auffällt, dass sie Partizipation mit (fachlichem) Interesse und Interaktion gleichsetzen.

Die Teilnehmenden nehmen Tutorien als Weg, fachlich zu partizipieren, wahr, während hochschulpolitisches Engagement (z.B. in Form von STV- und ÖH-Tätigkeiten) als Weg der sozialen Partizipation gesehen wird. Daneben werden Sportkurse (z.B. am Universitätssportinstitut) und das Engagement im Rahmen von Mentoring-Programmen als weitere Wege der Partizipation genannt. In allen Fällen erleben die

Studierenden die Relevanz und Bedeutung der jeweiligen Aktivität auf unterschiedlichen Ebenen, wobei die genannten Formen auch außerakademisch zur Persönlichkeitsentwicklung beitragen (Astin, 1999, S. 519).

Nicht alle Studierende partizipieren aktiv am Hochschulleben; vielmehr sei es „oft einfach echt schwierig zu erreichen, dass Leute wirklich teilnehmen" (P3, I2: 44). Dies kann daran liegen, dass Studierenden aufgrund von Erwerbstätigkeit, Betreuungspflichten oder anderen Faktoren wenig Zeit zur Partizipation in außercurricularen Aktivitäten bleibt. Auch wenn Ahn und Davis (2020, S. 626) die Verfügbarkeit von Zeit nicht als Faktor des *personal space* benennen, ist es wichtig, sie in Bezug auf studentische Partizipation zu beachten.

4.2 Partizipation als studentische Mitarbeitende

Durch ihre Tätigkeit als TUT und StudAss im fachlichen und überfachlichen Kontext erleben die Befragten sich als studentisch partizipierend. Die Tätigkeit als studentische Mitarbeitende ist eine metaphorische Raumnahme, wie P2 es beschreibt: „Die Uni fühlt sich seitdem irgendwie ein bisschen mehr wie mein Space halt auch an" (I1: 109). Wie Ryan und Deci (2000, S. 65) betonen, wirken sich positive Erfahrungen auf die intrinsische Motivation aus. Das Gefühl, Teil der Institution zu sein, ist dementsprechend für die Motivation studentischer Mitarbeitender von großer Bedeutung (Tinto, 2017, S. 256).

Nicht an allen Studienrichtungen ist dies auf dieselbe Art und Weise möglich. Auch unter den vier Teilnehmenden zeigen sich deutliche Unterschiede in Bezug auf die Einbindung ins Institut. P1 wird in ihrer fachlichen Tätigkeit zwar sichtbar, in ihrer überfachlichen Tätigkeit aber nicht (I1: 173). P4 beschreibt, dass sie zwar nicht als TUT am Institut bekannt ist, durch die Einbindung in ein Publikationsprojekt jedoch durchaus das Gefühl hat: „Ich bin genauso Teil des Projektes irgendwie" (I2: 59).

Die Einbindung von studentischen Mitarbeitenden ist eng an die Institutskultur und damit verbundene, implizite Praktiken gebunden (P3, I2: 153). Die Befragten empfinden ein stärkeres Gefühl von Zugehörigkeit, wenn sie in ihrer Leistung ins Institut hinein sichtbar werden und Wertschätzung erfahren (Tinto, 2017, S. 256). Dieses Gefühl kann durch den Blick in die Hintergründe von Lehre verstärkt werden. Das kann jedoch auch desillusionierend wirken. So beschreibt P4, sie sei „manchmal enttäuscht, wenn man merkt, dass Leute nicht so gut vorbereitet sind" (I2: 150). Dabei sehen sowohl Astin (1999, S. 522) als auch Tinto (2017, S. 258–259) den Lehrplan als zentralen Einflussfaktor für studentische Partizipation. Demgegenüber steht der Konsens der Interviewten, „dass zwar studentische Partizipation gefordert wird, aber von Lehrendenseiten bzw. Institutsseite relativ wenig dafür gemacht wird" (P1, I1: 94). In diese Enttäuschung fließt auch die Wahrnehmung von zeitlichen Limitationen.

Ein Gefühl von Nähe zeigt sich nicht immer; so beschreibt P1 in Bezug auf die überfachliche Tätigkeit, dass sie nicht das Gefühl habe, „dass ich da irgendwie was jetzt mitreden kann bei den Lehrpersonen" (I1: 98). Dies zeigt eine Schwierigkeit der überfachlichen Tätigkeit, was eng mit der Definition und Kommunikation der eigenen Rolle nach außen verbunden ist.

Die Arbeit in der STV und vor allem bei der ÖH wird von den Teilnehmenden als die Ebene gesehen, wo man „wirklich irgendwie für Veränderungen sorgen" kann (P1, I1: 107). Beim hochschulpolitischen Engagement in der STV wird trotzdem ein Unterschied nach Seniorität (die sich „besser" auskennen, P3, I2: 128) und dem Status gewählt/nicht gewählt gemacht. So haben beide Teilnehmenden, die sich in der STV engagiert haben, dies nicht mit dem Stichwort ‚studentische Partizipation' verbunden, da sie beide nicht gewählte Vertreterinnen waren.

5. Diskussion

Im Rahmen der Analyse wurden vier Themenfelder deutlich, die im Folgenden diskutiert werden. Die befragten studentischen Mitarbeiterinnen leisten, wie die Darstellung der Ergebnisse zeigt, einen deutlichen Beitrag zur Partizipation von Studierenden, dabei nehmen sie sich selbst nicht unbedingt als partizipierend wahr – im Gegenteil ist ihnen erst im Laufe der Gruppendiskussion klargeworden, dass sie auch partizipieren.

5.1 Studentische Mitarbeit als Wendepunkt

In Übereinstimmung mit Ditzel und Bergt (2013) wird die studentische Mitarbeit als Wendepunkt in der eigenen Partizipation hervorgehoben. Die Befragten konnten neue Einblicke und Erkenntnisse und „so einen anderen Blick" auf die Institution erhalten (P4, I2: 183), haben dies aber nicht bewusst mit studentischer Partizipation verbunden. Im Gegenteil lag der Fokus beider Gruppendiskussionen stärker auf der Aktivierung der Studierenden. Dagegen steht der Einfluss der Tätigkeit als studentische Mitarbeiterin auf die eigene Selbstwahrnehmung in der Institution.

Wurde universitäre Lehre vorher noch als etwas „Unerreichbares" (P4, I2: 183) wahrgenommen, beschrieben zwei der Befragten, eine bessere Vorstellung von der Lehrtätigkeit zu haben und Entscheidungen der Lehrpersonen besser nachvollziehen zu können (P1, I1: 110). Durch ihre Rolle als Vermittler:innen (P1, I1: 139) oder „Sprachrohr" zwischen Lehrenden und Studierenden besteht bei den studentischen Mitarbeitenden ein stärkeres Bewusstsein für Studierende als Individuen, die sich innerhalb des Komplexes Universität bewegen (Unterpertinger, 2024, S. 267).

Aus dieser Rolle heraus entsteht die studentische Partizipation der Befragten. Sie entwickeln ein Bewusstsein für Herausforderungen für Lehrpersonen – Unsicherheiten und Zeitmangel sind nur zwei der genannten Beispiele (P1, I1: 139) – und können in Antwort darauf aktiv werden. Dies ist nicht selten mit starken Affekten verbunden. So war eine Person „ein bisschen geschockt", dass Lehrende „eigentlich auch machen (können), was sie wollen" (P4, I2: 185) und dies nicht besser nutzen.

5.2   Zwischen Unsicherheit und „voll schön"

Es wirken sowohl positive als auch negative Affekte als Motoren für Partizipation studentischer Mitarbeitender, was den Ergebnissen von Ryan und Deci (2000) sowie Tinto (2017) entspricht.

Negative Affekte, etwa Unsicherheiten, können Partizipation hemmen. Unsicherheiten entstehen aus fehlender Kommunikation von Rahmenbedingungen, Aufgaben und Verantwortlichkeiten sowie der Abwesenheit von Ansprechpersonen. Da die Tätigkeit studentischer Mitarbeitender divers ist, ist eine klare Kommunikation darüber, was ihre Rolle beinhaltet und was nicht, essenziell. Das Fehlen von oder die mangelnde Kommunikation durch Ansprechpersonen kann die Unsicherheit verstärken. Dies liegt auch an der Unklarheit, welche Fragen überhaupt gestellt werden können. Die Befragten beschreiben deutlich, dass ein gutes Verhältnis zu Zuständigen zu mehr Sicherheit in der eigenen Rolle führt.

Ist die eigene Rolle geklärt, können negative Affekte wie der zuvor beschriebene Schock auch produktiv wirken. So hat für P3 die Erkenntnis, dass Lehrende „machen (können), was sie wollen" (I2: 186) dazu geführt, dass sie sich mehr Freiheiten in der Gestaltung ihres Tutoriums genommen hat.

Positive Gefühle dominieren in den Gruppendiskussionen in Bezug auf die eigene Tätigkeit: Die studentischen Mitarbeitenden erfahren durch ihre Interaktion mit Studierenden Selbstwirksamkeit, wovon sie stolz erzählen und was sie als „voll schön" (P1, I2: 189) empfinden. Die Einbindung am Institut bzw. ins jeweilige Projekt stärkt das Gefühl, Teil der Institution zu sein, und trägt damit zum Erfahren von Selbstwirksamkeit bei (Ryan & Deci, 2000, S. 65).

5.3   Zwischen Nähe und Distanz

Abhängig vom Rollenverständnis ergeben sich Spannungsfelder zwischen den verschiedenen Akteur:innen, mit denen studentische Mitarbeitende in Kontakt stehen. Dies wird davon beeinflusst, wie professionell sie sich wahrnehmen. Im fachlichen

Kontext bewegen sich viele – so auch P3 und P4 – zwischen Peer-Ebene und dem Gestalten von Lehrveranstaltungsformaten (Unterpertinger, 2024).

Die Nähe zu den Studierenden hängt von der Gruppengröße ab. P3 arbeitet mit Gruppengrößen von ca. 30–50 Personen. In diesem Kontext ist es schwierig, eng mit Studierenden zu arbeiten, deshalb beruft sie sich in der Gruppendiskussion auf ihr Bemühen, die Studierenden mit der eigenen Begeisterung zu motivieren. P4 hingegen hat eine Gruppe von fünf Personen im selben Semester betreut. Sie beschreibt sich als „gut vorbereitet", „kompetent" (I2: 22) und „interessiert" (I2: 24) und macht keinen Unterschied zwischen sich und den Studierenden. Die Arbeit auf Peer-Ebene gelingt, solange die Interaktion mit Lehrenden nicht stört: P4 äußert sich etwa besorgt darüber, dass gemeinsame Auftritte mit den Lehrenden ihre Bemühungen untergraben (I2: 41).

P1 und P2 beschreiben für den überfachlichen Kontext mehr Distanz. Sie bewegen sich beide mehr auf einer Meta-Ebene, sowohl in Interaktion mit Lehrenden als auch Studierenden, und treten stärker als Expertinnen für kleine Teilbereiche auf. Darin erfahren sie Selbstwirksamkeit, allerdings nur, wenn die Grenzen der jeweiligen Tätigkeit(en) klar abgesteckt sind (P2, I1: 185). In der Interaktion mit Studierenden kann die Peer-Ebene bestehenbleiben; P1 spricht etwa in diesem Zusammenhang von „Containment". Unter Containment versteht man die Fähigkeit, die Emotionen der Studierenden aufzufangen und gegebenenfalls zu erklären (Bion, 1962). P2 (I1: 68) beschreibt, wie sie Studierenden einen Raum gibt, um Frust abzulassen und produktive Lernräume zu schaffen. Dies wird vorrangig durch die Positionierung im überfachlichen Kontext möglich. Solche psychoemotionalen Räume müssen gehalten werden; ist die Rolle nicht klar abgesteckt, kann diese Art der Arbeit mit Studierenden schnell vereinnahmend wirken (P1, I1: 182).

Die Rollenklärung erfolgt idealerweise in Abstimmung mit den Zuständigen, um den institutionellen Rahmen und das eigene Handlungsfeld in Einklang zu bringen. Die Unterscheidung zwischen institutionellem Rahmen und eigenem Handlungsfeld ist dabei essenziell, um die eigenen Aufgaben und Verantwortlichkeiten klar zu definieren und effektiv zu erfüllen.

6. Conclusio

Die Untersuchung der Wahrnehmung von Partizipation auf Ebene der studentischen Mitarbeitenden zeigt auf, dass studentische Partizipation nicht nur in der aktiven Teilnahme an Lehre und curricularen Aktivitäten besteht, sondern auch in der sozialen und hochschulpolitischen Einbindung. Das Zugehörigkeitsgefühl, das durch die Partizipation entsteht, erleben die Teilnehmenden auf unterschiedlichen Ebenen, es wird jedoch durch die Institutskultur und die Anerkennung, die sie als studentische Mitarbeiterinnen erfahren, maßgeblich beeinflusst.

Studentische Mitarbeitende nehmen eine bedeutende, oft unterschätzte Rolle im universitären Kontext ein (Unterpertinger, 2024). Die Teilnehmenden der Studie erleben und ermöglichen Partizipation, wobei ihre Tätigkeit als TUT und StudAss einen Wendepunkt in ihrer eigenen universitären Selbstwahrnehmung darstellt (Ditzel & Bergt, 2013). Diese Positionierung zwischen Lehrenden und Studierenden eröffnet ihnen neue Einblicke in universitäre Strukturen und Herausforderungen, was ihr Verständnis und ihre Wertschätzung für die Komplexität akademischer Institutionen vertieft (Bauer et al., 2020).

Eine gut funktionierende Vernetzung und der Austausch der studentischen Mitarbeitenden untereinander sind entscheidend, um ihnen Sicherheit zu geben und ihre Partizipation für sie selbst erfahrbar zu machen (Tinto, 2017, S. 256). Es gibt studentische Mitarbeitende, die an ihren Instituten stark eingebunden und gut vernetzt sind, während andere in ihrer Funktion nicht wahrgenommen werden. Regelmäßige Vernetzungstreffen können dazu beitragen, das Zugehörigkeitsgefühl zu stärken.

Unsicherheiten bzw. die emotionale Ebene sind selten Fokus dieses Forschungsdiskurses. Die vorliegende Studie zeigt aber, dass sie die Selbstwahrnehmung der studentischen Mitarbeitenden bedeutend prägen. Die Doppelrolle Studierende:r – studentische:r Mitarbeiter:in ist mit Unsicherheiten verbunden, die aus fehlenden Ansprechstellen und mangelnder Qualifizierung resultieren. Um diese Unsicherheiten zu reduzieren, sind Qualifizierungsprogramme und ähnliche Maßnahmen essenziell (Dreo, 2023). Diese Programme können laut den Teilnehmenden dazu beitragen,

Kompetenzen zu stärken und den studentischen Mitarbeitenden mehr Sicherheit zu geben.

6.1 Limitationen

Bei der vorliegenden Studie handelt es sich um eine explorative Studie, entsprechend wurden wenige Teilnehmende befragt. Trotz ihrer differenzierten Tätigkeitsfelder herrscht eine relative Homogenität in Bezug auf die Erfahrungen der Teilnehmenden. Dies stellt eine weitere Einschränkung dar; ein diverseres Sample hinsichtlich individueller Erfahrungen könnte zusätzliche Perspektiven zu dieser Thematik liefern. Eine Vertiefung der Studie durch Fokusgruppen mit einer größeren Bandbreite studentischer Mitarbeitender könnte wertvolle Einblicke ermöglichen.

Eine weitere Einschränkung betrifft die Rolle einer der Autorinnen als zentrale Ansprechperson für eine der Teilnehmenden. Dementsprechend könnte das Interview in bestimmten Hinsichten verzerrt sein.

6.2 Ausblick

Anknüpfungspunkte für diese Studie bietet v.a. die Vertiefung der Erhebung durch die Akquise weiterer studentischer Mitarbeitenden aus mehreren Hochschulen. Hierfür können Fokusgruppen als geeignete Methode für eine verbesserte Interaktion zwischen den Teilnehmenden herangezogen werden.

Die Tätigkeiten von studentischen Mitarbeitenden sind vielfältig, wie der kleine Einblick der vorliegenden Studie zeigt. Die Teilnehmenden erfüllen unterschiedliche Funktionen, berichten aber über homogene Erfahrungen. Dies gilt es in zukünftigen Studien weiter zu differenzieren, insbesondere im Hinblick auf die Rolle, die studentische Mitarbeitende als Vermittler:innen zwischen Lehrenden und Lernenden im universitären Kontext einnehmen. Dasselbe gilt für den Einfluss der Selbstwahrnehmung und der damit verbundenen Gefühle hinsichtlich studentischer Partizipation.

7. Literaturverzeichnis

Ahn, M. Y., & Davis, H. H. (2020). Four domains of students' sense of belonging to university. *Studies in Higher Education, 45*(3), 622–634. https://doi.org/10.1080/03075079.2018.1564902

Ahn, M. Y., & Davis, H. H. (2023). Students' sense of belonging and their socio-economic status in higher education: a quantitative approach. *Teaching in Higher Education, 28*(1), 136–149. https://doi-org/10.1080/13562517.2020.1778664

Astin, A. W. (1999). Student involvement: A developmental theory for higher education. *Journal of College Student Development, 40*(5), 518–529.

Bauer, M., Sommer, R., & Traub, S. (2020). Tutor*innenqualifizierung als Instrument der wissenschaftlichen Nachwuchsförderung. *Zeitschrift für Hochschulentwicklung, 15*(4), https://doi.org/10.3217/zfhe-15-04/03

Bion, W. R. (1962). *Learning from experience.* Heinemann.

Braun, V., & Clarke, V. (2012). Thematic analysis. In H. Cooper, P. M. Camic, D. L. Long, A. T. Panter, D. Rindskopf & K. J. Sher (Hrsg.), *APA handbook of research methods in psychology, Vol 2: Research designs: Quantitative, qualitative, neuropsychological, and biological* (S. 57–71). American Psychological Association. https://doi.org/10.1037/13620-004

Ditzel, B., & Bergt, T. (2013). Studentische Partizipation als organisationale Herausforderung – Ergebnisse einer explorativen Studie. In S. M. Weber, M. Göhlich, A. Schröer, C. Fahrenwald & H. Macha (Hrsg.), *Organisation und Partizipation: Beiträge der Kommission Organisationspädagogik* (S. 177–186). Springer Fachmedien. https://doi.org/10.1007/978-3-658-00450-7_15

Dreo, K. (2023). *Die Qual an der Universität Wien Qualifizierung studentischer Multiplikator*innen als Querschnittsthema. Treffen des Netzwerks für Tutorienarbeit an Hochschulen.* Universität Wien, 16. –17.11.2023.

Goodenow, C. (1993). The psychological sense of school membership among adolescents: Scale development and educational correlates. *Psychology in the Schools, 30*(1), 79–90. https://doi.org/10.1002/1520-6807(199301)30:1<79::AID-PITS2310300113>3.0.CO;2-X

Meehan, C., & Howells, K. (2019). In search of the feeling of 'belonging' in higher education: Undergraduate students transition into higher education. *Journal of Further and Higher Education*, *43*(10), 1376–1390. https://doi.org/10.1080/0309877X.2018.1490702

Raffaele, C., & Rediger, P. (2021). Die Partizipation Studierender als Kriterium der Qualitätssicherung in Studium und Lehre (117; HoF-Arbeitsbericht, S. 51). Martin-Luther-Universität. https://www.hof.uni-halle.de/web/dateien/pdf/ab_117.pdf

Ryan, R. M., & Deci, E. L. (2000). Intrinsic and Extrinsic Motivations: Classic Definitions and New Directions. *Contemporary Educational Psychology*, *25*(1), 54–67. https://doi.org/10.1006/ceps.1999.1020

Thies, T., & Falk, S. (2023). International Students in Higher Education: Extracurricular Activities and Social Interactions as Predictors of University Belonging. *Research in Higher Education, 64*(8), 1143–1164. https://doi-org/10.1007/s11162-023-09734-x

Tinto, V. (2012). *Leaving college: rethinking the causes and cures of student attrition* (2. Aufl.). Univ. of Chicago Press.

Tinto, V. (2017). Through the eyes of students. *Journal of College Student Retention: Research, Theory and Practice, 19*(3), 254–269. https://doi.org/10.1177/1521025115621917

Unterpertinger, E. (2024). Tutor:innenarbeit in Österreich am Beispiel der Basisausbildung für Tutor:innen und Studienassistent:innen an der Universität Wien. In M. Heyner, L. Pfeiffer, S. Wanko, S. Wiemer & L. Wolff (Hrsg.), *Vernetzt. Mittendrin. Auf Augenhöhe. 15 Jahre Netzwerk Tutorienarbeit an* (S. 257–270). HAW Hamburg. https://doi.org/10.48441/4427.1846

Vogl, S. (2019). Gruppendiskussion. In N. Baur & J. Blasius (Hrsg.), *Handbuch Methoden der empirischen Sozialforschung* (S. 695–700). Springer Fachmedien. https://doi.org/10.1007/978-3-658-21308-4_46

Verena Köstler[1], Jonas Krinninger[2], Martina Gallenmüller[3],
Hannes Birnkammerer[4] & Jutta Mägdefrau[5]

Studierendenpartizipation in der Studiengangsentwicklung

Zusammenfassung

Die Frage nach der Partizipation von Studierenden an Hochschulen ist nicht nur auf der Ebene von Lehrveranstaltungen, sondern auch für die Qualitätssicherung und -entwicklung auf Studiengangsebene zentral. Der Beitrag betont ausgehend von Befunden der Hochschulforschung zu „student voice" die Notwendigkeit, Studierende systematisch und frühzeitig in Weiterentwicklungsprozesse von Studiengängen einzubinden. Ein dafür entwickeltes datengestütztes und als OER verfügbares Verfahren wird methodisch und mit handlungsleitenden Empfehlungen vorgestellt sowie im Hinblick auf die nachhaltige Implementation in Hochschulentwicklungsprozesse diskutiert.

Schlüsselwörter

Studierendenpartizipation, Studiengangsentwicklung, Hochschuldidaktik, datengestütztes Vorgehen, OER

1 Corresponding author; Universität Passau; verena.koestler@uni-passau.de; ORCID 0009-0000-1855-8422
2 Universität Passau; jonas.krinninger@uni-passau.de; ORCID 0009-0009-1141-9281
3 Universität Passau; martina.gallenmueller@hs-kempten.de; ORCID 0009-0007-6464-7574
4 Universität Passau; hannes.birnkammerer@uni-passau.de; ORCID 0009-0008-4376-0866
5 Universität Passau; jutta.maegdefrau@uni-passau.de; ORCID 0000-0003-3512-4380

https://doi.org/10.21240/zfhe/19-03/11

Student participation in the development of degree programmes

Abstract

Student participation at universities is not only central at the course level, but also for quality assurance and development at the degree-programme level. Based on findings from higher education research on "student voice", this paper emphasises the need to involve students systematically and at an early stage in the further development processes of degree programmes. A data-driven procedure developed for this purpose and available as an open educational resource (OER) is presented methodically and with recommendations for action, followed by a discussion of its sustainable implementation in higher education development processes.

Keywords

student participation, degree programme development, higher education, data-driven procedure, OER

1. Einleitung

Partizipation von Studierenden ist bei der Weiterentwicklung von Studium und Lehre im Hochschulsystem nicht mehr wegzudenken. Insbesondere im Zuge des Bologna-Prozesses wurde studentische Partizipation als Kriterium für die Qualitätssicherung bedeutsam (ESG, 2015; Lippert, 2005; Raffaele & Rediger, 2021). Explizite rechtliche Regelungen für deutsche Hochschulen finden sich in Artikel 6 des Hochschulrahmengesetzes: „Die Studierenden sind bei der Bewertung der Qualität der Lehre zu beteiligen" (HRG, Art. 6). Auch stehen die Hochschulen in der Pflicht, Inhalte und Formen des Studiums beständig weiterzuentwickeln (HRG, Art. 8). Im Studienakkreditierungsvertrag (Art. 3) findet sich hierzu, dass Studierende maßgeblich an den Verfahren zur Sicherung und Entwicklung der Qualität in Studium und Lehre zu beteiligen sind.

In der Hochschulentwicklung gibt es innerhalb eines pädagogischen Bezugsrahmens (Brahm et al., 2016) mehrere Ebenen, auf denen sich die Qualität von Studium und Lehre entscheidet: Auf der Ebene von Lehrveranstaltungen, Studiengängen sowie der Organisation Hochschule selbst. Auf organisationaler Ebene wird studentische Mitwirkung in formal organisierten Formen wie bspw. der Mitwirkung in Fachschaften, Gremien und Ausschüssen umgesetzt. Insbesondere Studierende mit aktiver Partizipationsneigung sind hier vertreten (Ditzel & Bergt, 2013). Grundsätzlich lässt sich ein rückläufiger Trend im Interesse an der Beteiligung feststellen (Friedrichsmeier & Wannöffel, 2010; Heilsberger, 2021).

Gerade die Umsetzung studentischer Partizipation auf den Ebenen von Lehrveranstaltungen und Studiengängen umfasst eine große Spannbreite. So setzt die überwiegende Mehrheit deutscher Hochschulen studentische Lehrveranstaltungsevaluationen (96,5% aller Fachbereiche, HRK – Hochschulrektorenkonferenz, 2010) ein und erfüllt damit Anforderungen der Rechenschaftslegung gegenüber der Gesetzgebung. Gleichzeitig bleiben studentische Evaluationen oft folgenlos für die Qualitätsentwicklung in der Lehre (Harrison et al., 2020; Rindermann, 2003; Spiel, 2001). Die ursprüngliche Idee der studentischen Partizipation wird somit ad absurdum geführt und Studierende werden im Sinne einer Legitimationslogik instrumentalisiert („tyranny of student participation"; Mendes & Hammett, 2023).

Auf Ebene der Studiengangsentwicklung beschränkt sich studentische Partizipation häufig auf ein Gespräch der Gutachtergruppe mit ausgewählten Studierenden während der Vor-Ort-Begehung eines Akkreditierungsverfahrens. Die Phase, in der in einem kreativen Prozess die eigentliche (Weiter-)Entwicklung eines Studiengangskonzepts stattfindet, ist zu diesem Zeitpunkt allerdings bereits abgeschlossen. Studierenden sollten sich u.E. bereits in dieser rechtlich-formalen Prozessen vorgelagerten Phase Möglichkeiten zur Partizipation bieten, um Potenziale und Änderungsbedarfe in der Weiterentwicklung des Studiengangskonzepts adäquat gestalten zu können.

Der vorliegende Beitrag schlägt vor, Studierende in der Studiengangsentwicklung systematisch und frühzeitig einzubinden. Studierende werden als aktive Monitoring-Akteure (Raffaele & Rediger, 2021) wahrgenommen, deren Wissen über Studiengänge für Weiterentwicklungsprozesse wertvoll sind. Im Rahmen des Projekts ISA:dig (Internes Studiengangsaudit Digitalisierung) wurde von August 2021 bis Juli 2024 ein strukturierter und partizipativer Prozess zur (Weiter-)Entwicklung von Studiengangskonzepten entwickelt und erprobt. Die Ergebnisse sind als freie Bildungsressource (OER) unter studiengangsentwicklung.uni-passau.de verfügbar. Der Beitrag fokussiert, wie Studierendenpartizipation im Prozess eingeordnet ist und umgesetzt wird. Zunächst schließt sich ein Einblick in die Hochschulforschung zu Studierendenpartizipation in der Studiengangsentwicklung an (Kapitel 2). Es folgt eine Erläuterung des entwickelten Prozesses zur Frage der Studierendenpartizipation, ergänzt durch Erkenntnisse aus den Projekterfahrungen (Kapitel 3). Abschließend werden in einer Diskussion handlungsleitende Empfehlungen sowie Hinweise zur Skalierbarkeit für die Hochschulentwicklung aufgegriffen (Kapitel 4).

2. Studierendenpartizipation in der Studiengangsentwicklung

Die Hochschulforschung greift zunehmend die Rolle von Studierenden als aktiv Mitgestaltende oder ko-kreative Partner ihres Lernprozesses im Studienverlauf auf (Bovill, 2023). Der Begriff „student voice" beschreibt im internationalen Diskurs die Einbeziehung der Perspektive von Studierenden in die Qualitätsentwicklung von Studium und Lehre. Dabei lassen sich zwei Partizipationsebenen unterscheiden: Einerseits die hochschuldidaktische Ebene, bei der Studierende an Transformationsprozessen der Lehre mitwirken und ihr eigenes Lernen aktiv gestalten. Andererseits – und dies steht im Fokus dieses Beitrags – die Partizipation Studierender auf der Ebene der (Weiter-)Entwicklung von Studiengangskonzepten. Diese Form wird im Vergleich zur Beteiligung von Studierenden auf der Ebene von Lehrveranstaltungen selten als Möglichkeit in Betracht gezogen. Als einer der Ersten greift Boomer (1992) in seinem Modell „curriculum negotiation" die Bedeutung von „student voice" für curriculare Entscheidungsprozesse auf.

> „Negotiating the curriculum means deliberately planning to invite students to contribute to, and to modify, the educational program, so that they will have a real investment both in the learning journey and in the outcomes." (ebd., S. 14)

Partizipation von Studierenden kann in unterschiedlichen Intensitätsgraden erfolgen. In einem Modell von Hof et al. (2013) werden Formen der Quasi-Beteiligung (Information, Konsultation, Mitbestimmung) und Beteiligung (partnerschaftliche Aushandlung, Übertragung von Entscheidungsbefugnissen, Autonomie/Selbstorganisation) unterschieden. Forschungsarbeiten konzentrieren sich häufig auf Formen mit hohem Partizipationsgrad und werden international unter Schlagworten wie „student partnership" und „curricula co-creating" aufgegriffen (vgl. Bovill, 2023; Matthews & Dollinger, 2023). Studierende nehmen hier nicht nur über die Wahl repräsentativer Vertretungen Einfluss, sondern werden aktiv bei curricularen Entscheidungsprozessen beteiligt. Zudem kann die Rolle der Studierenden dahingehend unterschieden werden, ob die Initiative zur Partizipation von den Studierenden oder Lehrenden ausgeht und ob grundsätzlich alle Studierenden die Möglichkeit zur Partizipation haben oder nur eine (aus-)gewählte repräsentative Gruppe (Matthews et al., 2019).

Evidenz über die Wirkung von Studierendenpartizipation in Prozessen der Studiengangsentwicklung liegt bislang hauptsächlich in Form von Befunden aus Fallstudien und Praxisforschung vor. So zeichnet sich ab, dass Studierende durch ein gesteigertes Gefühl von Wertschätzung (Deeley & Bovill, 2017), verbesserte Leistungen (Bovill, 2014; Lubicz-Nawrocka & Bovill, 2021) und Gelegenheit zur Demokratiebildung (Bergmark & Westman, 2016) profitieren. Wertvolle Anhaltspunkte für die Implementation in der Praxis liefern Erkenntnisse über Gelingens- bzw. Scheiternsbedingungen. Bislang wurden verschiedene Faktoren herausgearbeitet, die zum Scheitern von Partizipationsprozessen führen. Diese beziehen sich insbesondere auf Vorbehalte, mangelndes Interesse oder Zweifel von Dozierenden an der Relevanz solcher Prozesse sowie auf das Fehlen erforderlicher Kompetenzen bei den beteiligten Dozierenden und Studierenden für erfolgreiche kollaborative Arbeits- bzw. Veränderungsprozesse (Brooman et al., 2015; Geurts et al., 2024; Tuhkala et al., 2021).

Der im internationalen Diskurs verwendete Begriff „curriculum development" ist eine gute Annäherung an den Ausdruck „Entwicklung eines Studiengangskonzepts". Curriculumgestaltung lässt sich bereits in den 1970er-Jahren als Aufgabenfeld der Hochschuldidaktik finden (Wildt & Wildt, 2015) und fokussiert vor allem auf die Festlegung von Bildungszielen und die konkrete didaktische Ausgestaltung (z.B. in Form von Modulbeschreibungen innerhalb eines Studienverlaufsplans; Brahm et al., 2016). Die in diesem Beitrag fokussierte Entwicklung von Studiengangskonzepten schließt sowohl die Auseinandersetzung mit den übergeordneten Qualifikationszielen eines Studiengangs als Ganzes als auch die konkrete curriculare Ausgestaltung der Studiengangsarchitektur in Form von Studienverlaufsplan und Modulstruktur ein. Ein zentrales Anliegen besteht darin, bereits zu einem möglichst frühen Zeitpunkt die Perspektive von Studierenden in diesen Prozess partizipativ und datengestützt einzubinden.

3. Prozess zur Einbindung von Studierenden in die Weiterentwicklung von Studiengängen

Die Ziele des Projekts ISA:dig bestanden darin, einen hochschuldidaktisch informierten Prozess zur Weiterentwicklung von Studiengangskonzepten („Studiengangs-Audit") zu entwickeln, zu erproben und eine digitale Prozessabbildung als freie Bildungsressource zur Verfügung zu stellen, die mit hilfreichen Materialien die konkrete Umsetzung unterstützt. Der Aspekt der Studierendenpartizipation, auf den sich dieser Beitrag fokussiert, stellt ein Kernelement dar. Es wird der Frage nachgegangen, wie die Perspektive von Studierenden erfasst und in die Weiterentwicklung von Studiengangskonzepten integriert werden kann.

Die partizipative Einbindung von Studierenden ist zu Beginn des Prozesses verankert und wird im weiteren Verlauf systematisch integriert. Ein datengestütztes, quantitativ-qualitatives Vorgehen wird im Folgenden zunächst methodisch (Abschnitt 3.1) und danach in seiner Besonderheit der automatisierten Auswertung quantitativer Daten (Abschnitt 3.2) beschrieben. Abschließend werden Erkenntnisse im Hinblick auf die Weiterentwicklung von Studiengangskonzepten aus der Erprobung des Verfahrens mit Studiengängen innerhalb der Projektlaufzeit aufgezeigt (Abschnitt 3.3).

3.1 Methodisches Vorgehen

Das entwickelte datengestützte Vorgehen integriert quantitative und qualitative Zugänge mit dem Ziel, ein möglichst repräsentatives und umfassendes Bild zu Potenzialen und Änderungsbedarfen aus Sicht der Studierenden zu erhalten. Als einer der wesentlichen Vorteile eines solchen Mixed-Methods-Ansatzes wird die Möglichkeit herausgestellt, die Stärken der einzelnen Zugänge zu nutzen, um die Schwächen des jeweils anderen zu kompensieren (Maxwell, 2022). Mit quantitativen Ergebnissen auf Basis repräsentativer Stichproben sollen generalisierbare Wahrnehmungen hinsichtlich der Stärken und Schwächen eines Studiengangskonzepts aufgezeigt werden. Qualitative Ergebnisse geben Aufschluss darüber, wie die dahinterliegenden

Bedingungsfaktoren aussehen und welche Lösungsansätze es für bestehende Probleme geben könnte. Die Wahrnehmungen Studierender bezüglich qualitätsrelevanter Aspekte ihres Studiengangs stellen einen komplexen Forschungsgegenstand dar. Insbesondere hier kann die Analyse unter Verwendung mehrerer methodischer Zugänge zu robusteren – und für Studiengangsentwicklungsprozesse nützlicheren – Erkenntnissen führen (Makrakis & Kostoulas-Makrakis, 2016). Im Speziellen folgt die Methodik in Teilen einem sequenziellen und in Teilen einem konvergenten Mixed-Methods-Design (Kringen, 2024). Zunächst werden quantitative Daten erhoben und analysiert. Das anschließende qualitative Auditgespräch besteht aus zwei Teilen; der erste Teil erfolgt unabhängig von den quantitativen Ergebnissen, während der zweite Teil auf genau diesen Ergebnissen aufbaut.

Um die Zuverlässigkeit und Gültigkeit der aus quantitativen Studierendenbefragungen gewonnenen Daten bestmöglich sicherzustellen, bedarf es systematisch entwickelter und psychometrisch geprüfter Fragebögen. Der Einsatz von solchen Instrumenten im Kontext der Evaluation von Studiengängen stellt jedoch eher die Ausnahme als die Regel dar (Wolbring, 2016). Ein wesentlicher Grund dafür dürfte auch in deren mangelnder Verfügbarkeit liegen. Im Rahmen des Projekts wurde daher ein Befragungsinstrument entwickelt und validiert. Verankert in Theorien und Empirie aus den Bereichen der Lehr-Lern- und Hochschulforschung, aber auch orientiert an normativen Überlegungen, adressiert dieses Instrument qualitätsrelevante Aspekte auf Studiengangsebene. Speziell jene Merkmale werden in den Blick genommen, auf die Studiengangsverantwortliche tatsächlich auch Einfluss nehmen können. Hier handelt es sich bspw. um die Forschungs- und Praxisorientierung im Studiengang oder Lern- und Entwicklungsmöglichkeiten für digitale Kompetenzen (wie digitale Informations- und Medienkompetenz oder digitale Kommunikation und Kollaboration). Für eine sinnvolle Beantwortung vieler Items sollte eine gewisse „Kontaktzeit" mit dem Studiengang vorausgehen. Daher richtet sich der Fragebogen an Studierende ab dem zweiten Fachsemester. Die Befragung lässt sich online durchführen und automatisiert auswerten.

An die quantitative Studierendenbefragung schließt sich ein qualitatives Auditgespräch mit einer Gruppe von Studierenden an. Hinsichtlich der Zusammensetzung der Gruppe wird darauf geachtet, der Heterogenität im Studiengang, beispielsweise hinsichtlich Geschlecht, Fachsemester und gewähltem Studienschwerpunkt, Rechnung zu tragen. Im ersten Teil des Auditgesprächs sind kollektive Erfahrungen der Studierenden insbesondere zu folgenden drei Bereichen von Interesse: 1) Erwartungen an den Studiengang und wahrgenommene Passung zu den (tatsächlichen) Studienerfahrungen, 2) für die Bewältigung des Studiums hilfreiche und hinderliche Aspekte sowie 3) Studienplanung und Studierbarkeit. Die Diskussion zu den einzelnen Themenbereichen wird über offene Impulsfragen der Moderationsleitung angestoßen. Im zweiten Teil des Auditgesprächs dienen ausgewählte Ergebnisse der quantitativen Befragung als Diskussionsanlässe. Dieser Schritt zielt auf die Validierung von Interpretationen und Schlussfolgerungen, wie sie im Zuge der Auswertung der quantitativen Daten vorgenommen wurden.

3.2 Automatisierte Datenauswertung

Die partizipative Einbindung von Studierenden in den Prozess der Studiengangsentwicklung kann von Verantwortlichen als außerordentliche Belastung empfunden werden. Um die Umsetzung zu erleichtern, wurde eine datengestützte Vorgehensweise entwickelt, die weder an zu hohem Zeitaufwand noch an fehlenden empirischen Vorkenntnissen scheitern soll. Der Prozess beinhaltet eine Schritt-für-Schritt-Anleitung und eine automatisierte Auswertungsmöglichkeit quantitativer Daten. Die häufig gebotene Effizienz von Evaluationsbefragungen wird erhöht, ohne Abstriche hinsichtlich Qualität und Nützlichkeit der Befragung machen zu müssen. Studiengangsverantwortliche können so unabhängig von zentralen Einrichtungen ressourcenschonend aktuelle Studierendenperspektiven erheben und grafisch aufbereiten. Dieser höhere Grad an erlebter Autonomie kann zu stärkerem Commitment und höherer subjektiver Verbindlichkeit im weiteren Entwicklungsprozess führen.

Möglich wird die automatisierte Auswertung der quantitativen Daten zum einen durch die Bereitstellung des Befragungsinstruments im Onlineformat sowie zum anderen durch eine eigens programmierte Webanwendung basierend auf *Shiny* (Chang et al., 2024), einem Web Application Framework für *R* (R Core Team, 2024). Auf

Knopfdruck wird eine grafisch aufbereitete Auswertung der Daten erzeugt, die neben den im Fragebogen enthaltenen (Sub-)Skalen eine Übersicht zur Stichprobe der Studierenden bereitstellt. Letztere ermöglicht – nach Eingabe von Kennwerten der Grundgesamtheit (alle Studierenden im Studiengang) – zusätzlich Aussagen zur Repräsentativität der Stichprobe hinsichtlich der Merkmale Geschlecht und Fachsemester.

3.3 Einbindung der gewonnenen Erkenntnisse in den weiteren Prozessverlauf

Die Perspektive der Studierenden wird idealerweise durch das datengestützte Vorgehen zu einem sehr frühen Zeitpunkt in die Weiterentwicklung eines Studiengangskonzepts einbezogen. Dies ermöglicht, die Sicht der Studierenden bereits bei der Aushandlung übergeordneter Ziele eines Studiengangs zu berücksichtigen. Im Projekt wurde das datengestützte Verfahren in Zusammenarbeit mit verschiedenen Studiengängen mit dem Fokus auf Prozess- und Instrumententwicklung erprobt. Die gewonnenen Erkenntnisse zur Studierendenperspektive wurden projektseitig aufbereitet und in moderierten Arbeitssitzungen mit studiengangsbeteiligten Lehrenden diskutiert. Daraus wurden mögliche Konsequenzen, insbesondere auch hochschuldidaktischer Art, für die Weiterentwicklung des Studiengangskonzepts abgeleitet.

Eine genauere Vorstellung, wie die Perspektive der Studierenden Eingang in den Weiterentwicklungsprozess von Studiengängen findet, illustrieren nachfolgende Beispiele aus der Projektlaufzeit. So spiegelte sich die Perspektive der Studierenden bei einem sehr interdisziplinären Studiengang in einer Wertschätzung der inhaltlichen Breite, allerdings wurde als Schwäche eine fehlende Vernetzung zwischen den Disziplinen deutlich. Projektseitig wurde die Integration interdisziplinärer Projektveranstaltungen bzw. Veranstaltungskonzepte empfohlen. Darin können zum einen Gemeinsamkeiten und Unterschiede verschiedener Forschungsansätze deutlich oder in phasenübergreifenden Konzepten Bezüge zu berufspraktischen Perspektiven hergestellt werden (z.B. durch Exkursionen, Interviews mit Vertreter:innen der Berufspraxis). Im Idealfall erfolgt die Umsetzung in einer fachübergreifenden Lehrkooperation, bspw. im Team-Teaching (vgl. Metzger et al., 2024). Die Perspektive der Studierenden wurde von den Studiengangsbeteiligten wertgeschätzt, geteilt und im weiteren Verlauf in die Gestaltung der Studiengangsarchitektur einbezogen.

Bei einem anderen Studiengang mit zahlreichen Möglichkeiten der Schwerpunktsetzung zeigte sich u.a., dass den Studierenden, obwohl sie sich mit dem Studiengang im Allgemeinen zufrieden zeigten, das übergeordnete Studiengangsziel nicht deutlich war (Beispieläußerungen: *„Es fühlt sich teilweise sehr diffus an"*; „[…] *Zumindest waren das die offiziellen Beschreibungen – die ich nicht so gespürt habe beim Studieren. Aber das wäre sehr gut für mich gewesen zu wissen."*). Die Studierenden hatten auch klare Vorstellungen davon, welche Maßnahmen zu einer Schärfung des Studiengangsprofils beitragen können (bspw. klare Definition der Zielgruppe, Reduzierung und damit einhergehende Stärkung der wählbaren Schwerpunkte). Die Perspektive der Studierenden wurde frühzeitig zu Beginn des Weiterentwicklungsprozesses einbezogen. Die Studiengangsverantwortlichen teilten die Auffassung einer größeren Zielklarheit und es zeigte sich, dass die dafür notwendigen Änderungen einen Neu-Akkreditierungsprozess erforderten.

4. Anregungen zur Hochschulentwicklung

Studiengangsverantwortliche, die das beschriebene datengestützte Vorgehen zur Ermöglichung von Studierendenpartizipation in die Weiterentwicklung eines Studiengangskonzepts integrieren möchten, können die OER-Plattform studiengangsentwicklung.uni-passau.de als Ausgangspunkt nutzen. Sie enthält einen Überblick über einen Gesamtprozess, der im Idealfall im Sinne einer Organisationsberatung mit professioneller Moderation und aktiver Beteiligung stattfindet (Wildt & Wildt, 2015). Im Prozessschritt „Potenziale und Änderungsbedarfe erheben" sind alle Handlungsanleitungen und Erhebungs- sowie Auswertungsinstrumente zur Umsetzung des datengestützten Verfahrens zur Studierendenpartizipation in der Studiengangsentwicklung zu finden.

Studiengangsentwicklung mit ISA:Dig – partizipativ und innovativ

Abb. 1: Prozessabbildung OER-Plattform (eigene Darstellung)

Unsere Erfahrungen bei der Nutzung der Plattform hat die Bedeutung der Prozessqualität und vor allem -transparenz unterstrichen, die u.a. von Schmidt (2009) als wichtiger Teilaspekt eines universitären Qualitätsmanagementsystems dargelegt wurde. Hinsichtlich der Studiengangsgestaltung lässt sich (wenig überraschend) feststellen, dass die Visualisierung wichtiger Prozessschritte auf der Plattform eine hilfreiche Unterstützungsleistung für die Studiengangsleitungen war und Orientierung bot. Entgegen unserer initialen Annahmen wurden diese Schritte und die begleitenden und auf einzelne Prozessschritte aufbauenden Workshops jedoch oft als zusätzliche zeitliche Belastung im Prozess gesehen und teilweise abgelehnt. Gleichzeitig zeigte sich, dass jene Studiengangsleitungen, die auf diese Möglichkeit zugegriffen hatten, sie als Kreativität fördernde und die Studiengangsentwicklung positiv beeinflussende Faktoren rückmeldeten.

Hier lässt sich ein grundlegendes Problem von Studierendenpartizipation in der Studiengangsentwicklung sehen, die über Maßnahmen der Legitimationslegung hinausreichen: Der Prozess ist voraussetzungsvoll, sowohl zeitlich als auch im Hinblick auf die Einstellungen von Studiengangsverantwortlichen (vgl. Kapitel 2). Zusätzliche Schritte werden – auch wenn sie viel Potenzial für Verbesserungen bergen – oftmals als überfordernd wahrgenommen. Die offene Bereitstellung eines transparenten Prozesses soll trotz dieser Herausforderungen dazu beitragen, die Partizipation von Studierenden systematisch in Studiengangsentwicklung zu integrieren.

Übereinstimmend mit Carey (2013) sollten die notwendigen Prozesse sinnvoller-weise nachhaltig in Qualitätssicherungsabläufe verankert werden und dadurch über eine gelegentliche Beteiligung von Studierenden hinausreichen.

Das im Projekt entwickelte datengestützte Verfahren der Studierendenpartizipation kann im Hinblick auf den Intensitätsgrad der Beteiligung (vgl. bspw. Hof et al. 2013, Kapitel 2) als Modell der Quasi-Beteiligung eingeordnet werden. Studierende werden über anstehende Studiengangsentwicklungsprozesse informiert, zu ihrer Perspektive auf die Stärken und Schwächen eines Studiengangs konsultiert und bestimmen dadurch die Entscheidungen bei der Weiterentwicklung eines Studiengangs mit. Kritisch anzumerken ist, dass die höchste Ausprägungsstufe der Beteiligung mit dem entwickelten Verfahren bislang noch nicht erreicht wurde und mit einem wesentlich höheren Grad an Entscheidungsbefugnis aufseiten der Studierenden einhergehen müsste (wie bspw. einer partnerschaftlichen Aushandlung von Entscheidungen der Weiterentwicklung mit Studierenden). Dennoch bietet das datengestützte Vorgehen mit der quantitativ-qualitativen Mischung der Erhebungsverfahren in unseren Augen erhebliches Potenzial für Studiengangsverantwortliche zur Ermöglichung von Studierendenpartizipation. Die quantitative Befragung innerhalb des datengestützten Vorgehens kann durch die Teilautomatisierung niedrigschwellig als ressourcenschonende Maßnahme genutzt werden. So werden grundsätzlich alle Studierenden eines Studiengangs adressiert und in Qualitätssicherungsprozesse eingebunden.

Außerdem kann der Prozess auch als Baustein zur Begegnung des allgemeinen Trends sinkender Studierendenpartizipation aufgefasst werden. Heilsberger (2021) fasst diesen negativen Trend so zusammen, dass rückläufige Möglichkeiten der Beteiligung der Studierendenschaft, beispielsweise durch Hochschulrahmengesetzgebungen, mit einem sinkenden Interesse an Hochschulpolitik zusammenfalle, was möglicherweise auf mangelnde Transparenz, Kommunikation und Identifikation mit relevanten Themen zurückzuführen sei; entsprechend könnten differenzierte Strategien dazu beitragen, die Bereitschaft und das Interesse an studentischer Partizipation zu steigern. Diese Strategien müssten dann sowohl engagierte als auch weniger engagierte Studierende adressieren und ihre spezifischen Bedürfnisse und Anreize berücksichtigen (ebd.). Unser Mixed-Methods Ansatz versucht dieser Grundüberlegung gerecht zu werden: Während hoch engagierte Studierende wie bisher aktiv partizipativ eingebunden werden können (vgl. Interventionsstrategien nach Ditzel & Bergt, 2013), wird durch die Zurverfügungstellung einer quantitativen Befragung zudem eine niedrigschwellige Partizipationsmöglichkeit geschaffen, die ein repräsentativeres Meinungsspektrum bei der Bewertung und Analyse von Studiengängen ermöglichen kann und hochgradig skalierbar ist.

Förderhinweis: Das Projekt ISA:dig (Internes Studiengangs-Audit Digitalisierung – Hochschuldidaktik als Stakeholder in der Studiengangsentwicklung und -evaluation) wurde gefördert von der Stiftung Innovation Hochschullehre (FBM2020-EA-670).

5. Literaturverzeichnis

Bergmark, U., & Westman, S. (2016). Co-creating curriculum in higher education: Promoting democratic values and a multidimensional view on learning. *International Journal for Academic Development*, *21*(1), 28–40. https://doi.org/10.1080/1360144X.2015.1120734

Boomer, G. (1992). Negotiating the curriculum. In G. Boomer, C. Onore, N. Lester & J. Cook (Hrsg.), *Negotiating the curriculum: Educating for the 21ˢᵗ century* (S. 4–14). Falmer Press.

Bovill, C. (2014). An investigation of co-created curricula within higher education in the UK, Ireland and the USA. *Innovations in Education and Teaching International*, *51*(1), 15–25. https://doi.org/10.1080/14703297.2013.770264

Bovill, C. (2023). Students and staff co-creating curriculum in higher education. In R. Tierney, F. Rizvi & K. Ercikan (Hrsg.), *International Encyclopedia of Education* (4. Aufl., S. 235–244). Elsevier Science & Technology. https://doi.org/10.1016/B978-0-12-818630-5.03039-6

Brahm, T., Jenert, T., & Euler, D. (2016). Pädagogische Hochschulentwicklung als Motor für die Qualitätsentwicklung von Studium und Lehre. In T. Brahm, T. Jenert & D. Euler (Hrsg.), *Pädagogische Hochschulentwicklung* (S. 19–36). Springer VS.

Brooman, S., Darwent, S., & Pimor, A. (2015). The student voice in higher education curriculum design: Is there value in listening? *Innovations in Education and Teaching International*, *52*(6), 663–674. https://doi.org/10.1080/14703297.2014.910128

Carey, P. (2013). Student as co-producer in a marketised higher education system: A case study of students' experience of participation in curriculum design. *Innovations in Education and Teaching International*, *50*(3), 250–260. https://doi.org/10.1080/14703297.2013.796714

Chang, W., Cheng, J., Allaire, J., Sievert, C., Schloerke, B., Xie, Y., Allen, J., McPherson, J., Dipert, A., & Borges, B. (2024). *shiny: Web application framework for R* [Computer software]. https://shiny.posit.co/

Deeley, S. J., & Bovill, C. (2017). Staff student partnership in assessment: Enhancing assessment literacy through democratic practices. *Assessment & Evaluation in Higher Education*, *42*(3), 463–477. https://doi.org/10.1080/02602938.2015.1126551

Ditzel, B., & Bergt, T. (2013). Studentische Partizipation als organisationale Herausforderung – Ergebnisse einer explorativen Studie. In S. M. Weber, M. Göhlich, A. Schröer, C. Fahrenwald & H. Macha (Hrsg.), *Organisation und Partizipation: Beiträge der Kommission Organisationspädagogik: Vol. 13. Organisation und Pädagogik* (S. 177–186). Springer VS. https://doi.org/10.1007/978-3-658-00450-7_15

ESG (2015). Standards und Leitlinien für die Qualitätssicherung im Europäischen Hochschulraum (ESG), Beiträge zur Hochschulpolitik. Hochschulrektorenkonferenz. https://www.hrk.de/uploads/media/ESG_German_and_English_2015.pdf

Friedrichsmeier, A., & Wannöffel, M. (2010). *Mitbestimmung und Partizipation: Das Management von demokratischer Beteiligung und Interessenvertretung an deutschen Hochschulen*. Arbeitspapier No. 203. Hans-Böckler-Stiftung. https://www.econstor.eu/handle/10419/116662

Geurts, E. M. A., Reijs, R. P., Leenders, H. H. M., Jansen, M. W. J., & Hoebe, C. J. P. A. (2024). Co-creation and decision-making with students about teaching and learning: A systematic literature review. *Journal of Educational Change*, *25*(1), 103–125. https://doi.org/10.1007/s10833-023-09481-x

Harrison, R., Meyer, L., Rawstorne, P., Razee, H., Chitkara, U., Mears, S., & Balasooriya, C. (2020). Evaluating and enhancing quality in higher education teaching practice: A meta-review. *Studies in Higher Education*, *47*(1), 80–96. https://doi.org/10.1080/03075079.2020.1730315

Heilsberger, L. (2021). Politische Partizipation an Hochschulen. In F. Bätge, K. Effing, K. Möltgen-Sicking & T. Winter (Hrsg.), *Politische Partizipation* (S. 275–293). Springer VS. https://doi.org/10.1007/978-3-658-33985-2_15

Hof, C., Carstensen, N., & Schleiff, A. (2013). Partizipation in regionalen Entscheidungsprozessen – eine Analyse der Erwartungen an Partizipation, deren Formen und Möglichkeiten. In S. M. Weber, M. Göhlich, A. Schröer, C. Fahrenwald & H. Macha (Hrsg.), *Organisation und Partizipation: Beiträge der Kommission Organisationspädagogik: Vol. 13. Organisation und Pädagogik* (S. 281–291). Springer VS. https://doi.org/10.1007/978-3-658-00450-7_25

HRK – Hochschulrektorenkonferenz (2010). *Wegweiser 2010: Qualitätssicherung an Hochschulen* (Beiträge zur Hochschulpolitik 8/2010). Hochschulrektorenkonferenz. https://www.hrk.de/fileadmin/redaktion/hrk/02-Dokumente/02-10-Publikationsdatenbank/Beitr-2010-08_Wegweiser_2010.pdf

Kringen, A. L. (2024). Evaluating analysis and results sections: Mixed methods research. In M. Tcherni-Buzzeo & F. Pyrczak (Hrsg.), *Evaluating Research in Academic Journals: A Practical Guide to Realistic Evaluation* (8. Aufl., S. 206–220). Taylor & Francis Ltd. https://doi.org/10.4324/9781003362661-12

Lippert, I. (2005). Mitbestimmung von Studierenden bei der Qualitätssicherung und Hochschulentwicklung. *Hochschule entwickeln, Qualität managen* (S. 47–55). https://www.hrk.de/fileadmin/redaktion/hrk/02-Dokumente/02-10-Publikationsdatenbank/Beitr-2005-10_Hochschule_entwickeln_Qualitaet_managen.pdf

Lubicz-Nawrocka, T., & Bovill, C. (2021). Do students experience transformation through co-creating curriculum in higher education? *Teaching in Higher Education, 28*(7), 1744–1760. https://doi.org/10.1080/13562517.2021.1928060

Makrakis, V., & Kostoulas-Makrakis, N. (2016). Bridging the qualitative-quantitative divide: Experiences from conducting a mixed methods evaluation in the RUCAS programme. *Evaluation and program planning, 54*, 144–151. https://doi.org/10.1016/j.evalprogplan.2015.07.008

Matthews, K. E., Cook-Sather, A., Acai, A., Dvorakova, S. L., Felten, P., Marquis, E., & Mercer-Mapstone, L. (2019). Toward theories of partnership praxis: An analysis of interpretive framing in literature on students as partners in teaching and learning. *Higher Education Research & Development, 38*(2), 280–293. https://doi.org/10.1080/07294360.2018.1530199

Matthews, K. E., & Dollinger, M. (2023). Student voice in higher education: The importance of distinguishing student representation and student partnership. *Higher Education, 85*(3), 555–570. https://doi.org/10.1007/s10734-022-00851-7

Maxwell, J. A. (2022). Integration in mixed methods research. In J. H. Hitchcock & A. J. Onwuegbuzie (Hrsg.), *The Routledge handbook for advancing integration in mixed methods research* (S. 86–93). Routledge Taylor & Francis Group. https://doi.org/10.4324/9780429432828-8

Mendes, A. B., & Hammett, D. (2023). The new tyranny of student participation? Student voice and the paradox of strategic-active student-citizens. *Teaching in Higher Education, 28*(1), 164–179. https://doi.org/10.1080/13562517.2020.1783227

Metzger, C., Daniel, C., Dräger, L., Hoffmann, K., Schulz, F., & Zulauf, S. (Hrsg.). (2024). Inter- und Transdisziplinarität in der Hochschullehre – zur Implementierung, Gestaltung, Begriffstheorie und Praxis [Special issue]. *die hochschullehre, 10 – Themenheft 2024*. https://doi.org/10.3278/HSLT2401W

R Core Team (2024). *R: A Language and Environment for Statistical Computing* [Computer software]. https://www.R-project.org/

Raffaele, C., & Rediger, P. (2021). *Die Partizipation Studierender als Kriterium der Qualitätssicherung in Studium und Lehre (HoF-Arbeitsbericht 117)*. Institut für Hochschulforschung (HoF). https://www.hof.uni-halle.de/web/dateien/pdf/ab_117.pdf

Rindermann, H. (2003). Lehrevaluation an Hochschulen: Schlussfolgerungen aus Forschung und Anwendung für Hochschulunterricht und seine Evaluation. *Zeitschrift für Evaluation,* (2), 233–256.

Schmidt, U. (2009). Theoretische Fundierung der Qualitätssicherung. In S. Fähndrich & U. Schmidt (Hrsg.), *Das Modellprojekt Systemakkreditierung an der Johannes Gutenberg-Universität Mainz* (S. 43–64).

Spiel, C. (2001). *Evaluation universitärer Lehre: Zwischen Qualitätsmanagement und Selbstzweck*. Waxmann.

Tuhkala, A., Ekonoja, A., & Hämäläinen, R. (2021). Tensions of student voice in higher education: Involving students in degree programme curricula design. *Innovations in Education and Teaching International, 58*(4), 451–461. https://doi.org/10.1080/14703297.2020.1763189

Wildt, J., & Wildt, B. (2015). Organisationsberatung intern – zur partizipatorischen curricularen Entwicklung von Studiengängen an deutschen Hochschulen. *Gruppendynamik und Organisationsberatung, 46*(1), 77–91. https://doi.org/10.1007/s11612-015-0271-9

Wolbring, T. (2016). Evaluation, Kausalität und Validität. In D. Großmann & T. Wolbring (Hrsg.), *Evaluation von Studium und Lehre: Grundlagen, methodische Herausforderungen und Lösungsansätze* (S. 57–89). Springer VS. https://doi.org/10.1007/978-3-658-10886-1_3

Nora Leben[1], Katja Reinecke[2] & Cynthia E. Heiner[3]

Prozessbegleitung studentischer Partizipation in Hochschullehre und Curriculumsentwicklung

Zusammenfassung

Werden Studierende mit ihren Erfahrungen aktiv in die Hochschullehre und Curriculumsentwicklung eingebunden, verändern sich Gestaltungsräume für die Konzeption und Umsetzung lernförderlicher Studienangebote. Der Artikel beschreibt die Prozessbegleitung, Mitgestaltung und Unterstützung für die erfolgreiche Zusammenarbeit in Partnerschaften zwischen Studierenden und Lehrenden auf Kurs- und Curriculumsebene. Auf der Grundlage von Befunden aus zwei partizipativen Projekten (Students as Partners, Students' University) an der Freien Universität Berlin werden übergreifende Prinzipien und Gelingensfaktoren identifiziert, die eine effektive studentische Teilhabe ermöglichen.

Schlüsselwörter

Partizipation, Hochschullehre, Curriculumensentwicklung, hochschuldidaktische Prozessbegleitung

1 Corresponding author; Eberhard Karls Universität; nora.leben@uni-tuebingen.de; ORCID 0009-0002-6953-0600
2 Freie Universität Berlin; katja.reinecke@fu-berlin.de; ORCID 0009-0005-6764-5182
3 Freie Universität Berlin; cynthia.heiner@fu-berlin.de; ORCID 0000-0002-1871-9289

https://doi.org/10.21240/zfhe/19-03/12

Nora Leben, Katja Reinecke & Cynthia E. Heiner

Process support for student participation in academic teaching and curriculum development

Abstract

Involving students and their experiences in university teacher and curriculum development has the potential to better facilitate the design and implementation of study programmes that are conducive to learning. Here we present a process for the pedagogical facilitation, co-design and support of partnerships between students and teachers at the course and curriculum levels. We will discuss the findings from two teacher professional development projects (Students as Partners, Students' University) implemented at Freie Universität Berlin and identify overarching principles and success factors for enabling effective student participation.

Keywords

participation, higher education teaching, curriculum development, process facilitation, teacher professional development

1. Einführung

Im Kontext der hochschulischen Lehre ist die Beteiligung von Studierenden an Lehrveranstaltungsevaluationen oder in Fachbereichsgremien weit verbreitet, weniger jedoch an der Lehrkonzeption und der Curriculumsentwicklung (Healey et al., 2014). Dabei wird zunehmend deutlich, wie wichtig es ist, die Erfahrungen der Studierenden aus ihrer Lernendenperspektive auch in diese Entwicklungsprozesse miteinzubeziehen (Healey et al., 2016). Die Expertise der Studierenden erweitert die Lehrkonzeption um relevante Sichtweisen auf das Lehr-Lerngeschehen und ergänzt die Fakultätsperspektive (Matthews et al., 2018). Um die studentische Beteiligung effektiv zu gestalten, ist es entscheidend, Studierende als gleichberechtigte Partner:innen in diesen Prozess zu integrieren.

Bei der Einbindung von Studierenden in sogenannte *learning and teaching partnerships* (Healey et al., 2014) werden positive Effekte sichtbar: Befunde zeigen, dass diese sich auf Engagement, Motivation und Verantwortungsübernahme der Studierenden für den eigenen Lernerfolg förderlich auswirken (Mercer-Mapstone et al., 2017). Zudem wird ein besseres Verständnis für die Perspektive der jeweiligen anderen Akteure in Lehr-Lern-Kontexten hervorgehoben, welches das Gefühl der Zugehörigkeit zu Hochschule, Fachbereich und akademischer Gemeinschaft stärkt (Mercer-Mapstone et al., 2017). Hierbei ist wichtig, dass sich Studierende und Lehrende auf gemeinsame Zielvorstellungen verständigen, die für beide Akteure Orientierung für die partnerschaftliche und auf Vertrauen basierende Zusammenarbeit bieten (Matthews et al., 2018). Auf diese Weise können Partnerschaften mit Studierenden eine vertiefte Auseinandersetzung mit den Lerninhalten und eine stärker studierendenorientierte Curriculumsentwicklung fördern (Bell et al., 2013).

Damit diese Partnerschaften erfolgreich umgesetzt werden können, ist jedoch ein Wandel in der traditionellen Lehr- und Gremienstruktur erforderlich, in welcher Entscheidungen oft einseitig auf professoraler Ebene getroffen werden. Trotz des derzeitigen, mit verstärkter studentischer Teilhabe einhergehenden, Kulturwandels werden studentische Partizipationsformate häufig nur punktuell umgesetzt und finden ohne professionelle Begleitung oder systematische Verankerung im Hochschulkontext statt (Raffaele et al., 2021).

An diesem Praxisdesiderat setzt der vorliegende Beitrag an und diskutiert die Fragestellung, wie studentische Partizipation in Hochschullehre und Curriculumsentwicklung nachhaltig durch eine hochschuldidaktische Prozessbegleitung unterstützt werden kann. Wie oben erwähnt: eine gute Partnerschaft einzugehen und auszugestalten, in denen beide Parteien ihr Wissen einbringen können, setzt bei den Beteiligten beider Seiten Können, Expertise und Haltung voraus. Eine gezielte Unterstützung bzw. Begleitstruktur durch Hochschuldidaktiker:innen kann diesen Prozess erleichtern und dazu beitragen, die oft institutionell geprägten hierarchischen Strukturen aufzubrechen und so die gleichberechtigte Zusammenarbeit zwischen Lehrenden und Studierenden zu fördern.

Dafür nimmt der Beitrag nach einer theoretischen Einführung zum Verständnis studentischer Partizipation zunächst eine Einordnung von Partizipationsmodellen und -ansätzen im Hochschulkontext vor. Daran anknüpfend werden Befunde aus zwei Projekten vorgestellt (Students as Partners, Students' University), die an der Freien Universität Berlin zur Förderung der studierendenorientierten Lehr- bzw. Curriculumsentwicklung umgesetzt wurden. Die Untersuchung betrachtet erstmals Handlungsfelder und Ansätze professioneller Unterstützung durch Hochschuldidaktiker:innen in derartigen partizipativen Settings. Abschließend werden potenzielle Gelingensfaktoren für die Förderung studentischer Partizipation diskutiert.

2. Studentische Partizipation in einem komplexen Handlungsfeld

Der Annahme folgend, dass „Partizipation […] allgemein das Verhältnis von Akteuren zueinander und die Machtverteilung zwischen ihnen" (Mayrberger, 2012, S. 5) betrifft, zeichnet sich im Hochschulkontext ein komplexes Bild ab. In einem stark hierarchisch geprägten Feld interagieren Dozierende und Studierende regelmäßig in Spannungsfeldern, beispielsweise in Prüfungssituationen oder in den Gremien, wo unterschiedliche Stimmmehrheiten der Statusgruppen vorliegen. Diese Situationen stellen vielfältige und teilweise widersprüchliche Anforderungen an studentische Partizipationsansätze und Partnerschaften. Um effektive studentische Beteiligung zu ermöglichen, wird vorausgesetzt, dass die Studierenden sich trotz ihrer formalen Abhängigkeiten im Hochschulsystem freiwillig und kompetent in Gestaltungsprozesse einbringen.

> [D]ie hohen Grade von Partizipation [hängen] vor allem mit einer freiwilligen Bereitschaft der Lernenden zusammen, sich zu beteiligen. Diese Freiwilligkeit ist in formalen Bildungskontexten, deren zentrale Merkmale das institutionalisierte und bisweilen noch tradierte asymmetrische Verhältnis von Lehrenden und Lernenden sowie die Zertifizierung von (Einzel-)Leistung ist, im Regelfall nicht oder nur sehr bedingt zu erreichen. (Mayrberger, 2012, S. 11)

Somit gilt es, diese Asymmetrie bei der Betrachtung von studentischer Partizipation zu bearbeiten und einzuordnen. Hierbei bieten Stufenmodelle Orientierung, das Akteursverhältnis von Studierenden und Lehrenden zu kennzeichnen und graduelle Differenzierung von (Nicht-)Beteiligung vorzunehmen (z.B. Healey et al., 2014; Mayrberger, 2012). Auf der höchsten Stufe der Partizipationsansätze im Hochschulkontext lassen sich die oben genannten *learning and teaching partnerships* (Healey et al., 2014) verorten. Diese ermöglichen den involvierten Akteuren durch eine strukturierte Zusammenarbeit eine Begegnung auf Augenhöhe in partnerschaftlicher Funktion. Hierbei stehen die Übernahme von Verantwortung für das eigene Handeln sowie die formalisierte Verpflichtung zu einer Zusammenarbeit im Zentrum (Healey et al., 2014).

Im Stufenmodell für partizipatives Lernen im formalen Bildungskontext nach Mayrberger (2012) findet sich ein ähnlicher Ansatz, das Modell differenziert jedoch den Partizipationsbegriff noch etwas deutlicher (siehe Abb. 1, insbesondere Stufen 6–8).

Stufe	Typen	Stufen partizipativen Lernens in formalen Bildungskontexten
9	Über Partizipation hinaus; (volle) Autonomie	**Selbstverwaltung bzw. Selbstorganisation**, d. h. die völlige Entscheidungsfreiheit und Verantwortung für die Gestaltung von Lernprozessen liegt bei den Lernenden (als Individuum oder Gruppe), die Lehrenden werden ggf. informiert
8	Partizipation	**Selbstbestimmung**, d. h. Lernprozess wird nicht mit, sondern von Lernenden initiiert und Lehrenden (partnerschaftlich) unterstützt (z. B. Inhalte, Ziele, Methoden etc.)
7		**Mitbestimmung**, d. h. Beteiligungsrecht, das Lernende tatsächlich bei Entscheidungen mit einbezieht und ihnen Mitverantwortung überlässt. Die Idee für ein Lernvorhaben kommt von Lehrenden, doch alle Entscheidungen werden demokratisch mit den Lernenden getroffen (z. B. Methoden, Ablauf, Bewertungskriterien)
6		**Mitwirkung**, d. h. indirekte Einflussnahme um bei einem von Lehrenden gestalteten Lernsituation eigene Vorstellungen zu artikulieren, aber ohne bei der konkreten Umsetzung dabei zu sein (z. B. Feedbackrunden, Evaluation)
5	Pseudo- oder Schein-Beteiligung; Vorstufen der Partizipation	**Einbeziehung**, d. h. Lehrende bereiten für Lernende eine Lernumgebung vor und die Lernenden sind gut informiert, verstehen worum es geht und wissen, was das Vorhaben bewirken soll (z. B. Vorstrukturierte Projektarbeit oder Blended Learning)
4		**Teilhabe, Anhörung**, d. h. über die blosse Teilnahme hinaus können Lernende sich sporadisch beteiligen und werden nach ihren Interessen gefragt (z. B. Erwartungsabfrage)
3		**Alibi-Teilnahme**, d. h. Lernende haben nur scheinbar eine Stimme und werden über den Verlauf des Lehr- und Lernszenarios (z. B. Seminarplan) informiert
2	Nicht-Partizipation	**Dekoration, Anweisung**, d. h. Lernende wirken auf einer Veranstaltung (z. B. Podiumsdiskussion) mit, ohne zu wissen, worum es geht
1		**Fremdbestimmung**, Instrumentalisierung, d. h. Inhalte wie Arbeitsformen und Ergebnisse eines Vorhabens werden komplett fremddefiniert

Abb. 1: Stufenmodell für partizipatives Lernen im formalen Bildungskontext (Mayrberger, 2012, S. 18)

In Partnerschaften dieser Art müssen Studierende und Dozierende ihre Rollenverteilung, die jeweilig zu verantwortenden Aspekte sowie die Entscheidungsgewalt über die betroffenen Lehr- und Lernprozesse neu aushandeln. Dabei wird die Ausgestaltung dieser Partnerschaften durch die Erfahrungen und das Fachwissen der beteiligten Partner:innen sowie Kultur und Kontext, in dem die Partnerschaft stattfindet (z.B. Studiengang, Fachbereich, Institution) geprägt (Healey et al., 2014). Hier ist es von besonderer Relevanz, die bestehenden hierarchischen Strukturen explizit zu thematisieren, da das Engagement der Studierenden zu einer Veränderung ihrer Rolle und einer entsprechenden Umorientierung des wissenschaftlichen Personals führt. Dieses hat nun nicht mehr vor allem die Expertise für disziplinäre Inhalte inne, sondern fördert auch gemeinsame Konzeptions-, Entwicklungs- und Lernprozesse (Bovill et al., 2016). Indem Lernende und Lehrende ermutigt werden, aus ihren im traditionellen Lehr-Lern-Setting zugewiesenen Rollen herauszutreten und sich stattdessen die Verantwortung für Kurs- oder Curriculumsinhalte und deren Durchführung sowie die anschließenden Bewertungsaktivitäten zu teilen, können sie ein Lernumfeld schaffen, das sowohl den Bedürfnissen der Studierenden potenziell besser entspricht, als auch die Handlungsmöglichkeiten der Lehrenden bezogen auf die didaktische Umsetzung der Lehrveranstaltung ausschöpft.

Die Neugestaltung von Partizipationsräumen (Mayrberger, 2012) im Hochschulkontext bildet somit die Hintergrundfolie für die folgende Darlegung der Prozessbegleitung und Unterstützungsstrukturen, mit denen in einem von teilweise widersprüchlichen Anforderungen geprägten Feld studentische Partizipation im hochschulischen Kontext gestaltet werden kann.

3. Hochschullehre in geteilter Verantwortung: Partnerschaften zwischen Studierenden und Lehrenden auf Lehr- und Curriculumsebene

Wenn Studierende bei der inhaltlichen Themenfindung, der Ablaufplanung und auch der Bestimmung der Kriterien zur Leistungsbewertung in der Lehre direkt beteiligt werden, können Lehrende das Vorwissen und die Lebenswelt der Studierenden bei der Lehrkonzeption besser miteinbeziehen (Healey et al., 2014). Dies kann für die Lehrenden eine Entlastung darstellen, wenn Studierende dann eine – expliziter vereinbarte – Mitverantwortung für das Gelingen der Lehre tragen. Gleichzeitig wird die Zusammenarbeit von Lehrenden und Studierenden gestärkt. Im Folgenden werden zwei verschiedene Projekte vorgestellt, in denen studentische Partizipation an der Freien Universität Berlin gefördert wird. Trotz ähnlich klingender Projekttitel zielen beide Projekte auf unterschiedliche Wirkungsebenen ab. Eine auf der Ebene des konkreten Lehr-Lerngeschehens zu verortende Partnerschaft wird nachfolgend am Beispiel von Students as Partners illustriert. Für die Ebene der Curriculumsentwicklung wird das Beispiel Students' University betrachtet.

3.1 Zwei Projekte studentischer Partizipation: Co-Teaching und Lehrentwicklung

Das Students-as-Partners-Programm (StaP) der Freien Universität Berlin unterstützt Lehrende bei der Gestaltung und Umsetzung von stärker studierendenorientierten Lehrveranstaltungen. Hierfür reichen hauptamtlich an der Universität Lehrende Konzepte für ein Co-Teaching mit studentischen Lehrtandempartner:innen ein. Die Lehrtandems sind während des gesamten Semesters in eine Begleitstruktur eingebunden.

Das Projekt Students' University (StudentU) zielt darauf ab, die Beteiligung von Studierenden in der Lehr- und Curriculumsentwicklung zu erhöhen. Statusgruppenübergreifende Teams aus Studierenden und Lehrenden werden dabei von Hochschuldidaktiker:innen angeleitet und unterstützt. Die Beteiligten entwickeln gemeinsam neue, studierendenorientierte Lösungen für eingangs von ihnen selbst identifizierte Lernhindernisse im weiteren Sinne, die über die (Mikro-)Ebene der einzelnen Lehrveranstaltung hinausgehen. Diese können ganze Module, Studienphasen oder Curricula betreffen.

In beiden Projekten erhalten die studentischen Partner:innen finanzielle Aufwandsentschädigungen.

3.2 Hochschuldidaktische Prozessbegleitung

Die beiden vorgestellten Projekte sind nicht nur auf verschiedenen Handlungsebenen verortet, sondern unterscheiden sich ebenfalls in Hinblick darauf, inwieweit die einzelnen Projektphasen vorab bestimmt waren – eher festgelegt (StaP) bzw. eher offen und innerhalb des Projekts auszuhandeln (StudentU).

Der Ablauf der einzelnen Aktivitäten der StaP-Lehrtandems orientiert sich an dem häufig in der hochschuldidaktischen Weiterbildung anzutreffenden Format des Lehrprojekts. Die Planung, Durchführung und Auswertung einer Lehrveranstaltung bzw. einer methodischen Erneuerung in einer Lehrveranstaltung wird durch hochschuldidaktische Beratung und flankierende Workshops begleitet.

Für die Prozessgestaltung in StudentU wird Design Thinking als Ansatz zur Problemlösung eingesetzt (Heiner et al., 2023; Schnaithmann et al., 2024). Design Thinking orientiert sich an den Bedürfnissen der Nutzer:innen (einer Anwendung, eines Prozesses, eines Materials usf.), womit im vorliegenden Kontext sowohl die Studierenden als auch die Lehrenden (und ggf. auch weitere Akteursgruppen wie bspw. wissenschaftsunterstützendes Personal) gemeint sind (Design Council, 2024; Grau & Rockett, 2022). Im Rahmen dieser nutzerzentrierten Vorgehensweise werden die Aktivitäten für jedes Lehrentwicklungsprojekt (LEP) in StudentU individuell angepasst, von denen einige exemplarisch im Folgenden erläutert werden.

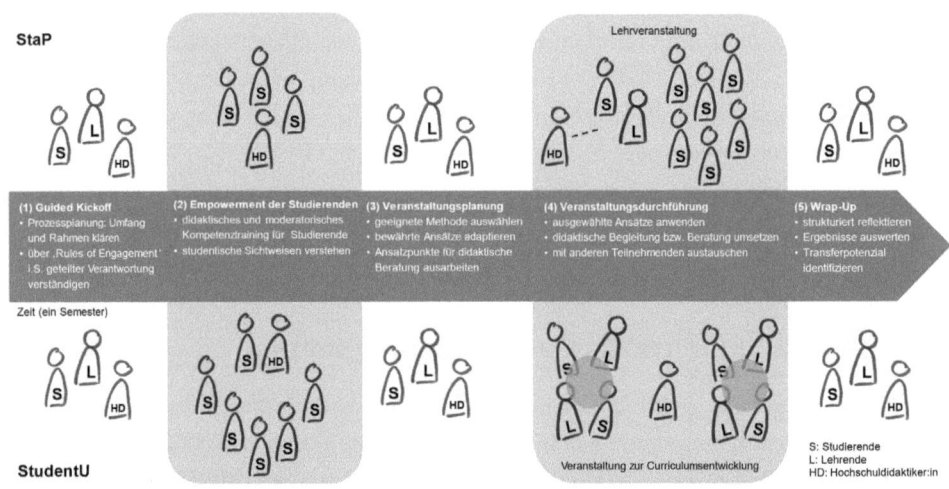

Abb. 2: Gegenüberstellung der Phasen hochschuldidaktischer Prozessbegleitung in den Projekten Students as Partners (StaP) und Students' University (StudentU) (im Verlauf eines Semesters) (eigene Darstellung)

Trotz ihrer Verschiedenheit lassen sich in Hinblick auf die hochschuldidaktische Prozessbegleitung gemeinsame, übergeordnete Phasen ausmachen, die Ausgangspunkt für die anschließende Diskussion verallgemeinerbarer Gelingensbedingungen für studentische Partizipationsprojekte sein können. Wie in Abbildung 2 zu sehen ist, gestalten sich die übergeordneten Phasen folgendermaßen aus:

1. Die didaktische Prozessbegleitung beginnt in beiden Projekttypen mit einem **Guided Kickoff**, einer Auftaktveranstaltung, bei der sich Studierende und Lehrende unter der Moderation von Hochschuldidaktiker:innen treffen und in die Prozessabläufe eingeführt werden. Dazu gehört eine Verständigung über die *rules of engagement*: Offenheit für ko-kreative und bisweilen experimentelle Lehransätze, gegenseitiger Respekt und ein Austausch auf Augenhöhe sowie Reflexion

über die jeweiligen Rollen und (impliziten) Hierarchien in der Hochschule. Bei den Lehrtandems in StaP liegt der Fokus auf der Vorbereitung der bevorstehenden gemeinsamen Lehre und den damit verbundenen Lernzielen. Im StudentU-Projekt hingegen wird den jeweiligen LEP-Partner:innen zunächst Zeit für die Erarbeitung ihrer eigenen Projektziele und Prioritäten eingeräumt.

2. Im nächsten Schritt der Projektbegleitung folgt das **Empowerment der Studierenden** durch didaktisches und moderatorisches Kompetenztraining. In beiden Projektansätzen geht es darum, bei den studentischen Projektpartner:innen benötigte Kompetenzen zu fördern und das Selbstvertrauen zu stärken, um sich aktiv in den Prozess einzubringen. In dieser Phase bietet sich den hochschuldidaktischen Organisator:innen auch die Möglichkeit, in einem besonders geschützten Rahmen Einblick in die Perspektiven der Studierenden zu erhalten. Dieser Projektabschnitt ermöglicht es den Studierenden in StaP, sich bewusst mit der Rolle als studentische Lehrende und einer anderen Verantwortungsübernahme für das Lehren und Lernen in der Lehrveranstaltung auseinanderzusetzen. Bei StudentU ist es wichtig, zusätzlich zur Erkundung der Perspektiven der unmittelbaren studentischen Projektpartner:innen, die Sichtweisen einer erweiterten studentischen Gruppe einzuholen, um eine möglichst große Vielfalt studentischer Erfahrungen in den Design-Thinking-Prozess einbringen zu können. In den Lehrentwicklungsprojekten (LEP) fällt es insbesondere den studentischen Partner:innen zu, gemeinsam mit den Hochschuldidaktiker:innen Räume zu schaffen, in denen weitere Studierende ihre Perspektiven einbringen können. Ein Beispiel dafür ist die Organisation einer studentischen Fokusgruppe zum Thema Curriculum, bei der Studierende höherer Semester eingeladen werden, mithilfe von Student Journey Maps[4] ihre Studienerfahrungen zu visualisieren und zur Diskussion beizutragen.

---

4 Student Journey Maps erlauben die grafische Abbildung von Handlungen, Arbeitspensum und Wohlbefinden im Zeitverlauf, um die Erfahrungen von Studierenden besser zu verstehen und nachzuvollziehen (https://www.fu-berlin.de/sites/dcat/unser-angebot/StudentU/faq-studentU/Student-Journey-Map_Anleitung.pdf).

3. Auf dieser mehrperspektivischen Problemerschließung aus studentischer Sicht baut die **Veranstaltungsplanung** auf. Im anschließend wieder statusgruppen- übergreifend organisierten Austausch werden dann die zuvor formulierten stu- dentischen Bedürfnisse mit den Bedürfnissen der Lehrenden abgeglichen. Dieser Prozess schafft eine ausgewogene Grundlage, auf der beide Projekte ihre weite- ren Schritte aufbauen. In StaP planen Lehrtandems die Gestaltung ihrer Lehrver- anstaltung und überlegen, wie sie die künftigen Teilnehmer:innen aktivieren und anschließend evaluieren können. In StudentU wählen und konzipieren die Part- ner:innen geeignete Veranstaltungsformate, in denen weitere Lehrende und Stu- dierende sich aktiv mit den studentischen Erfahrungen auseinandersetzen.

4. Der nächste Schritt ist die **Durchführung der Veranstaltung**. Für StaP ist dies direkt das Co-Teaching einer kompletten Lehrveranstaltung über ein ganzes Se- mester hinweg, im Verlauf dessen die einzelnen Lehrtandems sich gegenseitig hospitieren und die hochschuldidaktische Beratung fortlaufend in Anspruch neh- men können. In StudentU können unterschiedliche diskussionsfördernde Formate angewandt werden, um möglichst viele konkrete praktische Vorschläge für die Lehre und Lehrplanentwicklung zu erarbeiten. In einer Veranstaltung zur Curri- culumsentwicklung wird als Beispiel ein Open-Dialogue-Workshop im Stil eines World Cafés (Ropes et al., 2020) erprobt, in dem Lehrende und Studierende unter hochschuldidaktischer Moderation die Themen diskutieren, die in den studenti- schen Fokusgruppen identifiziert wurden.

5. Der letzte Schritt im Prozess ist ein **Wrap-up**, mit einer strukturierten Gruppen- und Einzelreflexion über die Umsetzung des Projekts, die Erfahrungen der Teil- nehmenden und die gewonnenen Erkenntnisse. Für die Pilot-Kohorte des StaP- Projekts wurden diese abschließend in einem Bericht veröffentlicht und darauf aufbauend der Evaluationsfragebogen für anschließende Kohorten entwickelt. Für die LEP in StudentU ist die Diskussion und Planung der Verankerung von LEP-Ergebnissen, z.B. bewährter Lehrmethoden und/oder Empfehlungen für die Curriculumsgestaltung wichtig.

3.3 Ergebnisse und Implikationen

Den hier beschriebenen Befunden liegen die Projektergebnisse und Rückmeldungen zur Qualität der Partizipation seitens der Beteiligten aus 16 Lehrtandems[5] im Rahmen von StaP sowie 5 Lehrentwicklungsprojekten im Rahmen von StudentU zugrunde.

Für die abschließende Fallstudie des StaP-Pilotdurchgangs wurden die ersten neun Lehrtandems im Rahmen einer Gruppendiskussion befragt. Die hauptamtlichen Lehrenden hoben dabei Aspekte wie geringere Hemmschwellen für die studentische Beteiligung, die Orientierung an den Bedürfnissen der Studierenden als Grundlage für Lernerfolge sowie den positiven Einfluss von studentischem Feedback auf ihre Lehrmethoden hervor. Vonseiten der studentischen Lehrenden wurde genannt, dass die gemeinsame Konzeption und Lehre zu einem tieferen Verständnis (auch der Herausforderungen) von Hochschullehre und Seminarstrukturen sowie einer Weiterentwicklung ihres Fachwissens beitrugen. Zudem zeigte sich ein größeres Verantwortungsbewusstsein gegenüber der eigenen Rolle mit Blick auf die erfolgreiche Kursgestaltung. Somit entspricht diese Art der studentischen Beteiligung den Stufen 7 und 8 nach Mayrberger (2012).

Um die potenziellen Folgeeffekte der StaP-Tandemlehre zu erfassen, wurden auch die an den jeweiligen Lehrveranstaltungen teilnehmenden Studierenden per standardisiertem Fragebogen befragt. Von den 42 befragten Seminarteilnehmenden gaben 61% an, dass sie die Lehrveranstaltungen durch StaP als stärker auf ihre Bedürfnisse ausgerichtet bewerteten als reguläre Lehrformate. Zudem urteilten 85%, dass StaP einen positiven Einfluss auf die Lehre hatte. In den Freitextantworten wurden insbe-

---

5   Es wurden seit 2022 16 StaP Lehrtandems gefördert. Neun Tandems davon in der Pilotphase, in welcher die Tandempartner:innen in Form einer Gruppendiskussion umfangreich qualitativ befragt wurden. Die Lehrveranstaltungsteilnehmer:innen aller StaP-Kohorten wurden per Lehrevaluationsfragebogen befragt. Für den vorliegenden Artikel konnten die Ergebnisse von n=42 Rückmeldungen berücksichtigt werden.

sondere der verbesserte Betreuungsschlüssel, die stärkere Berücksichtigung der studentischen Perspektive und die höhere Praxisorientierung hervorgehoben. Diese Ergebnisse belegen den Erfolg der StaP-Lehrprojekte in der Erreichung ihrer Zielsetzungen (Dahlem Center for Academic Teaching, 2022). Die Rückmeldungen verdeutlichen außerdem, wie die Teilnahme an StaP zur Reflexion der eigenen Lehr- und Lernpraxis anregt, die möglicherweise langfristig eine stärkere studierendenzentrierte Ausrichtung der Lehre fördern.

Das Projekt StudentU hatte zum Ziel, sichtbar und strukturiert studentische Partizipation in Bereichen zu unterstützen, in denen diese bisher nicht systematisch vorgesehen ist, etwa in Phasen der Curriculumsentwicklung. In den begleiteten fünf LEP konnten außer den acht unmittelbar involvierten studentischen Projektpartner:innen weitere 95 Studierende aus sechs Studiengängen für die Beteilung an neu geschaffenen studentischen Feedback-Foren, wie z.B. Fokusgruppen, Blitzinterviews[6] und Selbstreflexion-Umfragen, gewonnen werden und wertvolle Rückmeldungen in die LEPs einbringen.

Alle fünf im Rahmen von StudentU begleiteten Lehrentwicklungsprojekte (LEP) konnten ihre jeweils gesetzten Ziele erreichen. Die Beteiligten erarbeiteten Lösungen für Herausforderungen wie Studierbarkeit, Selbsteinschätzung und Zugehörigkeitsgefühl von Studierenden, die jeweils an die projektspezifischen Herausforderungen angepasst waren. Ein besonders hervorzuhebendes Ergebnis ist die erfolgreiche, statusübergreifende Veranstaltung zur Curriculumsentwicklung in einem der beteiligten Fächer, die konkrete Studienerfahrungen in den Fokus rückte und sich so deutlich von der üblichen Lehrplanentwicklung abhebt, die hauptsächlich auf den Inhalt des Curriculums abzielt.

---

6   Das Blitzinterview ist eine Methode, welche es ermöglicht, durch kurze Gespräche (etwa 3–5 Minuten) ein Stimmungsbild und zentrale Eindrücke zu ausgewählten Themen zu erhalten (https://www.fu-berlin.de/sites/dcat/unser-angebot/StudentU/Blitzinterviews/index.html).

Zusätzlich nahmen die LEP-Partner:innen (neun Lehrende und acht Studierende) an abschließenden Interviews teil. Sie reflektierten über ihre Erfahrungen und besprachen, wie die LEP-Ergebnisse künftig in ihren Fachbereichen verankert und weiterentwickelt werden könnten. Die Abschlussgespräche zeigen, dass die Zusammenarbeit zwischen den Statusgruppen als lohnende Erfahrung betrachtet wird. Aussagen von Lehrenden und Studierenden heben das höhere gegenseitige Empathieerleben und Bewusstsein für die Herausforderungen hervor, die sich für die jeweilige ‚andere Seite' beim Lehren und Lernen ergeben. Dabei erlebten die studentischen LEP-Partner:innen ihre Projektrolle als eingangs noch relativ unklar definiert. Im Verlauf des Prozesses entwickelten sie jedoch ein gestärktes Selbstbewusstsein und erlangten wertvolle Einblicke in institutionelle Mechanismen und interne Abläufe. Auch hier kann die studentische Beteiligung auf den Stufen 7 und 8 nach Mayrberger (2012) eingeordnet werden.

Zudem empfanden die Beteiligten die Entwicklung neuer Fähigkeiten, wie zum Beispiel das Leiten von Workshops, als sehr förderlich für ihr persönliches Wachstum. Darüber bewerteten alle LEP-Partner:innen die Prozessbegleitung als entscheidend für den Erfolg der Projekte, da diese maßgebliche Planungs-, Moderations- und Kreativitätskompetenzen in die Projekte einbrachte.

Die in den fünf Lehrentwicklungsprojekten (LEP) entwickelten Änderungsvorschläge und dazugehörigen Aktivitäten haben sich im Verlauf des StudentU-Projekts auf die Lern- und Studienbedingungen von mindestens 400 Studierenden in den betroffenen Studiengängen ausgewirkt.

4. Fazit und Ausblick

Im Rahmen der beschriebenen Projekte wurden Prozesse zur Ermöglichung und Förderung studentischer Partizipation umgesetzt und erprobt. Die begleitende, moderierende Prozessentwicklung umfasste:

- die angeleitete Rollenreflexion der beteiligten Studierenden und Lehrenden,

- Impulse für die didaktische und moderatorische Kompetenzentwicklung, v.a. der studentischen Partner:innen,

- die Einführung angepasster Feedback-Foren (Heiner et al., 2023; Schnaithmann et al., 2024) mit einem breiteren Zugang für die Studierendenschaft.

Die Prozessbegleitung ermöglichte sowohl die informelle Zusammenarbeit zwischen Studierenden und Lehrenden wie auch eine stärker formalisierte Vernetzung durch die engmaschige didaktische Begleitung, die sich von anderen studentischen Partizipationsansätzen unterscheidet (Mercer-Mapstone et al., 2017). Der Beitrag bietet somit Anknüpfungspunkte, wie im Hochschulkontext eingesetzte Modelle studentischer Partizipation (Mayrberger, 2012; Healey et al., 2014) um die Dimension hochschuldidaktischer Prozessbegleitung erweitert werden können.

Einen interessanten Sonderfall im Rahmen von StudentU stellte die Zusammenarbeit mit einer der Ausbildungskommissionen dar, die als beratende Kommission im Bereich Studium und Lehre agiert. In diesem Fall entschied sich das gesamte Gremium für die Teilnahme an StudentU, was eine wertvolle Gelegenheit darstellte, auf bestehenden Strukturen der studentischen Mitbestimmung aufzubauen. Obwohl Studierende in diesem Gremium bereits paritätisch an der Entwicklung von Studien- und Prüfungsordnungen sowie der Qualitätssicherung mitwirken, ermöglichte die Prozessbegleitung von StudentU eine neu ausgehandelte Verteilung der Verantwortung zwischen Lehrenden und Studierenden und stärkte die Wirkung des Gremiums.

Da einzelne engagierte Lehrende und Studierende in der Regel nicht über die gesamte Breite der erforderlichen Kompetenzen verfügen, die für das Gelingen eines partizipativen Aushandlungsprozess und der Entwicklung didaktischer und curricu-larer Innovationen notwendig oder hilfreich sind, erweist sich die hochschuldidakti-sche Prozessbegleitung als komplementärer, an die etablierte Gremienstruktur an-schlussfähiger Ansatz, durch welchen die studentische Beteiligung im Modell nach Mayrberger (2012) auf höheren Stufen, nämlich der Mitwirkung, Mitbestimmung und Selbstbestimmung (vgl. Abb. 1), umgesetzt werden konnte. Es bietet sich an, diese Vorgehensweise systematisch weiterzuentwickeln. Ein weiters Modell der De-partmental Action Teams (Corbo et al., 2015) könnte dabei als Orientierungshilfe dienen, insbesondere in Hinblick auf die Rolle der didaktischen Begleitung in fakul-tätsbasierten Veränderungsprozessen.

Die in den betrachteten Projekten erprobten Ansätze leisten einen Beitrag für erfolg-reiche Hochschulentwicklungsprozesse und einen möglichen Kulturwandel, indem sie traditionelle Rollenbilder herausfordern. Erste qualitative Ergebnisse solcher Un-terstützungsstrukturen wurden durch die Projekte StaP und StudentU dargelegt. Dies trägt zur Erarbeitung einer systematischeren Perspektive darauf bei, wie studentische Partizipation und gleichberechtigte Partnerschaften – deren Erfolg nicht selbstver-ständlich ist – durch prozessbegleitende Unterstützung erfolgreicher realisiert wer-den können.

Obgleich somit erste Fortschritte in der Umsetzung studentischer Partizipation sicht-bar werden, besteht weiterhin Bedarf an empirischen Untersuchungen zu den einzel-nen Aspekten des Begleitprozesses sowie zur nachhaltigen Wirkung hochschuldi-daktischer Begleitung von Studierenden-Lehrenden-Partnerschaften. Vor diesem Hintergrund ist es interessant herauszufinden, inwieweit solche Partizipationsan-sätze zu (kulturellen) Veränderungen der institutionellen Strukturen führen und die Bedingungen für neue Formen studentischer Partizipation und Empowerment dau-erhaft im Hochschulkontext etabliert werden können.

5. Danksagung

Die Autorinnen bedanken sich für die wertvolle Mitarbeit und Beiträge von Nora Kaiser und Christine Schnaithmann. Das Projekt StudentU wurde von der Stiftung Innovation in der Hochschullehre gefördert (FRFMM-262/2022).

6. Literaturverzeichnis

Bell, A., Carson, L., & Piggott, L. (2013). Deliberative democracy for curriculum renewal. In E. Dunne & D. Owen (Hrsg.), *The student engagement handbook: Practice in higher education* (S. 499–508). Emerald.

Bovill, C., Cook-Sather, A., Felten, P., Millard, L., & Moore-Cherry, N. (2016). Addressing potential challenges in co-creating learning and teaching: Overcoming resistance, navigating institutional norms and ensuring inclusivity in student–staff partnerships. *Higher Education, 71*(2), 195–208.

Corbo, J. C., Reinholz, D. L., Dancy, M. H., & Finkelstein, N. (2015). Departmental Action Teams: Empowering faculty to make sustainable change. In A. D. Churukian, D. L. Jones & L. Ding (Hrsg.), *2015 Physics Education Research Conference Proceedings* (S. 91–94). American Association of Physics Teachers.

Dahlem Center for Academic Teaching. (2022). *Abschlussbericht Students as Partners.* Online verfügbar unter: https://www.fu-berlin.de/sites/dcat/unser-angebot/Berichte/Inhaltselemente-Berichte/StaP_Abschlussbericht_2022.pdf

Design Council. (2024). *Systemic Design Framework.* Online verfügbar unter: https://www.designcouncil.org.uk/our-resources/systemic-design-framework/

Grau, S. L., & Rockett, T. (2022). Creating Student-centred Experiences: Using Design Thinking to Create Student Engagement. *The Journal of Entrepreneurship, 31*(2), 135–159.

Healey, M., Flint, A. & Harrington, K. (2016). Students as partners: Reflections on a conceptual model. *Teaching & Learning Inquiry, 4*(2), 8–20.

Healey, M., Flint, A., & Harrington, K. (2014). *Engagement through partnership: Students as partners in learning and teaching in higher education.* HE Academy.

Heiner, C. E., Schnaithmann, C., Kaiser, N., & Hagen, R. (2023). Fostering Student Participation with Design Thinking in Higher Education. *International Journal of Management and Applied Research*, *10*(2), 177–190.

Matthews, K. E, Cook-Sather, A., & Healey, M. (2018). Connecting learning, teaching, and research through student-staff partnerships: toward universities as egalitarian learning communities. In V. Tong, A. Standen, A. & M. Sotiriou (Hrsg.), *Shaping Higher Education with Students: Ways to Connect Research and Teaching* (S. 23–29). University College of London Press.

Mayrberger, K. (2012). Partizipatives Lernen mit dem Social Web gestalten. Zum Widerspruch einer verordneten Partizipation. *MedienPädagogik: Zeitschrift für Theorie und Praxis der Medienbildung*, *21*, 1–25.

Mercer-Mapstone, L., Dvorakova, L. S., Matthews, K. E., Abbot, S., Cheng, B., Felten, P., Knorr, K., Marquis, E., Shammas, R., & Swaim, K. (2017). A Systematic Literature Review of Students as Partners in Higher Education. *International Journal for Students as Partners, 1*(1), 1–23.

Raffaele, C., Rediger, P., & Schneider, S. (2021). *Die Partizipation Studierender als Kriterium der Qualitätssicherung in Studium und Lehre*. Institut für Hochschulforschung Martin-Luther-Universität Halle-Wittenberg. https://www.hof.uni-halle.de/web/dateien/pdf/ab_117.pdf

Ropes, D., van Kleef, H., & Douven, G. (2020). Learning in The World Café: an empirical evaluation. *Journal of Workplace Learning, 32*(4), 303–316.

Schnaithmann, C., Kaiser, N., Reinecke, K., & Heiner, C. E. (2024). Students' University: Lehren und Lernen als Gemeinschaftsaufgabe. *Neues Handbuch Hochschullehre* 115, 113–126.

Nina Hatsikas-Schroeder[1], Tanja Rüdisühli Kunzmann[2],
Jeremias Amstutz[3] & Jacqueline Zimmermann[4]

Individuelle Lernprozesse begleiten – wie geht das? Ko-Kreation in der Lehrentwicklung mit Design Thinking

Zusammenfassung

„Individuelle Lernprozesse begleiten – wie geht das?" Diese Frage wurde mit der Methodologie Design Thinking an der Fachhochschule Nordwestschweiz (FHNW) in einem zweijährigen Lehrentwicklungsprojekt bearbeitet. Verortet im Bachelor Soziale Arbeit der Hochschule für Soziale Arbeit FHNW, wurde das Projekt in Kooperation mit Akteur:innen des BA Data Science der Hochschule für Technik FHNW und BA Prozessgestaltung der Hochschule für Gestaltung und Kunst FHNW umgesetzt. Das ko-kreative Projektdesign erschloss und bündelte die vorhandene Erfahrung und Expertise von Studierenden und Lehrenden im Kontext der Begleitung individueller Lernprozesse und führte diese konzeptionell zusammen. Anschlussfähige Vorschläge für die Implementierung der Erkenntnisse in Bildungsformaten der Fachhochschule sind entstanden.

Schlüsselwörter

Ko-Kreation, Design Thinking, Individuelle Lernprozesse, Partizipation von Studierenden, Anforderungsprofil, interdisziplinäre Hochschulentwicklung

---

1 Corresponding author; Fachhochschule Nordwestschweiz;
  nina.hatsikasschroeder@fhnw.ch
2 Rüdisühli – Bildungs- und Sozialinnovation; hi@tanjaruedisuehli.ch; ORCID 0009-0006-5767-1894
3 Fachhochschule Nordwestschweiz; jeremias.amstutz@fhnw.ch; ORCID 0009-0001-5433-3340
4 DAS.VENTIL; jacqueline.zimmermann@dasventil.ch

---

https://doi.org/10.21240/zfhe/19-03/13

Supporting individual learning processes. Co-creation in curriculum development using design thinking

Abstract

Using design thinking methodology, a two-year curriculum development project at FHNW University of Applied Sciences and Arts Northwestern Switzerland explored ways of supporting individual learning processes. Focussing on the Bachelor programme at FHNW School of Social Work, the project was being conducted in collaboration with partners from FHNW School of Engineering and Basel Academy of Art and Design FHNW. The co-creative project design made it possible to collect and bundle students' and lecturers' existing experiences and expertise concerning individual learning processes and then combine these into a corresponding concept. The result is a set of proposals for implementing the findings in educational formats at the FHNW.

Keywords

co-creation, design thinking, individual learning processes, student participation, profile of competencies, interdisciplinary curricula development

1. Einleitung

In den letzten drei Jahrzehnten lässt sich ein grundlegender Wandel im Kontext der Lehr-Lern-Kultur an Hochschulen beobachten, welcher als „Shift from Teaching to Learning" (Wildt, 2007; Fendler & Glaeser-Zikuda, 2013) bezeichnet wird und den Fokus auf die Perspektive der Studierenden und deren Lernprozesse richtet. Verankert in einem konstruktivistischen Lehr-Lernverständnis, stehen nicht mehr Ergebnisse und Erwartungen wie Prüfungsergebnisse und vordefinierte Lehrpläne im Zentrum der Aufmerksamkeit. Der Fokus richtet sich vielmehr auf Lehr- und Lernsettings, die die Aneignung von adäquaten Lernstrategien unterstützen sowie selbstorganisiertes und sinnstiftendes Lernen ermöglichen (Kolb & Kolb, 2005; Prince & Felder, 2006; Mascolo, 2009; Aziz Hussin, 2018; Damşa et al., 2019; Vespone, 2023). Eine entsprechende individualisierte Lernbegleitung bietet Studierenden die Möglichkeit, ihre individuellen Erfahrungen, Stärken und Besonderheiten in Lernprozesse einzubringen, sodass Diversität im Kontext von Lehre als Chance betrachtet werden kann (Rohr et al., 2016). Verschiedene Fachbereiche der Fachhochschule Nordwestschweiz (FHNW) nehmen diese Entwicklungen auf und setzen auf Studienangebote, die den Studierenden ein hohes Maß an Mitgestaltung im Lernprozess, einen ausgeprägten Selbstorganisationsgrad und eine dialogische Beziehungsgestaltung mit Lehrenden ermöglichen. Ziele, Zeiten, Ressourcen, Verfahren und Mitwirkungsoptionen werden dementsprechend von allen Beteiligten möglichst flexibel, bedarfsorientiert und individuell ausgehandelt. Nicht nur die Frage der Bildungsinhalte an sich ist relevant, sondern auch, wie diese gemeinsam erschlossen und bearbeitet werden können (Kunz & Hatsikas-Schroeder, 2023).

Ausgehend von diesen Entwicklungen wurde die Frage „Individuelle Lernprozesse begleiten – wie geht das?" in einem zweijährigen Lehrentwicklungsprojekt (September 2022 bis August 2024) an der FHNW hochschulübergreifend gemeinsam mit Studierenden und Lehrenden bearbeitet. Verortet im Bachelor der Hochschule für Soziale Arbeit FHNW, ist das Projekt in Kooperation mit Akteur:innen der BA-Studiengänge Data Science der Hochschule für Technik FHNW und Prozessgestaltung der Hochschule für Gestaltung und Kunst umgesetzt worden. Das Projekt war Bestandteil des strategischen Entwicklungsschwerpunktes „Hochschullehre 2025" der FHNW, in dessen Kontext seit 2018 innovative Lehr- und Lernformate erprobt, evaluiert und implementiert werden.

Inhaltlich verfolgte das Lehrentwicklungsprojekt das Ziel, Chancen und Herausforderungen in der Begleitung von Studierenden in individualisierten Bildungssettings an der FHNW zu beschreiben und zu erklären. Weiterführend sollten die Rolle von Lehrenden in diesen Lehr- und Lernformaten ausdifferenziert, ein entsprechendes Anforderungsprofil entwickelt sowie Prototypen für die Qualifizierung von Lehrenden entworfen werden.

Das prozessuale Ziel des Lehrentwicklungsprojektes bestand darin, Ko-Kreation (Bovill, 2020) konsequent im Projektdesign zu berücksichtigen und damit studentische Partizipation sicherzustellen. Design Thinking (DT) wird in diesem Zusammenhang als ein methodischer Zugang diskutiert, der Ko-Kreation im Kontext von Hochschulbildung ermöglicht (Vardakosta et al., 2023).

Der Beitrag zeigt exemplarisch auf, wie durch die Partizipation von Studierenden und Lehrenden die qualitative Weiterentwicklung von Lehre gestaltet werden kann.

2. Ko-Kreation in der Hochschulbildung mit Design Thinking

In der Hochschulbildung ist in den letzten Jahren ein gestiegenes Interesse in Forschung und Praxis an den Themen „Studierende als Partner:innen" und „Ko-Kreation" im Kontext von Lernen und Lehren zu beobachten (Cook-Sather et al., 2014; Dunne, 2016; Mercer-Mapstone et al., 2017; Lubicz-Nawrocka & Bovill, 2021). Partnerschaft beim Lernen und Lehren wird als ein kollaborativer, wechselseitiger Prozess verstanden, der den beteiligten Akteur:innen ermöglicht, gleichberechtigt, wenn auch nicht notwendigerweise in gleicher Weise, einen Beitrag im Rahmen von

curricularen oder hochschulpädagogischen Konzeptualisierungen, Entscheidungs-
findungen, Umsetzungen, Untersuchungen oder Analysen zu leisten (Cook-Sather et
al., 2014). Ko-Kreation kann die gleichwertige Zusammenarbeit zwischen Studierenden und Lehrenden fördern und hierarchische Barrieren abbauen. Studierende
entwickeln darüber hinaus wertvolle Fähigkeiten wie Teamarbeit und Führung, die
ihnen auch außerhalb der Hochschule zugutekommen (Cabral et al., 2023).

Die Einbindung der Perspektiven von Studierenden und Lehrenden ging im hier beschriebenen Lehrentwicklungsprojekt deutlich über eine einfache Bedarfsabfrage
hinaus (Knaut et al., 2023, S. 66). Im Sinne des „student-led learning"-Ansatzes
(Hill, 2020; Sattarova, Groot & Arsenijevic, 2020; Purkarthofer & Mäntysalo, 2022)
sollte die Perspektive der Studierenden im Projekt adäquat berücksichtigt werden.
„Student-led learning" ist auf kollaborative Bildungsprozesse ausgerichtet, stellt die
Interessen von Studierenden in den Mittelpunkt und fordert deren Partizipation in
der Curriculumsgestaltung ein.

Design Thinking (DT) wird als ein agiler und studierendenzentrierter Zugang (Härer
& Herzwurm, 2022) diskutiert, der Ko-Kreation in der Hochschulbildung ermöglicht
(Vardakosta et al., 2023). Gestaltende begeben sich neugierig und bereit zu Kooperation und Perspektivenwechseln in den ergebnisoffenen Erarbeitungsprozess und
nähern sich mittels raschen Voranschreitens über Prototyping und Testing gleichzeitig einem tieferen Verständnis der Herausforderungen und Lösungen an, die insbesondere für Nutzer:innen sinnhaft sind. Das Vorgehen folgt einer spezifischen Pro-
zesslogik und nutzt Kreativmethoden zum Ausloten des sogenannten Problem- und
Lösungsraumes (Thienen et al., 2014). Nachfolgend wird das ko-kreative Projektdesign mit dem Problemlöseansatz DT (Meinel & Krohn, 2021) erläutert und entlang
dieser Struktur werden die Projektergebnisse skizziert.

3. Projektdesign des Lehrentwicklungsprojekts

Das Projektdesign des vorgestellten Lehrentwicklungsprojektes orientierte sich mit der Gliederung in zwei Rauten an einer weit verbreiteten DT-Prozessdarstellung, dem „Double-Diamond" (Design Council, 2007).

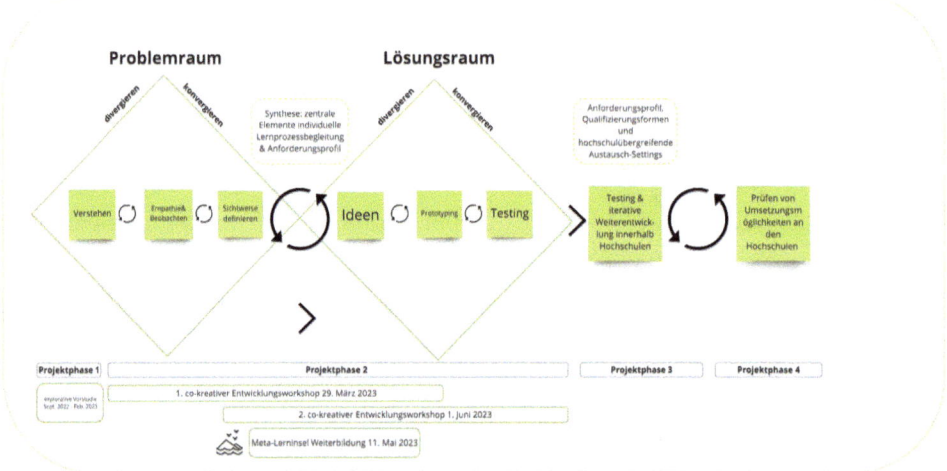

Abb. 1: Projektdesign Lehrentwicklungsprojekt „Individuelle Lernprozesse begleiten – wie geht das?" (in Anlehnung an Design Council, 2007, S. 6)

Innerhalb der ersten Raute, dem Problemraum, ist das Verstehen der Herausforderung durch Beobachten und Empathie angesiedelt. Die Engführung zwischen den beiden Diamanten kennzeichnet eine vorläufige Sichtweise auf die Herausforderung. Innerhalb der zweiten Raute, dem Lösungsraum, sind Ideenentwicklung und Prototypisierung sowie das Testen von Lösungswegen angesiedelt. DT orientiert sich stark an den Bedürfnissen der beteiligten Personen (Hauptzielgruppen), weshalb Studierende wie auch Lehrende, die für das Gelingen individueller Lernprozesse Verantwortung tragen, aktiv in den Erarbeitungsprozess involviert waren. Die Rahmenbedingungen während der Workshops begünstigten eine gleichwertige Zusammenarbeitskultur. Dabei war die Orientierung an einem „Code of Co-Creation" entscheidend. Er hält den respektvollen und achtsamen Umgang miteinander fest, deklariert die Anwesenden allesamt als gleichberechtigte Lernende und versteht den gemeinsamen Prozess als Lernprozess mit iterativen Lernschlaufen. Dabei sollen prototypisierte Lösungsentwürfe durch Testschlaufen validiert und verfeinert werden. Dieser Prozess wird im Folgenden anhand der Entwicklung eines Anforderungsprofils für Lehrende aufgezeigt, die Studierende in individualisierten Bildungssettings an der FHNW begleiten.

3.1 Problemraum: Verstehen der Herausforderung

Im DT-Prozess ermöglicht die Eröffnung des Problemraums, dargestellt in der ersten Raute (siehe Abb.1), das Verstehen der zu bearbeitenden Herausforderung (Schmidberger & Wippermann, 2022). Zwei unterschiedliche Zugänge unterstützten in unserem Projektdesign diesen Verstehensprozess. In der Projektphase I (September 2022 bis Februar 2023) wurde eine explorative Vorstudie durchgeführt. Mit Studierenden und Lehrenden der kooperierenden Studiengänge wurden hochschulspezifisch fünf Expert:inneninterviews und drei Gruppendiskussionen durchgeführt. Das Datenmaterial wurde inhaltsanalytisch ausgewertet (Mayring, 2022) und durch Erkenntnisse des aktuellen Fachdiskurses ergänzt. Die in der Vorstudie identifizierten Herausforderungen und Gelingensbedingungen im Kontext der Begleitung individueller Lernprozesse flossen in die zweite Projektphase ein.

Die zweite Projektphase (März 2023 bis August 2024) umfasste die Durchführung von zwei ganztägigen Entwicklungsworkshops sowie die systematische Sichtung und Verdichtung der an den Workshops entstandenen Ergebnisse durch das Projektteam.

Die ca. 40 Teilnehmenden des ersten Entwicklungsworkshops (Studierende, Lehrende der projektbeteiligten Hochschulen und „critical friends") stiegen – eingeteilt in möglichst heterogene Teams – in den Prozess ein. Die Perspektivenvielfalt sollte durch kritisches Nachspüren an Bruchstellen die Entstehung von Neuem und vor allem von nachhaltigen Lösungen begünstigen. Bewusst wurden zu Beginn des ko-kreativen Workshops noch keine Ergebnisse aus der oben erwähnten Vorstudie kommuniziert, um das Verständnis für die zu bearbeitende Herausforderung seitens der Teilnehmenden nicht schon zu Beginn einzuengen. Für das sogenannte „Needfinding" befragten sich die anwesenden Studierenden und Dozierenden gegenseitig zum subjektiven Erleben typischer Situationen, wenn sie als Dozierende individuelle Lernprozesse begleiten respektive als Studierende Begleitung ihres Lernweges durch Dozierende erfahren. Mithilfe des Tools „Empathie-Landkarte" tauchten sie empathisch und ohne zu bewerten in die emotionale Realität des Gegenübers ein. Die Erkenntnisse aus diesem Perspektivenwechsel bereicherten ihr Verständnis der Herausforderung und flossen in die Problemanalyse mittels „Problem Framing Tree" ein. Dieser bietet eine strukturierte Vorgehensweise, um (vermutete) Ursachen (Wurzeln der Baumdarstellung) und beobachtbare Auswirkungen (Baumkrone) eines Problems in Abhängigkeit voneinander genauer zu ergründen. Die Ergebnisse dieser Arbeit wurden im Plenum zu einem Gesamtbild zusammengeführt und mit „Ankerzitaten" (Mayring, 2022) aus der Vorstudie ergänzt. Abbildung 2 zeigt den entstandenen Problem Framing Tree.

Abb. 2: Problemanalyse: „Problem Framing Tree" (Rüdisühli, 2023)

3.2 Definieren der Sichtweise

Im Folgenden werden die im Problem Framing Tree dargestellten Herausforderungen zusammengefasst. Dieser Schritt wird im DT-Prozess als „Definieren der Sichtweise" bezeichnet.

Als wesentliche Ursache für die Herausforderungen in der Begleitung individueller Lernprozesse wurde das Aufbrechen von „standardisierten" Rollen-Erwartungen thematisiert, welche sowohl die Lehrenden- als auch die Studierendenrolle betrifft. Studierende und Lehrende erfahren, dass alte und neue Systeme aufeinandertreffen. Beide Seiten bringen in der Regel aus der eigenen Bildungsbiografie ein traditionell geprägtes Bildungsverständnis mit. Diese „Standardmuster" müssen losgelassen werden. Die in individualisierten Bildungssettings viel stärker selbstorganisiert geprägte Steuerung der Kompetenzentwicklung erzeugt bei Lehrenden als auch bei Studierenden Unsicherheit. Lehrende fragen sich beispielsweise, inwieweit sie den Lernprozess, z.B. durch die Vorgabe von Themen und Fachwissen, steuern sollten. Auch Studierende erleben diese Form der Studiengestaltung als verunsichernd, da sie Lernprozesse stärker selbstorganisiert gestalten und mehr Verantwortung für den eigenen Lernprozess übernehmen müssen.

Der Beziehung zwischen Lehrenden und Studierenden wird im Begleitprozess insgesamt ein hoher Stellenwert beigemessen; „sie ist das A und O" und wird als wesentliche Voraussetzung für das Gelingen individueller Lernprozesse erachtet. Wesentlich ist auch das Interesse an den Studierenden als Personen mit einer (Lern-)Biografie.

Innerhalb der Begleitprozesse wird die Neuverteilung der Machtverhältnisse erlebt, die von beiden Seiten neu gelernt und erprobt werden muss und nicht immer als gelungen wahrgenommen wird. Der Umgang mit Machtgefälle und Machtungleichheit wurde mehrfach als herausfordernd benannt. Häufig wird thematisiert, wie im Spannungsfeld von Verständigungsorientierung und strategischer Orientierung die Aneignung von Fachwissen und Entwicklung von Kompetenzen auf BA-Niveau bewertet werden kann, ohne die Beziehung zu gefährden.

Die veränderten Rollenanforderungen zeigen sich in den Auswirkungen zudem darin, dass ein erhöhter Kommunikationsbedarf im Begleitprozess festgestellt wird. Kriterien, die die Kompetenzentwicklung aufzeigen können, sind gemeinsam zu definieren. Zudem müssen Verantwortlichkeiten im Lernprozess gemeinsam definiert werden. Ressourcen und Zeit sind erforderlich, um zuzuhören und die aktuelle Situation von Studierenden erfassen zu können. Studierende wünschen sich Orientierung und lernwirksames Feedback im Begleitprozess. Lehrende sind herausgefordert, eine Balance zwischen Ermutigen und kritisch nachfragen zu finden, sodass das Erleben von Frust, Überforderung und Selbstzweifeln im Lernprozess aufgefangen werden kann und nicht in Resignation und Abschottung der Studierenden resultiert.

3.3 Lösungsraum: Ideengenerierung, Prototypisierung und Testing

Aufbauend auf diesem vertieften Verständnis der Bedürfnisse aller Beteiligten und somit der Herausforderung, die es anzugehen gilt, umrissen die Teams ihre positiven Zukunftserwartungen bezüglich des neuen Anforderungsprofils entlang folgender Fragestellungen: Wie sieht das Profil einer individuellen Lernprozessbegleitung aus? Welche Haltung ist damit verbunden? Welche Kompetenzen und welches Rollenbild sind damit verknüpft? Das kreative und visuelle Ausgestalten der aus diesen Fragen entstandenen Ideen fördert einerseits die Verständigung innerhalb der Teams, andererseits wirkt der Einsatz von (physischen) Materialien beim Übersetzen in eine Bildmetapher oftmals inspirierend und führt zur Anreicherung einer bestehenden Idee (Brown, 2009). Durch enges Timeboxing sind die Beteiligten zudem gefordert, ein oft etabliertes und bewährtes Muster – jenes des langen und umsichtigen Abwägens – für den Moment hinter sich zu lassen und sich von ihrer Intuition leiten zu lassen und schnell in die Umsetzung zu gehen. Im Sinne des Prinzips „Denken mit den Händen" werden rein kognitive Gedankengebilde ins Visuelle übersetzt und zusätzlich mittels Storytelling erfahrbar gemacht (Brown, 2009). Der Gegenstand von

Hochschulentwicklung ist kein physisches Produkt. Gerade bei Dienstleistungen, Angeboten oder wertegeleiteten Kulturen verhilft Prototyping dazu, frühe Ideen im Sinne erwünschter Zukünfte in eine Form zu bringen, welche die zentralen Merkmale erkennbar und mit Nutzer:innen testbar werden lässt (Lewrick et al., 2017). Entsprechend haben die sieben beteiligten Teams je einen Profil-Prototyp entwickelt und vorgestellt. Dabei wurden keine „idealtypischen" Rollenprofile definiert, vielmehr ging es im Wortsinn von „profilare" darum, Umrisse einzelner wünschenswerter Elemente eines Anforderungsprofils zur Begleitung individueller Lernprozesse darzustellen.

Im Anschluss an den ersten Workshoptag verdichtete und synthetisierte das Projektteam die Essenzen aus den Profil-Umrissen mit den Erkenntnissen aus Vorstudie und Fachdiskurs zu einem Anforderungsprofil. Die Prototypen zum Anforderungsprofil konkretisierten, welche Kompetenzen Lehrende für die Begleitung von Studierenden in individualisierten Bildungssettings benötigen und (weiter-)entwickeln sollten. Die Thematisierungsweisen in den Prototypen der Anforderungsprofile sind anschlussfähig an den aktuellen Fachdiskurs. Vespone (2023) benennt in einem Literatur-Review „Beziehungen" und „sichere Räume" als entscheidende Elemente, um Lernen in ko-konstruierten Bildungsumgebungen zu aktivieren. Damit Lernende in diesen Bildungssettings Fähigkeiten und Fertigkeiten entwickeln, sich für ihr Lernen engagieren, einen Sinn finden und einen Zweck erkennen können, müssen sinnvolle Beziehungen, Interaktionen und Verbindungen bestehen. Sichere Räume wiederum ermöglichen Studierenden, eigene Ideen und Gedanken in den Lernprozess einzubringen. Zudem kommen in sicheren Räumen mehrere Stimmen und Perspektiven zu Wort, insbesondere diejenigen, die normalerweise ungehört bleiben und unterdrückt werden. Grundsätzlich ist es für das Verstehen von inhaltlichen Zusammenhängen förderlich, wenn sich Lernende psychisch und emotional sicher, respektiert und wohl fühlen. Daher bedarf es im Kontext curricularer Arrangements sicherer, beziehungsorientierter Lern- und Erfahrungsräume. Lehrende müssen entsprechende Beziehungen und sichere Räume ausgestalten können.

Das entstandene Anforderungsprofil umfasst einerseits Fach- und Methodenkompetenzen sowie Sozial- und Selbstkompetenzen. Der Bereich der Fach- und Methodenkompetenzen ermöglicht Lehrenden, als Fachperson sichtbar zu werden und die Entwicklung von Fachwissen und Kompetenzen auf BA-Niveau zu begleiten. Zudem wurden grundlegende, methodisch-didaktische Kompetenzen sowie Fachwissen zur Begleitung und Gestaltung von Bildungsprozessen aufgeführt.

Der Bereich der Sozialkompetenzen fokussiert auf Fähigkeiten und Fertigkeiten, die den Beziehungsaufbau und die Beziehungsgestaltung während des Bildungsprozesses berücksichtigen. Es geht hier insbesondere darum, Verantwortung für Beziehungsaufbau und Austauschräume zu übernehmen und vor allem zu Beginn und gegen Ende der Arbeitsbeziehung Orientierung im Lernprozess zu ermöglichen. Zudem muss die Begleitperson in der Lage sein, Räume zur Verfügung zu stellen, um sich gegenseitig kennenzulernen, eine Standortbestimmung vorzunehmen und sich gemeinsam für Wege im Bildungsprozess zu entscheiden. Lehrende müssen bestehende Rahmenbedingungen des Bildungssettings sowie eigene Ressourcen und Erwartungen transparent machen. Darüber hinaus können sie zu Beginn der Arbeitsbeziehung Vereinbarungen zur Zusammenarbeit aushandeln und im Prozess überprüfen. Die Begleitung während des Bildungsprozesses beinhaltet Fähigkeiten und Fertigkeiten, um im Sinne eines ko-konstruierten Bildungsverständnisses diesen Prozess gemeinsam zu gestalten wie auch bedarfsorientiert, individuell und personenbezogen zu begleiten. Dies bedingt vor allem, die Perspektive der Studierenden einnehmen zu können, sowie die Fähigkeit, eine Metaperspektive auf den Lernprozess einzunehmen.

Der Bereich der Selbstkompetenz umfasst Fähigkeiten und Fertigkeiten von Lehrenden, die eine reflexive Begleitung von Studierenden ermöglichen.

Sie zeigen Interesse und Begeisterung an individuellen Lernprozessen und an der (Bildungs-)Biografie der Studierenden. Lehrende müssen die Bereitschaft mitbringen, sich im fachlichen Austausch auf neue Themen einzulassen und voneinander und miteinander zu lernen. Sie sind bereit, sich persönlich und fachlich weiterzuentwickeln. Sie verstehen sich selbst als Lernende im Begleitprozess. Sie verfügen über ein ausgeprägtes Bewusstsein hinsichtlich der eigenen Rolle und Position und agieren dementsprechend diversitäts- und machtsensibel. Sie können sich interessiert, motiviert und neugierig auf Begleitprozesse einlassen und sind fähig, ihr Handeln zu reflektieren und Feedbacks zu integrieren. Darüber hinaus können sie in herausfordernden Situationen Spannung aushalten, mit Unsicherheiten umgehen und heitere Gelassenheit bewahren.

Der zweite Entwicklungsworkshop stellte sich, nachdem das Anforderungsprofil zu Beginn des Workshops im Rahmen eines Testings mit den Mitwirkenden „angenommen" worden war, die Frage nach dem konkreten „Wie". Bezogen auf das entstandene Anforderungsprofil wurden prototypische Formen einer weiterführenden Qualifizierung der Begleitpersonen entworfen. Auch Prototypen zur Ausgestaltung des hochschulübergreifenden Austauschs zwischen Lehrenden sowie Studierenden und Lehrenden, wurden weiter gedacht mit dem Ziel, Räume für eine reflexive Auseinandersetzung mit den Anforderungen, die eine individualisierte Begleitung von Lernprozessen mit sich bringt, bereitzustellen.

3.4 Testing, iterative Weiterentwicklung und Umsetzungsmöglichkeiten

In der dritten Projektphase (September 2023 bis Juni 2024) standen die Erprobung und iterative Weiterentwicklung der in den Workshops entstandenen Prototypen im Mittelpunkt. Im Juni 2024 fand ein Auswertungsworkshop mit 14 Vertreter:innen aus Studierendenschaft, Lehre und Leitungspersonen aus Aus- und Weiterbildung der FHNW statt, der Erkenntnisse und Erfahrungen aus der Testing-Phase und Möglichkeiten der Implementation der entwickelten Prototypen diskutierte und initiierte.

Beispielsweise wurde in der Testing-Phase die Ausdifferenzierung eines prototypischen Entwurfs für ein Weiterbildungsformat vorangetrieben. An der Weiterentwicklung dieser prototypischen Idee waren insbesondere Personen in Schlüsselpositionen in Aus- und Weiterbildung der Hochschule für Soziale Arbeit FHNW sowie eine Fachperson aus der Hochschule für Angewandte Psychologie FHNW beteiligt.

Im Mittelpunkt des Prototyps steht die Idee einer portfoliobasierten Kompetenzentwicklung. Das Format zeichnet sich durch Modularität und Flexibilität aus. Module können passgenau im Hinblick auf berufliche Herausforderungen und Ziele gewählt werden. Dies ermöglicht eine hohe Anpassungsfähigkeit des Programms an unterschiedliche Lern- und Profilierungsbedürfnisse. Zudem werden ko-kreative Lernorte eingerichtet, in denen Lernende aus unterschiedlichen Bereichen gemeinsam an ihren Kompetenzen arbeiten. Dies trägt zu einem nachhaltigen und umfassenden Kompetenzaufbau bei.

Auch ist ein hochschulübergreifender Austausch für Lehrende, die individuelle Lernprozesse begleiten, erprobt worden. Dieser wird im Studienjahr 2024/2025 mit einer ersten Gruppe von Lehrenden als Pilot weitergeführt und konzeptionell weiterentwickelt. Parallel werden Möglichkeiten der institutionellen Verankerung ausgelotet mit dem Ziel, ein kontinuierliches Angebot für diesen hochschulübergreifenden Austausch an der FHNW, die Studierende in individualisierten Bildungssettings begleiten, zu etablieren.

Zudem gestalteten Studierende des BA Soziale Arbeit der Hochschule für Soziale Arbeit sowie des BA Prozessgestaltung der Hochschule für Gestaltung und Kunst mit Begleitpersonen einen hochschulübergreifenden Workshop. Dabei sind weiterführende Ideen entstanden, wie die hochschulübergreifende Kooperation zwischen Studierenden und Lehrenden im Kontext der Begleitung individueller Lernprozesse gestaltet werden könnte. Zurzeit wird die Nutzung bestehender curricularer Gefäße geprüft und weitere Möglichkeiten der hochschulübergreifenden Lehre werden mit den Studiengangsleitungen diskutiert.

Die letzte Projektphase (Juli 2024 bis August 2024) diente der Darstellung und Kommunikation der entstandenen Prototypen im Kontext der FHNW in verschiedenen Organisationseinheiten und der Anbahnung von Verstetigungsmöglichkeiten auf organisationaler Ebene.

4. Gelingensbedingungen und Grenzen

Im vorgestellten Lehrentwicklungsprojekt agierten „Studierende als Partner:innen" (Lubicz-Nawrocka & Bovill, 2021), indem sie als Mitgestaltende ihre studentische Expertise zur Frage „Individuelle Lernprozesse begleiten – wie geht das?" aktiv einbringen konnten. Unterstützt durch den ko-kreativen Ansatz DT, entwickelten Studierende und Lehrende ein Anforderungsprofil sowie Prototypen für Qualifizierungsangebote für Lehrende, die sich in individualisierten Bildungssettings engagieren.

Ko-Kreation in der Hochschule fordert die beteiligten Akteur:innen als auch die Institution Hochschule heraus. Zwangsläufig kann mit Widerständen im Kontext veränderter Lern- und Lehrmethoden gerechnet werden (Lubicz-Nawrocka & Bovill, 2021).

Für die Ebene der konkreten Zusammenarbeit sollte die Nutzung von ko-kreativen Ansätzen wie DT methodisch-didaktisch gerahmt werden. Das Erleben der DT-Prinzipien wie Einfühlungsvermögen, Iteration, Akzeptanz von Misserfolgen und Experimentieren kann zu Situationen führen, die ungewohnt und unbequem sind. Durch eine zusätzliche halbtägige Weiterbildung konnte eine Teilnahmebestätigung für ein Fachseminar zu „DT im Hochschulkontext" erworben werden, um sich ein vertieftes Verständnis zu DT anzueignen. Chancen und Grenzen von DT konnten auf einer Metaebene reflektiert werden. Die Teilnahmebestätigung war zudem für Studierende und Lehrende ein Anreiz, sich im Lehrentwicklungsprojekt zu engagieren.

Hochschulen müssen ebenso auf der organisationalen Ebene darüber nachdenken, wie sie Mitarbeitende und Studierende für die ko-kreative Weiterentwicklung von Lehre gewinnen und unterstützen können (Lubicz-Nawrocka & Bovill, 2021). Lernorte, die Partizipation und Ko-Konstruktion ermöglichen, sollten strukturell in das Studium integriert werden können. In unserem Fall wurde mit den Verantwortlichen jeder Hochschule spezifisch abgeklärt, inwieweit die Teilnahme an den Workshops in ein bestehendes Modul integriert werden kann. Soll Partizipation von Studierenden im Kontext von Hochschulentwicklung auch langfristig verankert werden, sind auf institutioneller Ebene Formen der Anrechenbarkeit eines solchen studentischen Engagements als Studienleistung zu etablieren. Die nachhaltige Implementierung entsprechender institutioneller Strukturen kann als Entwicklungsaufgabe betrachtet werden.

5. Literaturverzeichnis

Aziz Hussin, A. (2018). Education 4.0 made simple: Ideas for teaching. *International Journal of Education & Literacy Studies*, 6(3), 92–98.

Bovill, C. (2020). Co-creation in learning and teaching: the case for a whole-class approach in higher education. *High Educ 79*, 1023 –1037. https://doi.org/10.1007/s10734-019-00453-w

Bovill, C., Cook-Sather A., Felten, P., Millard, L., & Moore-Cherry, N. (2016). Addressing potential challenges in co-creating learning and teaching: Overcoming resistance, navigating institutional norms and ensuring inclusivity in student-staff partnerships. *Higher Education, 71*(2), 195–208.

Brown, T. (2009). *Change by design – how design thinking transforms organizations and inspires innovation*. Harper Collins.

Cabral , A., Fuller, St., De Wilde, J., Khama, K.-A., & Melsen, M. (2023). Curriculum Enhancement through Co-Creation. Fostering student-educator partnerships in higher education. *International Journal for Students as Partners*, 7(2). https://doi.org/10.15173/ijsap.v7i2.5280

Cook-Sather, A., Bovill, C., & Felten, P. (2014). *Engaging Students as Partners in Learning and Teaching: A Guide for Faculty*. Jossey Bass.

Damşa, C., Nerland, M., & Andreadakis, Z. E. (2019). An ecological perspective on learner-constructed learning spaces. *British Journal of Educational Technology, 50*(5), 2075–2089. https://doi.org/10.1111/bjet.12855

Design Council. (2007). *Eleven lessons: Managing design in eleven global companies*. Desk research report. Design Council.

Dunne, E. (2016). Design Thinking: A Framework for Student Engagement? A Personal View. Preface. *Journal of Educational Innovation, Partnership and Change, 2*(1). https://journals.gre.ac.uk/index.php/studentchangeagents/article/view/317

Ehlers, U.-D. (2020). *Future Skills. Lernen der Zukunft – Hochschule der Zukunft.* Springer.

Fendler, J., & Glaeser-Zikuda, M. (2013). Lehrerfahrung und der „Shift from teaching to learning". *Zeitschrift für Hochschulentwicklung.* https://doi.org/10.3217/zfhe-8-03/03

Härer, F., & Herzwurm, G. (2022). Design Thinking als agiler Ansatz zur Entstehung von innovativen Lernumgebungen. *die hochschullehre, 8,* 268–283. https://dx.doi.org/10.3278/HSL2219W

Hill, S. (2020). Seeing anew: the role of student leadership in professional learning. *Professional Development in Education, 46,* 563–579.

Knaut, C., Arcaro, I., Börner, V., & Sohr, M. (2024). Jenseits der Kundenrolle: Co-Creation in der Weiterbildungsangebotsentwicklung: Zwei Fallstudien über mutige Mitgestaltende. *Zeitschrift Hochschule und Weiterbildung* (ZHWB), (2), 66–73. https://doi.org/10.11576/zhwb-6501

Kolb, A. Y., & Kolb, D. A. (2005). Learning styles and learning spaces: enhancing experiential learning in higher education. *Academy of Management Learning and Education, 4*(2), 193–212. https://doi.org/10.5465/amle.2005.17268566

Kunz, R., & Hatsikas-Schroeder, N. (2023). Der Prototyp „Freiform" als curriculare Antwort auf die Herausforderungen der „future skills". *Zeitschrift für Hochschulentwicklung, 18*(3), 137–156. https://doi.org/10.21240/zfhe/18-03/07

Lewrick, M., Link, P., & Leifer, L. (2017). *Das Design Thinking Playbook.* Verlag Franz Vahlen.

Lubicz-Nawrocka, T., & Bovill, C. (2021*).* Do students experience transformation through co-creating curriculum in higher education? *Teaching in Higher Education, 28*(7), 1744–1760. https://doi.org/10.1080/13562517.2021.1928060

Mascolo, M. F. (2009). Beyond student-centered and teacher-center pedagogy: teaching and learning as guided participation. *Pedagogy and the Human Sciences, 1*(1), 3–27. https://scholarworks.merrimack.edu/phs/vol1/iss1/6

Mayring, P. (2022). *Qualitative Inhaltsanalyse. Grundlagen und Techniken.* 13. aktualisierte Auflage. Beltz.

Meinel, C., & Krohn, T. (2021), (Hrsg.). *Design Thinking in der Bildung: Innovation kann man lernen.* Wiley.

Mercer-Mapstone, L., Dvorakova, S. L., Matthews, K. E., Abbot, S., Cheng, B., Felten P., Knorr, C., Marquis, E., Shammas, R., & Swaim, K. (2017). A Systematic Literature Review of Students as Partners in Higher Education. *International Journal for Students as Partners, 1*(1), 1–23. https://doi.org//10.15173/ijsap.v1i1.3119

Prince, M. J., & Felder, R. M. (2006). Inductive teaching and learning methods: definitions, comparisons, and research bases. *Journal of Engineering Education, 95*(2), 123–138. https://doi.org/10.1002/j.2168-9830.2006.tb00884.x

Purkarthofer, E., & Mäntysalo, R. (2022). Enhancing Knowledge, Skills, and Identity Development Through Collaborative Student-Led Learning: Experiences With the Gradual Empowerment of Students in a Planning Studio Course. *Journal of Planning Education and Research, 44*(3), 1148–1159. https://doi.org/10.1177/0739456X221118599

Rohr, D., den Ouden, H., & Rottlaender, E. (2016). *Hochschuldidaktik im Fokus von Peer Learning und Beratung.* Beltz Verlag.

Sattarova, U., Groot, W., & Arsenijevic, J. (2020). Modern learning approaches in higher education: A review of the literature. *Zbornik Instituta za pedagoska istrazivanja, 52*(2), 418–478. https://doi.org/10.2298/ZIPI2002418S

Schmidberger, I., & Wippermann, S. (2022). Die Innovationsmethodologie Design Thinking. In I. Schmidberger, S. Wippermann, T. Stricker & U. Müller (Hrsg.), *Design Thinking im Bildungsmanagement. Innovationen in Bildungskontexten erfolgreich entwickeln und umsetzen* (S. 53–68). Springer VS.

Vardakosta, E., Priniotakis, G., Papoutsidakis, M., Sigala, M., Trikritsis, A., & Nikolopoulos, D. (2023). Design thinking as a co-creation methodology in higher education. A perspective on the development of teamwork and skill cultivation. *European Journal of Educational Research, 12*(2), 1029–1044. https://doi.org/10.12973/eu-jer.12.2.1029

Vespone, B. (2023). Co-constructing teaching and learning in higher education: a literature review of practices and implications. *Journal of Learning Development in Higher Education,* (27). https://doi.org/10.47408/jldhe.vi27.997

von Thienen, J., Meinel, C., & Nicolai, C. (2014). How Design Thinking Tools Help To Solve Wicked Problems. In L. Leifer, H. Plattner & C. Meinel (Hrsg.), *Design Thinking Research. Understanding Innovation* (S. 97–102). Springer. https://doi.org/10.1007/978-3-319-01303-9_7

Wildt, J. (2007). Vom Lehren zum Lernen. In F. Bretschneider & J. Wildt (Hrsg.), *Handbuch Akkreditierung von Studiengängen. Eine Einführung für Hochschule, Politik und Berufspraxis* (2. vollst. üb. Aufl., S. 44–54). Bertelsmann.

Christiane Wittich[1]

Studentische Partizipation in einem agilen Lehr-/Lernkontext

Zusammenfassung

Der Beitrag beschreibt die Gestaltung studentischer Partizipation im Projekt „Agiles Lernen im Fernstudium" eines Mastermoduls der Bildungswissenschaft an einer Fernuniversität. Agilität wird hier als Schlüssel zu neuem Lernen betrachtet, das im Gegensatz zu reproduktiven, lehrerzentrierten Methoden einen flexiblen, selbstgesteuerten und studierendenzentrierten Ansatz verfolgt. Lernprozesse erfolgen iterativ, werden gemeinsam hinterfragt und Entscheidungen kollaborativ getroffen, was eine hohe Anpassungsfähigkeit und zukunftsrelevante Kompetenzen fördert. Durch soziale Interaktionen wird die Verantwortungsbereitschaft der Lernenden gestärkt und eine gemeinsame Lehr-/Lernkultur entwickelt.

Schlüsselwörter

Partizipation, Transformation, Agilität, Veränderung, Hochschulentwicklung

---

1   FernUniversität in Hagen; christiane.wittich@fernuni-hagen.de; ORCID 0009-0004-3218-9108

https://doi.org/10.21240/zfhe/19-03/14

Student participation in an agile teaching and learning context

Abstract

This paper describes the student participation design in the project "Agile learning in distance learning", which is part of a master's module in educational science at a distance learning university. Agility is seen here as the key to a new learning which, in contrast to reproductive, teacher-centred methods, pursues a flexible, self-directed and student-centred approach. Learning processes are iterative and jointly evaluated, and decisions are made collaboratively, which fosaters a high level of adaptability and the development of future-relevant skills. Social interactions strengthen the learners' willingness to take responsibility and develop a shared teaching/learning culture.

Keywords

participation, transformation, agility, change process, university development

1. Einleitung

Hochschulen sehen sich zunehmend gesellschaftlichen, wirtschaftlichen und damit auch wissenschaftlichen Veränderungsprozessen ausgesetzt, die eine hochschuldidaktische Auseinandersetzung erfordern. In Phasen disruptiver Umbrüche, z.B. durch Künstliche Intelligenz (KI) oder adaptive Lerntechnologien, werden neue Handlungs- und Lernformen notwendig, um eine kontinuierliche, selbstgesteuerte und flexible Kompetenzentwicklung der Studierenden zu gewährleisten. Gloerfeld (2021) zeigt am Beispiel einer Fernuniversität bei der Umsetzung der Transformation didaktischer Prozesse durch die Digitalisierung, dass man insbesondere im Bereich der Partizipation noch am Anfang steht, auch weil „grundlegende Strukturen bisher wenig aufgebrochen" (S. 249) wurden. Es scheint an innovativen Ansätzen und entsprechenden Handlungsformen von Partizipation zu fehlen. So stellen die Veränderungen für Universitäten eine große Herausforderung dar, zumal etablierte Organisationsstrukturen selten mit der Offenheit einhergehen, Entscheidungen bzw. Entscheidungskompetenzen abzugeben oder Machtverhältnisse generell zu überdenken (Baecker, 2017), auch wenn erste Ansätze die Hochschullandschaft bereits erreicht haben (Hagener Manifest, 2021). Innovative Veränderungen eines Studiensystems finden nur schwer Eingang in den Lehr-/Lernalltag (Kanter et al., 2020) und wenn, dann zunächst primär auf den Handlungsebenen der Lehrveranstaltung bzw. der Lehr-/Lernszenarien, die im Fokus dieses Beitrags stehen.

Um den Herausforderungen einer sich wandelnden Bildungslandschaft besser gerecht zu werden, sind Lehrende gefordert, bisher etablierte Lehr-/Lernprozesse zu hinterfragen, anzupassen bzw. neu zu definieren. Dazu sollten sie bei der Planung, Strukturierung und Umsetzung ihrer (neuen) Ansätze und Ziele Studierende einbeziehen und Synergieeffekte nutzen. Denn Studierende sind mehr als nur Wissensrezipient:innen, sondern Expert:innen ihrer eigenen Lernbedürfnisse, Impulsgeber:innen und aktive „Co-Creatoren" (Ehlers, 2010, S. 66) ihres Wissens und sollten den Lehr-/Lernprozess aktiv mitgestalten. Galés und Gallon bezeichnen sie als „protagonist of autonomous growth experiences" (2019, S. 105). Hier können agile Lern- und Arbeitsweisen helfen, den immer neuen und komplexeren Veränderungen positiv zu begegnen und handlungsfähig zu bleiben (Härer & Herzwurm, 2022). So beschreibt Mayrberger (2020, S. 320) „Agilität als Motor für Transformationsprozesse in der Lehrentwicklung", die ein partizipatives Gestalten konkret miteinbezieht. Studentische Partizipation bedeutet in diesem Zusammenhang, den Studierenden durch die Einbindung in Lehr-/Lernprozesse einen Gestaltungsraum zu eröffnen, der Mitwirkung, Mit- und Selbstbestimmung sowie Anteile an Selbstorganisation bzw. Selbstverwaltung ermöglicht (Mayrberger, 2019). Die Aktivität der Studierenden und ihre Bedürfnisse beeinflussen somit die Lehre und die gemeinsamen Interaktionen (Arn, 2020).

Während bei einer Plandidaktik didaktisch geplante Vorhaben bereits vor der Umsetzung feststehen, werden im agilen (Lehr-)Prozess Strukturen – auch aufgrund neuer Anforderungen – hinterfragt, angepasst und iterativ weiterentwickelt. Agiles Lernen und Lehren steht damit unter dem Anspruch, proaktiv, kollaborativ und zeitgemäß gestaltet zu sein. Ein partizipativer Lehr-/Lernansatz soll das selbstgesteuerte Lernen der Studierenden fördern und helfen, Wissen in neue Handlungszusammenhänge einzuordnen. Die Studierenden erhalten die Möglichkeit, ein Mindset der Eigenverantwortung, Partizipation, Flexibilität und Selbststeuerung im kollaborativen Lernen zu entwickeln und zu praktizieren. Die damit verbundene Förderung von Transformationskompetenzen, digitalen Interaktionen und Problemlösungsfähigkeiten schließt eine individuelle Handlungs- und Anpassungsfähigkeit mit ein (Ehlers, 2020).

Eine Voraussetzung für o.g. partizipativen Ansatz ist, dass die Lehrenden als Lernbegleiter:innen ihren Studierenden eine offene Lernumgebung, d.h. curriculare Freiräume bzw. „Interaktionsräume" (Wissenschaftsrat, 2022, S. 67) bieten, in denen die Beteiligung wertgeschätzt wird. Der Ansatz der studentischen Partizipation greift hier auch gezielt auf die von Frey (2015) aus der Führungs- und Motivationsforschung entwickelte Theorie des Prinzipienmodells zurück. Er verbindet die Förderung intrinsischer Motivation mit einer auf Wertschätzung basierenden Wertschöpfung. Dabei sollen nicht nur agile Methoden das Vorgehen unterstützen, sondern auch digitale Settings vielfältige und neue Gestaltungsansätze fördern, die Studierende und Lehrende gemeinsam entwickeln. Durch eine aktive Beteiligung können die Studierenden ein tieferes Verständnis für den Lernstoff entwickeln.

Ein Beispiel einer partizipativ-agilen Hochschuldidaktik beschreiben Kanter et al. (2020) und machen dabei deutlich, dass es einer Kontinuität bedarf, um Lehren und Lernen partizipativ zu gestalten, woran die folgenden Ausführungen anknüpfen sollen. Es wird der Frage nachgegangen, inwiefern Aspekte einer studentischen Partizipation in einer agilen Didaktik erweitert oder neu betrachtet werden müssen, damit eine nachhaltige Umsetzung in der Hochschullehre gelingen kann und sich Handlungsspielräume weiter öffnen. Dazu wird das Lehrentwicklungsprojekt „Agiles Lernen im Fernstudium" knapp skizziert. Exemplarisch werden Teilbereiche einer studentischen Partizipation genauer betrachtet und analysiert. Abschließend werden die daraus resultierenden Erkenntnisse, Herausforderungen sowie Empfehlungen für die Akteur:innen (Studierende und Lehrende) in einem agilen Kontext zusammengefasst und ein Forschungsdesiderat aufgezeigt.

2. Das Lehrentwicklungsprojekt „Agiles Lernen im Fernstudium"

Wie bereits erwähnt, stehen Hochschulen unter dem Einfluss disruptiver Veränderungen und haben zudem die Aufgabe, die Studierenden auf zukünftige (und teilweise unbekannte) Anforderungen vorzubereiten und ihnen entsprechende Kompetenzen zu vermitteln. In der Lehre können agile Ansätze das Lehren und Lernen in kollaborativen Teams und die Professionalisierung der Studierenden unterstützen (Sturm & Rundnagel, 2021). Gerade projektorientiertes Lernen im Kontext einer agilen und studierendenzentrierten Lernumgebung bietet dazu vielfältige Chancen (Monett & Kiehne, 2016).

Das Lehrentwicklungsprojekt „Agiles Lernen im Fernstudium" wurde über vier Semesterzyklen in einem Wahlmodul eines Masters der Bildungswissenschaft in der Fernlehre durchgeführt und wird kontinuierlich weiterentwickelt. Dabei begleitet ein

Design-Based Research (DBR) als Forschungsansatz gezielt den Theorie-Praxis-Bezug und die Reflexion innovativer Ansätze, die empirisch hinterfragt werden und deren Ergebnisse Transfermöglichkeiten aufzeigen sollen (Plomp, 2013).

Das Modul befasst sich mit dem Einsatz digitaler Medien für Lernprozesse im betrieblichen Kontext. Ein Ziel ist es, den Studierenden (N=117) durch den Einsatz agiler Lernmethoden eine neue Perspektive in der Auseinandersetzung mit den thematischen Inhalten zu eröffnen und diese aktiv, eigenverantwortlich und praxisorientiert zu gestalten. Lehr-/Lernziele, agile Methoden sowie die Prüfungsform(en) werden gemäß eines Constructive Alignment aufeinander abgestimmt und der gesamte Lernprozess gemeinsam betrachtet. Dabei zeichnen sich agile (Lern-)Prozesse „durch kurze, klar strukturierte Abläufe bei gleichzeitiger Flexibilisierung und Individualisierung der Inhalte […] aus" (Graf & Schmitz, 2020, o.S.). Synchrone Online-Feedback- bzw. Reflexionsphasen der Akteur:innen sowie asynchrone Austauschmöglichkeiten über eine digitale Lernplattform unterstützen diesen Prozess.

Die Struktur des Moduls gliedert sich in drei Teile, die gleichzeitig die Portfolioprüfung (P1–P3) deklarieren. Nachfolgende Ausführungen konzentrieren sich auf eine fünfwöchige Projektphase als erstes Portfolioprüfungselement P1, die in der Regel von etwa sieben Teams mit je vier Studierenden im virtuellen Raum durchgeführt wird, wobei die Anzahl der Teams je nach Semester variierte. In diesem Kontext werden die Möglichkeiten und Potenziale studentischer partizipativer Ansätze vorgestellt. Die praktische Umsetzung wird aus einer übergeordneten Perspektive geprüft und kritisch betrachtet.

3. Die studentische Partizipation im agilen Lehr-/Lernkontext

Aspekte studentischer Partizipation finden sich in verschiedenen didaktischen Ansätzen wie z.B. dem Forschenden Lernen (Eck, 2019; Schlicht, 2021). Dabei ist die studentische Partizipation prinzipiell ein wesentlicher Eckpfeiler einer konstruktivistischen Didaktik, in der die Verantwortung für die erfolgreiche Gestaltung von Lernprozessen von Lehrenden und Lernenden gemeinsam getragen wird (Mayrberger, 2019; dazu auch Reich, 2008). Es kann davon ausgegangen werden, dass – wird der besondere Fokus auf einen agilen Kontext gelegt – selbstorganisierte studentische Partizipationserfahrungen gefördert werden.

Der im Folgenden beispielhaft dargestellte studentische Partizipationsprozess gliedert sich in einzelne Aspekte, die jedoch nicht getrennt voneinander betrachtet werden können, da sie eng miteinander verknüpft sind.

3.1 Studentische Partizipation im Team und die Anerkennung der Leistungen

Die Integration studentischer Partizipation in einen agilen Lehr-/Lernkontext verfolgt hier mehrere Ziele. Zum einen wird eine fünfwöchige Projektarbeit im Rahmen einer kompetenzorientierten Portfolioprüfung (P1) in einem Team durchgeführt. Zum anderen können einige der dabei erbrachten studentischen Leistungen zusätzlich als weitere Lerninhaltselemente in das Modul integriert werden, was später näher erläutert wird.

Im Sinne eines selbstbestimmten Vorgehens setzen sich die Studierendenteams eigenverantwortlich mit einem modulbezogenen Thema ihrer Wahl (Lernauftrag) auseinander und präsentieren das Ergebnis dann ihren Kommiliton:innen mittels eines audio/visuellen Mediums. Die Art des Mediums und die der Vermittlung der Inhalte sind frei wählbar; die Lernbegleitung führt zuvor mögliche Beispiele an. Die Themen sind weit gefasst, sodass die Studierenden zunächst selbstständig eine Eingrenzung (Lernziele) vornehmen.

Innerhalb eines für das Modul entwickelten agilen Frameworks (s. Abb. 1), adaptiert aus agilen Methoden wie z.B. dem Agilen Sprintlernen (Jungclaus & Schaper, 2021), definieren die Studierenden eigene Lern-/Etappenziele, deren Erreichen für den iterativen Prozess mit agilen Methoden durch ihre Arbeitsschritte und -wege visualisiert werden sollen. Es geht darum, Prozesse zielgerichtet abzugrenzen, den Fortschritt zu messen und zu steuern und bestimmte Regeln zu definieren. Dazu nutzen sie u.a. ein Kanban-ähnliches Online-Board, auf dem Arbeitsaufgaben mit einer Checkliste versehen werden, um Prozesse im Team zu organisieren und gegebenenfalls einzelne Arbeitsschritte wieder zu verwerfen. Darüber hinaus reflektieren sie ihren Arbeitsprozess in einer begleitenden Dokumentation.

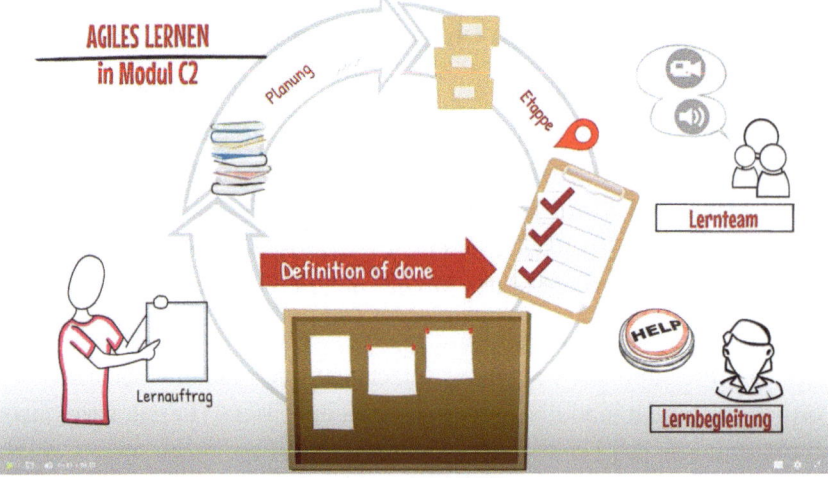

Abb. 1: Ausschnitt aus einem gemeinsam mit Studierenden entwickelten Video zur Erläuterung von P1 und des entwickelten agilen Frameworks (Quelle: eigene Darstellung)

Die Ergebnisse bzw. Medien werden den anderen Kommiliton:innen online über die Lernplattform zur Verfügung gestellt, die einen Einblick in das gewählte Themenfeld erhalten und durch ein Peer-Feedback Rückmeldung zu ihren Erkenntnissen geben sollen. Auf diese Weise kann P1 eine studentische Partizipation in einem agilen Team durch Praxiserfahrung fördern, die Einordnung von Wissen in (neue) Handlungszusammenhänge unterstützen und eine reflexive Auseinandersetzung mit unterschiedlichen Problemstellungen ermöglichen.

Die Projektarbeit ist darüber hinaus bewusst eines von drei Elementen einer Portfolioprüfung, da bereits Sporer et al. (2011) im Rahmen einer offenen Bildungsinitiative auf die Bedeutung der Anerkennung von Projektarbeiten in Form von Prüfungsleistungen als Grundvoraussetzung hingewiesen haben. Die Prüfung bzw. das Projekt selbst ist eine wichtige Lerngelegenheit und der geschaffene Mehrwert kann so auch für Dritte von Nutzen sein (Sporer, 2011).

Die Rollen und Aufgaben der Lehrenden, die die Prozesse der Studierenden in einem bestenfalls autonom arbeitenden Team begleiten, um eine studentische Partizipationserfahrung zu fördern und zu bewerten, sollen im Folgenden betrachtet werden.

3.2 Die Rolle der Lehrenden in P1 und die Bedeutung der gemeinsamen Reflexion

Nachdem die Lehrenden im Rahmen einer Online-Veranstaltung in die Phase von P1 eingeführt haben, stehen sie bei Bedarf als Lernbegleiter:innen unterstützend zur Seite. Sie bieten einen Ermöglichungsrahmen für eine partizipative Lernumgebung, der die Problemlösungskompetenz im Prozess unterstützt, Impulse für kooperative und kollaborative Lernformen gibt und technische und mediale Infrastrukturen exemplarisch vorstellt. Ihr Ziel ist es, einen Kompetenzentwicklungsprozess zu fördern, die Selbstorganisation des Handelns sowie die arbeits- und lernbezogene Selbstreflexion der Studierenden im Team anzuregen und zu begleiten. Dazu stellen sie zunächst agile Methoden und Werkzeuge vor, die Orientierung bieten können, aber auch Überforderung vermeiden sollen. Eine Fremdsteuerung durch die Lehrenden soll ausdrücklich vermieden werden.

Neben der Einführung offener Lernprozesse und innovativer Lernformen, die ein Ausprobieren und Anpassen ermöglichen, spielen Reflexionsphasen in diesem Projekt eine zentrale Rolle. Agilität erfordert Flexibilität sowie eine ständige Überprüfung der Lehr-/Lernprozesse und Teamdynamiken. Eine begleitete (Lern-)Analyse (z.B. in Form einer Retrospektive) fördert die Selbstreflexion und verbessert iterativ agile Prozesse und partizipative Ansätze. Lehrende und Studierende reflektieren gemeinsam, entwickeln neue Ideen, formulieren Interessen und Ziele und erarbeiten Empfehlungen für zukünftige Phasen – ein wesentlicher Bestandteil agiler Lern- und Entwicklungsprozesse. Auf diese Weise werden sowohl positive als auch kritische Aspekte des Ansatzes sichtbar. Rückmeldungen, auch aus den Modulabschlussbefragungen (n=36), bestätigen durch die qualitative inhaltsanalytische Auswertung (Kuckartz & Rädiker, 2022) den Mehrwert dieser reflexiven Ansätze, indem sie sowohl Chancen als auch Herausforderungen aufzeigen, die jedoch nicht vollständig dargestellt werden können. Die folgende Analyse beleuchtet die Stärken dieses Konzepts und verweist auf mögliche Herausforderungen.

3.3 Ergebnisse und Analyse studentischer Partizipation

Mit dem Einsatz prozessreflektierender Methoden ist das Ziel verbunden, neben einer Prozessoptimierung auch die Bedürfnisse der Akteur:innen aufzugreifen und in grundsätzliche Entscheidungsprozesse einfließen zu lassen.

Im Rahmen der projektabschließenden Retrospektive (P1) wurden verschiedene Aspekte auf einer virtuellen Pinnwand gesammelt, geclustert und selektiert. Die Studierenden äußerten den Wunsch nach konkreten Hinweisen zur Erstellung der reflexiven Projektdokumentation. Daraufhin wurde gemeinsam mit den verschiedenen Akteur:innen eine inhaltliche Struktur mit Schwerpunktaspekten erarbeitet und in den späteren Moduldurchläufen zur Verfügung gestellt.

Die von den Lehrenden exemplarisch vorgestellten kollaborativen Werkzeuge wurden während der Projektphase durch weitere Beiträge von Studierenden ergänzt. Diese Offenheit für ein „Reverse Coaching" (Freyth & Baltes, 2017, S. 392) durch die Studierenden verdeutlicht auch ein Kernelement agiler partizipativer Lehre. Die

Auswahl an Tools wurde von den Teams ganz unterschiedlich angenommen und genutzt; die Wahlfreiheit soll für jedes Team bestehen bleiben.

Die Erstellung von modulbegleitenden bzw. -unterstützenden Materialien stellt eine weitere Möglichkeit der Partizipation dar. Wurde die studienbegleitende Literatur bisher von den Lehrenden und Modulverantwortlichen entwickelt, konnten nun einige studentische Beiträge aus P1 und Abschlussarbeiten z.B. in einen Studienbrief zum agilen Lernen implementiert werden. Im Sinne der Nachhaltigkeit und zur Wertschätzung studentischer Projekte und Prüfungsarbeiten wurden sie als Lernmaterialien ins Modulportfolio integriert. Die Lernmaterialien werden so iterativ gemeinsam mit den Studierenden weiterentwickelt. Das gemeinsame Feedback der Akteur:innen unterstützt zunächst eine qualitative Begutachtung und hilft dann, die Materialien so zu gestalten, dass sie studentische Erfahrungen und Erkenntnisse in einen größeren Kontext übertragen. Diese wertschätzende Partizipation fördert die Motivation der Studierenden, welche zudem von einem hohen Zuwachs an Selbstvertrauen berichteten.

Trotz der grundsätzlich positiven Bewertung der praktischen Umsetzung durch die Studierenden traten einige Herausforderungen auf. Die Freiheit und Eigenverantwortung, die ein agiler Kontext bietet – wie etwa die selbstbestimmte Auswahl von Tools und Methoden sowie die flexible Gestaltung der Arbeitsweise – wurden teils als sehr herausfordernd empfunden. Besonders bei der Teamarbeit traten Abstimmungsprobleme aufgrund ungleicher Aktivität und Akzeptanz unter den Kommiliton:innen auf, die teils mit Überforderung begründet wurden. Diese Beobachtungen verdeutlichen die Notwendigkeit, den Übergang zu einem agilen Lernumfeld gezielt zu unterstützen. Die Lernbegleitung und regelmäßige Feedback-Runden könnten die Teamarbeit verbessern, ohne die Selbstbestimmung der Teams zu beeinträchtigen. Das Konzept ist auf Präsenzuniversitäten übertragbar, wenn dies berücksichtigt wird und nachfolgende Aspekte hinterfragt werden.

4. Diskussion der Erkenntnisse und Transfer

Studentische Partizipation in der Hochschullehre existiert bereits in unterschiedlichen Kontexten und es ist nicht Ziel dieses Beitrags, bekannte Prozesse und bestehende Lösungen zu verwerfen. Vielmehr geht es um neue, ergänzende Perspektiven und Ansätze, eine studentische Partizipation weiter bzw. nachhaltig in die Lehre zu integrieren. Im Sinne der o.g. konstruktivistischen Didaktik ist die Theorie einer agilen Didaktik im Hinblick auf die beschriebene studentische Partizipation anschlussfähig, wenn entsprechende Rahmenbedingungen gegeben sind.

Zunächst ist zu erwähnen, dass die Rollen der Akteur:innen häufig stark durch ihre Sozialisation geprägt und kulturell tief verankert sind. Studierende erwarten oft noch eine klare Trennung der Rollen und sehen Lehrende als Experten. Diese Erwartungen können dazu führen, dass Studierende zögern, Verantwortung zu übernehmen, und Lehrende Schwierigkeiten haben, die traditionelle Wissensvermittlung aufzugeben. Um diese Widerstände zu überwinden, sollten Lehr- und Lernprozesse so gestaltet werden, dass beide Seiten schrittweise an die neuen Rollen herangeführt werden. Ziel ist es, dass „Studierende wie Lehrende ihre Rollen innerhalb der Wissensgemeinschaften erproben" (Füchtenhans et al., 2018, S. 355).

Die verschiedenen Akteur:innen können auch mit (Lern-)Widerständen aufgrund von Ängsten und ggf. Überforderungen konfrontiert werden (Majkovic et al., 2019). Das Aufbrechen der bisher vertrauten Lehr-/Lernkultur kann Unsicherheiten erzeugen. Auch wenn Prozesse gemeinsam definiert und hinterfragt werden, fehlt möglicherweise noch das Bewusstsein für eine offene Fehlerkultur und das Potenzial der neuen Freiheiten, die zu lösungsorientiertem Handeln beitragen könnten. Lösungen werden oft erst im Prozess gefunden und notwendige Anpassungen sind kein Nachteil, sondern implizieren die Philosophie einer Fehlerkultur als einen unverzichtbaren Aspekt des Lern- und Entwicklungsprozesses.

Daher ist dem Thema ‚Veränderung' an dieser Stelle besondere Aufmerksamkeit zu widmen, da die unterschiedlichen Perspektiven der Akteur:innen eine grundsätzliche Veränderungsbereitschaft und Anpassungsfähigkeit erfordern. Diese sind abhängig von den Veränderungsmöglichkeiten der Rahmenbedingungen (z.B. organisatorisch, technisch und personell) und der Veränderungskompetenz in Form von Wissen, Wollen und Können auf beiden Seiten, die auch die Handlungsqualität beeinflusst. Wesentlich ist jedoch „die soziale […] Anerkennung und Legitimation der Veränderung" (Graf-Schlattmann & Oevel, 2022, S. 11) und, wie eingangs erwähnt, die Förderung der Verantwortungsbereitschaft durch wechselseitige soziale Interaktionen zwischen den Akteur:innen. Strukturierende Sicherheiten können durch klare Kommunikationsstrukturen, regelmäßige Feedback-Runden und transparente Entscheidungsprozesse geschaffen werden. Diese Maßnahmen bieten Orientierung und schaffen ein Gefühl von Stabilität und Verlässlichkeit während des Veränderungsprozesses. Veränderungen können aber weder erzwungen, noch sollten sie von übergeordneten Instanzen angeordnet werden. Lernbedingungen, Anforderungen oder Wertstrukturen sollten gemeinsam entsprechend situativ und kontinuierlich angepasst werden.

Es ist davon auszugehen, dass studentische Partizipation förderlich für die Effizienz der Entscheidungsfindung und für eine gemeinsame Akzeptanz von Ergebnissen ist. Aber auch wenn Veränderungsvorschläge und gemeinsam entwickelte Ergebnisse kritisch betrachtet werden, können sie nicht immer oder vollständig umgesetzt werden, was auf o.g. Rahmenbedingungen abzielt. Dies sollte von den Lehrenden transparent begründet werden, damit sich die Verfahren und Methoden nicht als pseudopartizipativ (Mayrberger, 2019) erweisen und damit zu Resignation führen. Grundsätzlich stellt sich die Frage nach den Grenzen möglicher Anforderungen und der Formulierung gemeinsamer Ziele und Werte. Die Studierenden entscheiden selbst, inwieweit sie sich darauf einlassen, einen Perspektivwechsel zulassen und damit neue Handlungsmuster erproben, denn das Methodenangebot ist fakultativ. Seitens der Lehrenden ist aber eine Offenheit gegenüber den „von den Studierenden mitgebrachten Wirklichkeitskonstruktionen und Interessen" (Schüssler & Kilian, 2017, S. 97f.) und ggf. ein Abweichen von bisher selbst vertretenen Theorien und der damit verbundenen Didaktik notwendig. Die eigene Rolle gilt es im Lehr-/Lernprozess zu überdenken, um den Studierenden mehr Selbstständigkeit und Eigenverantwortung zu ermöglichen.

Auf Basis der Ergebnisse wurde die Übertragbarkeit auf die Präsenzlehre als Forschungsdesiderat identifiziert. Die Untersuchung der Wirksamkeit könnte in (weiteren) Forschungsvorhaben, z.B. durch Fokusgruppen, erfolgen. Angesichts der Dynamik partizipativer Ansätze in Gruppenphasen könnte eine teilnehmende Beobachtung sinnvoll sein, eine empirische Untersuchung mittels quantitativer Fragebögen ergänzend. Der Einsatz digitaler Settings und Reflexionsprozesse, unterstützt durch Whiteboards, bietet Orientierungspunkte.

Der Weg zu einer studentischen Partizipation in einem agilen Lehr-/Lernkontext ist sowohl für die Studierenden als auch teilweise für die Lehrenden neu. Daher ist eine evidenzbasierte Forschung für deren Verankerung unabdingbar. Denn wie aus der anwendungsorientierten Darstellung deutlich wurde, ist studentische Partizipation im agilen Kontext sehr komplex. Dies bedeutet auch, eine Veränderungs-Dynamik anzustoßen, um einen Erkenntnisgewinn bzw. eine vertiefende Wirkung zu fördern. Es handelt sich um einen transformativen Ansatz, der kontinuierlich hinterfragt und angepasst wird, was aufgrund der vielfältigen Wechselwirkungen und Interaktionen mit Herausforderungen verbunden sein kann. Um eine mögliche Überforderung zu vermeiden und ein Bewusstsein für ein entsprechendes Mindset der Akteur:innen zu fördern, ist es empfehlenswert, innerhalb der iterativen Herangehensweise einer agilen Didaktik ein etabliertes Verfahren zunächst nur um einzelne partizipationsfördernde Elemente zu ergänzen. Denk- und Verhaltensweisen werden kontinuierlich hinterfragt, um dann in der weiteren Entwicklung ein Umdenken zur Entfaltung weiterer Potenziale anzustoßen. Im Sinne einer Ambidextrie können so bestehende Prozesse oder Kompetenzen als stabilisierende Faktoren mit innovativen Aspekten der Wandlungsfähigkeit und den daraus gewonnenen Erfahrungen in Einklang gebracht werden (Mayrberger, 2023). Das dargestellte Konzept kann zu einer realistischen Beteiligung der Studierenden mit einem Mehrwert führen, die sie in die Lage versetzt, ihren eigenen Lernprozess mitzugestalten und eine desillusionierende Imitation studentischer Partizipation der Vergangenheit angehören lässt.

5. Literaturverzeichnis

Arn, C. (2020). *Agile Hochschuldidaktik.* Beltz Juventa.

Baecker, D. (2017). Agilität in der Hochschule. *Die Hochschule: Journal für Wissenschaft und Bildung, 26*(1), 19–28. https://doi.org/10.25656/01:16633

Eck, S. (Hrsg.) (2019). *Forschendes Lernen – Lernendes Forschen: Partizipative Empirie in Erziehungs- und Sozialwissenschaften.* Beltz Juventa.

Ehlers, U.-D. (2010). Qualität für Digitale Lernwelten. Von der Kontrolle zur Partizipation und Reflexion. In K.-U. Hugger & M. Walber (Hrsg.), *Digitale Lernwelten. Konzepte, Beispiele und Perspektiven* (S. 59–73). Springer VS.

Ehlers, U.-D. (2020). Future Skills für Absolvent(innen) der Zukunft. In U.-D. Ehlers & S. A. Meertens (Hrsg.), *Studium der Zukunft – Absolvent(inn)en der Zukunft. Future Skills zwischen Theorie und Praxis* (S. 31–63). Springer VS.

Frey, D. (2015). *Ethische Grundlagen guter Führung. Warum gute Führung einfach und schwierig ist.* Roman Herzog Institut.

Freyth, A., & Baltes, G. (2017). Veränderungsintelligenz auf individueller Ebene Teil 2: Persönliche Agilität und agiler führen. In G. Baltes & A. Freyth (Hrsg.), *Veränderungsintelligenz agiler, innovativer, unternehmerischer den Wandel unserer Zeit meistern* (S. 323–420). Springer.

Füchtenhans, S., Koch-Thiele, A., Witt, T., & Zilles, K. (2018). Förderung studentischer Partizipation am Beispiel einer hochschuldidaktischen Tagung. *die hochschullehre, 4,* 345–359.

Galés, N. L., & Gallon, R. (2019). Educational Agility. In M. Kowalczuk-Waledziak, A. Korzeniecka-Bondar, W. Danilewicz & G. Lauwers (Hrsg.), *Rethinking Teacher Education for the 21st Century. Trends, Challenges and New Directions* (S. 98–110). Verlag Barbara Budrich. https://doi.org/10.25656/01:18248

Gloerfeld, C. (2021). Analyse didaktischer Veränderungen durch Digitalisierung. Die Mär von mehr Partizipation. In Hochschulforum Digitalisierung (Hrsg.), *Digitalisierung in Studium und Lehre gemeinsam gestalten. Innovative Formate, Strategien und Netzwerke* (S. 249–266). Springer VS.

Graf, N., & Schmitz, G. (2020, 24. Januar). Lernen auf Sterneniveau. https://www.personal-wirtschaft.de/news/personalentwicklung/lernen-auf-sterneniveau-102943/

Graf-Schlattmann, M., & Oevel, G. (2022). Partizipation als Stellschraube einer kollektiven Veränderung. *strategie digital. Magazin für Hochschulstrategien im digitalen Zeitalter, 10*(#03), 8–15. https://hochschulforumdigitalisierung.de/sites/default/files/dateien/SD_03_Einzel.pdf

Hagener Manifest (2021). Lernen neu denken. Das Hagener Manifest zu New Learning. https://www.fernuni-hagen.de/imperia/md/content/universitaet/hagenermanifest/hagenermanifest.pdf

Härer, F., & Herzwurm, G. (2022). Einsatz von agilen Methoden in der Hochschulorganisation. *Gr Interakt Org,* (53), 449–460. https://doi.org/10.1007/s11612-022-00653-6

Jungclaus, J., & Schaper, N. (2021). Agiles Sprintlernen wirkt – aber warum? Theoriegeleitete Analyse der Wirkprinzipien eines Gestaltungsansatzes für arbeitsbezogene Kompetenzentwicklung. *GR Interakt Org,* (52), 105–120. https://doi.org/10.1007/s11612-021-00557-x

Kanter, H., Jürisch, M., & Mey, G. (2020). Das Spannungsfeld von Lehre und Lernen gestalten – Ergebnisse einer Begleitstudie und Überlegungen zu einer partizipativ-agilen Hochschuldidaktik. In I. van den Berk, R. Kordts-Freudinger, M. Merkt, P. Salden & A. Scholkmann (Hrsg.), *Beiträge zu Praxis, Praxisforschung und Forschung* (die hochschullehre. 6, S. 609–624. http://www.hochschullehre.org/wp-content/files/die_hochschullehre_Jahresheft_2019.pdf.

Kuckartz, U., & Rädiker, S. (2022). *Qualitative Inhaltsanalyse. Methoden, Praxis, Computerunterstützung.* Beltz Juventa.

Majkovic, A.-L., Gundrum, E., Benz, S., Dzsula, N., & Huber, R. (2019). *Agile Arbeits- und Organisationsformen in der Schweiz.* IAP Studie 2019. Institut für Angewandte Psychologie. https://doi.org/10.21256/zhaw-20895

Mayrberger, K. (2019). *Partizipative Mediendidaktik. Gestaltung der (Hoch)Schulbildung unter den Bedingungen der Digitalisierung.* Beltz Juventa.

Mayrberger, K. (2020). Agilität als Motor für Transformationsprozesse in der Lehrentwicklung – Digitalisierung von Lehren und Lernen partizipativ gestalten, erproben und verankern. In R. Bauer, J. Hafer, S. Hofhues, M. Schiefner-Rohs, A. Thillosen, B. Volk & K. Wannemacher (Hrsg.), *Vom E-Learning zur Digitalisierung. Mythen, Realitäten, Perspektiven* (S. 320–337). Waxmann. https://doi.org/10.25656/01:21739

Mayrberger, K. (2023). Ambidextrie und Agilität für Handlungsfähigkeit im (digitalen) Wandel – Agile Educational Leadership als Rahmen für die Entwicklung und Gestaltung einer Hochschulbildung der Zukunft. *Zeitschrift für Hochschulentwicklung,* 18(3), 23–41. *https://*doi.org/10.21240/zfhe/18-03/02.

Monett, D., & Kiehne, B. (2016). Interdisziplinäres Projektlernen in der agilen Softwareentwicklung. *die hochschullehre, 2.* https://doi.org/10.3278/HSL1602W

Plomp, T. (2013). Educational Design Research: An Introduction. In T. Plomp & N. Nieveen (Hrsg.), *Educational Design Research*, Part A (S. 10–51). SLO. https://slo.nl/publish/pages/4474/educational-design-research-part-a.pdf

Reich, K. (2008). *Konstruktivistische Didaktik. Lehr- und Studienbuch mit Methodenpool.* Beltz.

Schlicht, J. (2021). Partizipative Entwicklung eines digitalen Settings für forschendes Lernen in berufs- und wirtschaftspädagogischen Studiengängen. *bwp@ Berufs- und Wirtschaftspädagogik – online, 40, 1–23.* https://www.bwpat.de/ausgabe40/schlicht_bwpat40.pdf

Schüßler, I. & Kilian, L. (2017). Zum Wandel akademischer Lehr-Lernkulturen: Von erzeugungs- zu ermöglichungsdidaktischen Lehr-Lernarrangements. In H.R. Griesehop & E. Bauer (Hrsg.), *Lehren und Lernen online Lehr- und Lernerfahrungen im Kontext akademischer Online-Lehre* (S. 83–108). Springer VS.

Sporer, T. (2011). Offene Bildungsinitiativen von Studierenden. Lernen im Hochschulstudium als kreative Wissensarbeit. In H. Dürnberger, S. Hofhues & T. Sporer (Hrsg.), *Offene Bildungsinitiativen. Fallbeispiele, Erfahrungen und Zukunftsszenarien* (S. 15–23). Waxmann.

Sporer, T., Dürnberger, H., & Hofhues, S. (2011). Lernen durch aktive Mitgestaltung? Herausforderungen offener Bildungsinitiativen im Umfeld von Hochschulen. In H. Dürnberger, S. Hofhues & T. Sporer (Hrsg.), *Offene Bildungsinitiativen. Fallbeispiele, Erfahrungen und Zukunftsszenarien* (S. 229–232). Waxmann.

Sturm, N., & Rundnagel, H. (2021). Agiles Lernen digital gestützt: Die Methode eduScrum in der Hochschullehre. In Hochschulforum Digitalisierung (Hrsg.), *Digitalisierung in Studium und Lehre gemeinsam gestalten. Innovative Formate, Strategien und Netzwerke* (S. 577–598). Springer VS.

Wissenschaftsrat (2022). Empfehlungen für eine zukunftsfähige Ausgestaltung von Studium und Lehre. Köln. https://doi.org/10.57674/q1f4-g978

Janis Wehde[1]

Effekte eines partizipativen Lehrmoduls zur Demokratiebildung im Lehramtsstudium

Zusammenfassung

Der Beitrag untersucht die Effekte eines zwei Sitzungen umfassenden, partizipativen und themenunabhängig integrierbaren Lehrmoduls zur Stärkung der Demokratiebildungskompetenz von Lehramtsstudierenden ($N = 159$) in einer quasi-experimentellen Studie vom Sommersemester 2023 bis zum Sommersemester 2024. Die Ergebnisse der zweifaktoriellen Varianzanalysen mit Messwiederholungen (Pre-, Post- und Follow-up) verdeutlichen Effekte des Lehrmoduls auf die Selbstwirksamkeitserwartungen der Studierenden zur partizipativ-verfahrensorientierten Unterrichtsgestaltung und auf das methodische Wissen zur demokratischen Erarbeitung von Beurteilungskriterien in unterrichtlichen Lehr-Lern-Arrangements.

Schlüsselwörter

Demokratiebildung, Partizipation, Lehramtsstudierende, Lehrmodul

---

1   Universität Paderborn; janis.wehde@upb.de; ORCID: 0009-0008-0720-7828

https://doi.org/10.21240/zfhe/19-03/15

Effects of a participatory teaching module on democratic education in teacher training programmes

Abstract

This paper examines the effects of a two-session, participatory teaching module that was implemented to strengthen the democratic education competence of student teachers ($N = 159$) in a quasi-experimental study from summer semester 2023 to summer semester 2024. As the module is not topic-specific, it could be deployed in nearly any field of study. The results from a two-factor analysis of variance with repeated measures (pre-, post- and follow-up) illustrate the module's effects on students' self-efficacy beliefs regarding a participatory, process-oriented lesson design, as well as their knowledge of methodologies for the democratic development of assessment criteria in teaching-learning arrangements.

Keywords

democratic education, participation, student teachers, teaching module

1. Zur Relevanz von Demokratiebildung und Partizipation im Lehramtsstudium

In der Bundesrepublik Deutschland wird schulische *Demokratiebildung* als Aufgabe aller Lehrpersonen verstanden (Aktionsrat Bildung, 2020; Avenarius & Hanschmann, 2019; Berkemeyer & Mende, 2018; Culp, 2021). Damit ist nicht nur die Ermöglichung formaler Mitbestimmung in schulbezogenen Gremien gemeint, sondern auch die Erweiterung der Partizipationsmöglichkeiten von Schüler:innen bei der Gestaltung unterrichtlicher Lernziele und Lernwege (Brügelmann, 2019, S. 626). Passend dazu schlussfolgert Sant (2019) in ihrem theoretischen Review zur Demokratiebildung, dass „participation of students in decision-making processes" (S. 686) als ein Schlüsselmerkmal prodemokratischer Bildungspraxis gilt.

Anknüpfend an dieses weitreichende Beteiligungspostulat wird im folgenden Artikel ein Demokratiebildungsbegriff vertreten, der am Leitbild des *mündigen Subjekts* und einer „selbsttätige[n] Aneignung von Demokratie in demokratischer Praxis" (Wohnig & Sämann, 2022, S. 263) orientiert ist. So wird einem Bildungsverständnis gefolgt, das von Klafki (2007, S. 52) als personal verantworteter Zusammenhang der drei Grundfähigkeiten *Selbstbestimmung*, *Mitbestimmung* und *Solidarität* bestimmt wurde. Demnach wird *Partizipation* – im Rahmen des in Kapitel 2 präsentierten Lehrmoduls – im *engeren Sinne* als sozialer Aushandlungsprozess verstanden, in dem Lernende in drei Ausprägungen Einfluss auf relevante Entscheidungen in Lehr-Lern-Arrangements nehmen können (Kärner et al., 2023):

* *Mitwirkung* – Lernende haben trotz festgelegter Rahmenbedingungen Möglichkeiten der Interessensartikulation.

* *Mitbestimmung* – Lernende haben Beteiligungsrechte und tragen Mitverantwortung für die Rahmenbedingungen des Lernens (z.B. Konsens- oder Mehrheitsprinzip).

* *Selbstbestimmung* – Lernende entscheiden selbst über Bedingungen des Lernens (z.B. über eine Auswahl aus ggf. vorgegebenen Alternativen).

Dass eine Erweiterung der Partizipationsmöglichkeiten in schulischen Lehr-Lern-Arrangements notwendig ist, deuten Bacia et al. (2022) in ihrer Studie *Schule der Zukunft* an. Sie schreiben dort in Bezug auf Interviews mit Schulleiter:innen: „Schule sei zu sehr auf Wissenserwerb, Leistung und Defizite fokussiert, zu wenig auf Teilhabe, Innovation, Mitsprache und partizipatives Handeln" (Bacia et al., 2022, S. 19).

Für die Lehrer:innenbildung ergibt sich in der Folge die Herausforderung, Studierende *fächerübergreifend* auf ihre zukünftige demokratiebildende Aufgabe und eine damit verbundene Unterrichtsgestaltung vorzubereiten (BMFSFJ, 2020, S. 236).

Wie und ob dieser Herausforderung an den Hochschulen begegnet wird, ist jedoch kaum erforscht (Dippelhofer, 2019, S. 45). Hinweise zu diesem Themenfeld liefern Berkemeyer et al. (2023b), die auf Grundlage einer explorativen Untersuchung der Modul- und Veranstaltungsbeschreibungen aus 24 Universitäten resümieren, dass „demokratiepädagogische Inhalte und Themen im Lehramtsstudium" (S. 10) *nicht* systematisch verankert sind. Zudem gaben in einer von Schneider und Gerold (2018, S. 28) durchgeführten Studie 41.8 % der 1.216 befragten Lehrer:innen an, dass Bestandteile der Demokratiebildung in ihrem Studium einen *niedrigen* Stellenwert eingenommen haben. Dieses Ergebnis ist insbesondere unter Berücksichtigung der dort vorliegenden Fächerverteilung beachtlich (Politik/Sozialkunde: $n = 323$; Geschichte: $n = 297$). Darüber hinaus konnte Dippelhofer (2009) in einer Studie an der PH Freiburg zeigen, dass Lehramtsstudierende ihre Ausbildung hinsichtlich der Durchführung „praktische[r] Demokratieübungen" (S. 59) als *unzureichend* wahrnehmen.

2. Ein partizipatives Lehrmodul zur Demokratiebildung

Um die oben geschilderte Situation zu bearbeiten, wurde im Rahmen des Forschungsprojekts *DemoKult*[2] der Universität Paderborn ein partizipatives Lehrmodul für Lehramtsstudierende entwickelt, welches methodische Elemente für unterrichtliche Lehr-Lern-Arrangements zur Förderung von *Kompetenzen für eine demokratische Kultur* (Europarat, 2018) in den Fokus rückt.

Das Lehrmodul umfasst zwei Sitzungen mit einem zeitlichen Umfang von je 90 Minuten und wurde so konzipiert, dass es thematisch unabhängig in den Verlaufsplan von Hochschulveranstaltungen integriert werden kann. Es wurde – nach einer Erprobungsphase im Wintersemester 2022/2023 – in vier bildungswissenschaftlichen Seminaren eingesetzt.

2.1 Zielsetzung und didaktisches Konzept

Das *Ziel des Lehrmoduls* ist es, Lehramtsstudierende zu befähigen und zu motivieren, methodische Elemente der Demokratiebildung in ihren zukünftigen Unterricht zu integrieren. Die Studierenden sollen im Lehrmodul erfahren, dass „das Erlernen demokratischen Handelns und der Aufbau einer demokratischen Grundhaltung [...] an ein Lernumfeld gebunden [ist], in dem Grundregeln eines demokratischen Miteinander unterrichtet und praktiziert werden: Jugendliche müssen erfahren, dass andere Menschen andere Interessen haben, die ebenfalls ihre Berechtigung haben, sie müssen Konflikte austragen lernen, sie müssen lernen, Kompromisse zu schließen, und lernen, mit anderen zur Durchsetzung gemeinsamer Interessen zu kooperieren" (Oesterreich, 2003, S. 817).

Aus *didaktischer Perspektive* verknüpft das Lehrmodul deshalb Kooperations- und Diskursmethoden (Sliwka, 2008, S. 52–90) mit der Zielsetzung einer partizipativen

---

2 Webverweis: https://www.uni-paderborn.de/projekt/1042

Erarbeitung von Beurteilungskriterien sowie deren Anwendung bei der Leistungs-beurteilung. Das Modul ist zudem anschlussfähig an Himmelmanns (2016) Ausfüh-rungen zur *Demokratie als Lebensform* und berücksichtigt vorhandene Lehrkonzep-tionen zur Demokratiebildung im Lehramtsstudium (Berkemeyer et al., 2023a; Bi-cheler et al., 2023). So wird beispielsweise an den Begriff der *Demokratiebildungs-kompetenz* angeknüpft, der den Schwerpunkt auf professionelle Handlungskompe-tenzen von (angehenden) Lehrpersonen zur „Umsetzung von ‚politischer Bildung als Prinzip' und auf die Gestaltung von Unterricht und Schule gemäß demokratiepäda-gogische[r] Konzepte" (Bicheler et al., 2023, S. 61) legt.

Dementsprechend werden im Lehrmodul *methodisches Wissen* zur *demokratischen Erarbeitung von Beurteilungskriterien in unterrichtlichen Lehr-Lern-Arrangements* vermittelt und darüber hinaus *Selbstwirksamkeitserwartungen*[3] zur *partizipativ-ver-fahrensorientierten* und *gemeinschaftsorientierten Unterrichtsgestaltung* gestärkt.[4]

---

3   Bandura (1997) beschreibt Selbstwirksamkeitserwartungen als Überzeugungen in eigene Fähigkeiten, die sich auf die Ausführung von Handlungen zur Erreichung spezifischer Ziele – auch unter herausfordernden Bedingungen – beziehen. Eine Veränderung ist an eigene und stellvertretende Erfahrungen, emotionale Reaktionen und verbale Persuasion gekoppelt (Tschannen-Moran & Woolfolk Hoy, 2001). Dass eine Stärkung von aufga-benbezogenen Selbstwirksamkeitserwartungen bei Lehramtsstudierenden möglich ist, zeigen u.a. die Studien von Junker et al. (2020) für den Umgang mit Heterogenität oder Lenzgeiger (2022) in Bezug auf politische Bildung.

4   Eine partizipativ-verfahrensorientierte Unterrichtsgestaltung bezieht sich auf die unter-richtliche Ermöglichung von Partizipation, die sich an demokratischen Verfahren orien-tiert. Ziel ist eine faire und gleichberechtigte – auch mit Kontroversen verbundene – Ein-flussnahme auf Entscheidungen und die Reflexion der daraus resultierenden Ergebnisse. Eine gemeinschaftsorientierte Unterrichtsgestaltung zielt darauf ab, im Unterricht einen Gemeinschaftssinn (Europarat, 2018, S. 41) zu erzeugen, um gegenseitige Unterstützung und Zugehörigkeitsgefühle zu stärken. Hierbei sollen Konsens befördert und in-tragruppale Konflikte eher vermieden werden.

2.2 Kurzbeschreibung zum Ablauf

Sitzung 1 (kooperationsorientiert): Das Lehrmodul beginnt mit einer Zulosung von Gruppen, Rollen und dazugehörigen Aufgabenbeschreibungen. Dabei werden die Rollen der Bürger:innen, Redner:innen und Verfasser:innen für vier bis sieben Personen umfassende Gruppen sowie die Rolle der Präsident:innen vergeben. Die Aufgabenbeschreibungen der Rollen orientieren sich an den Ausführungen von Sliwka (2008, S. 52–90) zur *Apollo-Technik* und zur *strukturierten Debatte.*

Nach der Losung erfolgt ein Lehrvortrag zur Förderung demokratischer Kompetenzen als Bestandteil der demokratiebildenden Aufgabe von Lehrer:innen. Der Vortrag umfasst Inhalte zum *Demokratiebegriff,* zu *demokratischen Kompetenzen* und deren *Modellierung* sowie zu Wirkungen ausgewählter *Personen- und Unterrichtsmerkmale* auf *Partizipation* und den *Erwerb demokratischer Kompetenzen.*

Im Anschluss startet das erste methodische Element. Dabei entwickeln die Bürger:innen, Redner:innen und Verfasser:innen in zwanzigminütiger Einzelarbeit Beurteilungskriterien auf Grundlage der Aufgabenbeschreibungen.[5] Nach der Einzelarbeit integrieren die Studierenden einer Gruppe ihre Beurteilungskriterien in einem weiteren zwanzigminütigen Austausch zu einem gemeinsamen Vorschlag. Die Gruppenvorschläge werden danach von den Verfasser:innen der jeweiligen Gruppen an alle Studierenden weitergeleitet (z.B. über eine digitale Lernplattform), um eine Vorbereitung auf die in der folgenden Sitzung stattfindende strukturierte Debatte zu ermöglichen. Die Gruppe der Präsident:innen nutzt die Erarbeitungszeiträume der ersten Sitzung, um die Leitung der Debatte zu planen.

Sitzung 2 (diskursorientiert): Direkt zu Beginn übernehmen die Präsident:innen das Wort, um das zweite methodische Element – die strukturierte Debatte – zu leiten. Sie begrüßen alle Anwesenden und nehmen daraufhin eine Regelerläuterung, die

---

5 Im vorliegen Fall erarbeiteten die Studierenden Kriterien für wissenschaftliche Poster, die in den zum Seminarabschluss stattfindenden mündlichen Prüfungen zur Leistungsbeurteilung herangezogen wurden. Die Poster wurden von den Studierenden während einer Projektphase erarbeitet.

Moderation und abschließend die Beendigung der Debatte vor. Während der Debatte vertreten die Redner:innen ihre jeweiligen Gruppenvorschläge in zeitlich begrenzten Redebeiträgen, die von den Bürger:innen durch kritische Rückfragen unterbrochen werden können. Nach Beendigung der Debatte findet eine anonyme Abstimmung statt, bei der die Studierenden ihren favorisierten Vorschlag wählen. Das Wahlergebnis wird direkt im Anschluss bekanntgegeben.

Zum Ende des Lehrmoduls bearbeiten die Studierenden Reflexionsaufgaben. Dabei stehen Verknüpfungen von demokratischen Kompetenzen mit den Anforderungen des Lehrmoduls sowie die Beschreibung von Anwendungsmöglichkeiten und Einschränkungen der methodischen Elemente für den zukünftigen Unterricht im Fokus.

Nach den Prüfungen zum Ende der Vorlesungszeit wird den Studierenden ein individuelles Feedback auf Grundlage der demokratisch gewählten Beurteilungskriterien gegeben.

Abbildung 1 veranschaulicht den Ablauf des Lehrmoduls.

Sitzung 1

Losung zur Rollen- und Gruppenzuteilung 👥

Input zum Thema der Förderung demokratischer Kompetenzen als Aufgabe von Lehrer:innen 🖥

• Erläuterungen zum Demokratiebegriff
  ➢ (Marschall, 2014; Schmidt, 2019; Vorländer, 2020)
• Modellierung demokratischer Kompetenzen
  ➢ (Europarat, 2018; Gloe et al. 2020; Große Prues, 2022; Himmelmann, 2016; Weinert, 2014)
• Wirkungen ausgewählter Personen- und Unterrichtsmerkmale auf Partizipation und den Erwerb demokratischer Kompetenzen
  ➢ (Hess & McAvoy, 2015; Lösel et al., 2018; Maurissen et al., 2018; Persson, 2015)

Methodisches Element 1: 👥

Kooperative Erarbeitung der Beurteilungskriterien in Anlehnung an die **Apollo-Technik** nach Sliwka (2008, S. 62–64)

• Schritt 1: Einzelarbeit
• Schritt 2: Integration zu einem Gruppenergebnis
• Schritt 3: Sicherung der Gruppenergebnisse

Sitzung 2

Methodisches Element 2: 💬

Diskursiver Austausch der Argumente zwischen den Gruppen in Anlehnung an die **strukturierte Debatte** nach Sliwka (2008, S. 87–89)

• Schritt 1: Regelerläuterung und Eröffnung
• Schritt 2: Durchführung
• Schritt 3: Beendigung

Anonyme Abstimmung ✉

Reflexionsaufgaben 🧠

Verknüpfung demokratischer Kompetenzen mit den **Anforderungen** der im Lehrmodul erprobten **methodischen Elemente**

Beschreibung von **Anwendungsmöglichkeiten** bzw. **Einschränkungen** der Methoden für den **zukünftigen Unterricht**

Prüfungen 📖

Beurteilung der **Prüfungsleistungen** auf Grundlage der **demokratisch legitimierten Beurteilungskriterien**

Abb. 1: Übersicht zum Ablauf des Lehrmoduls. Das ergänzende Literaturverzeichnis zur Grafik ist unter folgendem Link abrufbar:
https://osf.io/xp28s/?view_only=ab54d910f87c44319846931133a8b5c8

3. Fragestellung und Hypothesen

Anknüpfend an die Zielsetzung des Lehrmoduls wird in diesem Beitrag folgender Forschungsfrage nachgegangen:

- Welche Wirkungen hat das Lehrmodul bei Lehramtsstudierenden mit Blick auf das methodische Wissen zur demokratischen Erarbeitung von Beurteilungskriterien in unterrichtlichen Lehr-Lern-Arrangements sowie auf die Selbstwirksamkeitserwartungen zur partizipativ-verfahrensorientierten und gemeinschaftsorientierten Unterrichtsgestaltung?

Es werden drei Hypothesen formuliert:

- *Hypothese 1*: Das Lehrmodul hat einen positiven Effekt auf das methodische Wissen zur demokratischen Erarbeitung von Beurteilungskriterien in unterrichtlichen Lehr-Lern-Arrangements.

- *Hypothese 2*: Das Lehrmodul hat einen positiven Effekt auf die Selbstwirksamkeitserwartungen zur partizipativ-verfahrensorientierten Unterrichtsgestaltung.

- *Hypothese 3*: Das Lehrmodul hat einen positiven Effekt auf die Selbstwirksamkeitserwartungen zur gemeinschaftsorientierten Unterrichtsgestaltung.

4. Methode

Zur Beantwortung der Forschungsfrage wurde im Zeitraum vom Sommersemester 2023 bis Sommersemester 2024 eine *quasi-experimentelle Studie* durchgeführt (Döring, 2023, S. 723). Dabei wurden zwei Gruppen (*Experimental-* und *Kontrollgruppe*) in einer *Pre-Messung* (Beginn des Lehrmoduls), einer *Post-Messung* zwei Wochen später (Ende des Lehrmoduls) und einer *Follow-up-Messung* nach drei Monaten (Ende der Vorlesungszeit) mit einem Online-Fragebogen per *Limesurvey* befragt. Alle befragten Studierenden nahmen an inhaltlich ähnlich konzipierten Seminaren mit dem Titel *Diagnose und Förderung* im Bachelor of Education an der Universität Paderborn teil, wobei nur die Experimentalgruppe das Lehrmodul absolvierte.

4.1 Messinstrumente

Die Einschätzung der Studierenden zum eigenen *methodischen Wissen zur demokratischen Erarbeitung von Beurteilungskriterien in unterrichtlichen Lehr-Lern-Arrangements* wurde mit einer Einzelfrage in einem siebenstufigen Antwortformat (1 = sehr wenig Wissen bis 7 = sehr viel Wissen) erfasst. Die Frage lautete: „Wie viel Wissen haben Sie über die Nutzung demokratischer Methoden zur Erarbeitung von Beurteilungskriterien im Unterricht?".

Darüber hinaus wurden die *Selbstwirksamkeitserwartungen* der Lehramtsstudierenden mit zwei Skalen zur *partizipativ-verfahrensorientierten Unterrichtsgestaltung* (α_1 = .72; α_2 = .80; α_3 = .79) und *gemeinschaftsorientierten Unterrichtsgestaltung* (α_1 = .82; α_2 = .81; α_3 = .74) erhoben. Beide Skalen umfassen jeweils drei Aussagen mit sechsstufigem Antwortformat (1 = trifft gar nicht zu bis 6 = trifft völlig zu).

Die Skala zur *partizipativ-verfahrensorientierten Unterrichtsgestaltung* beinhaltet Aussagen zur Erprobung demokratischer Verfahren, zur Beteiligung von Schüler:innen bei der Erarbeitung beurteilungsrelevanter Aspekte und zur Ermöglichung der Reflexion von Konsequenzen einer Beteiligung an demokratischen Verfahren. Die Skala zur *gemeinschaftsorientierten Unterrichtsgestaltung* enthält Aussagen zur gegenseitigen Unterstützung von Schüler:innen bei Angewiesenheit auf Hilfe, zur Verfolgung gemeinschaftlicher Ziele sowie zur Notwendigkeit der Berücksichtigung der Vorschläge von Mitschüler:innen.[6] Eine zweifaktorielle Modellierung der Skalen

---

6 Die Wortlaute der Aussagen sind unter folgendem Link einsehbar:
https://osf.io/xp28s/?view_only=ab54d910f87c44319846931133a8b5c8

mit korrelierten Faktoren wies für die drei Erhebungszeitpunkte eine gute Passung an die Daten aus.[7]

Zur Kontrolle von möglichen Unterschieden zwischen der Experimental- und Kontrollgruppe zur Pre-Messung wurden folgende Merkmale erhoben:

- Das *politische Interesse* mit der Skala *PIKS* von Otto und Bacherle (2011). Diese umfasst fünf Aussagen und ein fünfstufiges Antwortformat (1 = triff überhaupt nicht zu bis 5 = trifft voll und ganz zu; α = .91).

- Die *wahrgenommene politische Selbstwirksamkeit* mit der vier Aussagen umfassenden Kurzskala *P-PSE* von Bromme, Rothmund und Caprara (2020) im fünfstufigen Antwortformat (1 = stimme überhaupt nicht zu bis 5 = stimme vollkommen zu; α = .68).

- Die *außeruniversitären Erfahrungen mit der Durchführung demokratischer Methoden* vor dem ersten Messzeitpunkt als Frage mit sechsstufigem Antwortformat (1 = nein, noch nie bis 6 = ja, sehr oft): „Haben Sie schon außeruniversitäre Erfahrungen mit der Durchführung demokratischer Methoden gesammelt?".

- Die *Thematisierung demokratischer Methoden in der Lehramtsausbildung* vor dem ersten Messzeitpunkt als Frage mit ebenfalls sechsstufigem Antwortformat (1 = noch nie bis 6 = sehr oft): „Wie oft wurden demokratische Methoden in Ihrer Lehramtsausbildung bisher thematisiert?".

---

7 KFA$_1$: χ^2 = 14.15, df = 8, p = .078, CFI = .978, TLI = .959, SRMR = .031, RMSEA = .074; KFA$_2$: χ^2 = 7.66, df = 8, p = .467, CFI = 1.00, TLI = 1.00, SRMR = .027, RMSEA < .001; KFA$_3$: χ^2 = 6.81, df = 8, p = .558, CFI = 1.00, TLI = 1.01, SRMR = .025, RMSEA < .001. Interpretation der Fit-Indizes nach Burkhardt, Titz und Sedlmeier (2022).

4.2 Auswertungsstrategie

Zur Bereinigung der Daten wurden vier unvollständige Datensätze entfernt. Durch eine Identifizierung unaufmerksam beantworteter Fragebögen über Indikatorvariablen wurden weitere elf Fälle herausgefiltert.

Zur Kontrolle von Merkmalsunterschieden zwischen der Experimental- und Kontrollgruppe zum Pre-Messzeitpunkt wurden einfaktorielle Varianzanalysen für unabhängige Messungen berechnet. Die Beurteilung der Effekte des Lehrmoduls fand auf Grundlage zweifaktorieller Varianzanalysen mit Messwiederholungen statt. Alle Analysen wurden mit der Software R*Studio* (Version 4.3.3) durchgeführt.

4.3 Stichprobe

Die bereinigte Stichprobe umfasste $N = 159$ Lehramtsstudierende. Von diesen Studierenden nahmen 57.2 % ($n = 91$) am Lehrmodul teil und 42.8 % ($n = 68$) bildeten die Kontrollgruppe. Der überwiegende Anteil der Stichprobe war weiblich ($n = 109$, 68.6 %; männlich: $n = 50$, 31.4 %) und studierte den Studiengang der Schulform Gymnasium/Gesamtschule ($n = 116$, 73 %; HRSGe: $n = 39$, 24.5 %; BK: $n = 3$, 1.9 %; SFö: $n = 1$, 0.6 %). Das durchschnittliche Alter lag bei 22 Jahren ($M = 21.86$, $SD = 2.30$) und die Befragten befanden sich im Zeitraum der Erhebungen durchschnittlich im fünften Fachsemester ($M = 5.18$, $SD = 2.28$). Etwas weniger als die Hälfte der Stichprobe gab einen Migrationshintergrund an ($n = 67$, 42.1 %; ohne Migrationshintergrund $n = 92$, 57.9 %).

5. Ergebnisse

Die einfaktoriellen Varianzanalysen wiesen zum Zeitpunkt der Pre-Messung für die zur Beurteilung der Effekte herangezogenen Merkmale und die in Tabelle 1 aufgeführten Kontrollvariablen *keine signifikanten Unterschiede* zwischen der Experimental- und Kontrollgruppe aus. Es lagen somit vergleichbare Ausgangsbedingungen vor.

Tab. 1: Teilstichprobenwerte der Experimental- und Kontrollgruppe zur Pre-Messung

	Experimentalgruppe (n = 91) M (SD)	Kontrollgruppe (n = 68) M (SD)
Alter	21.98 (2.44)	21.71 (2.10)
Fachsemester	5.11 (2.24)	5.26 (2.35)
Migrationshintergrund	43.9 %	39.7 %
Politisches Interesse	2.87 (1.04)	3.04 (0.99)
Politische Selbstwirksamkeit	2.55 (0.78)	2.67 (0.80)
Außeruniversitäre Erfahrungen mit der Durchführung demokratischer Methoden	2.51 (1.42)	2.81 (1.30)
Thematisierung demokratischer Methoden in der Lehramtsausbildung	2.49 (1.11)	2.76 (1.15)

Anmerkungen. Hinsichtlich der Fächerverteilung der Studierenden zeigten sich keine signifikanten Unterschiede zwischen der Experimental- und der Kontrollgruppe; n = Teilstichprobe; M = Mittelwert; SD = Standardabweichung; N = 159.

Mit Blick auf *Hypothese 1* zeigte sich eine *signifikante Interaktion* zwischen dem Faktor Messzeitpunkt und dem Besuch des Lehrmoduls: $F(2, 314) = 19.19, p < .001,$ $\eta^2 = .061$. Demnach ließ sich in Anlehnung an Döring (2023, S. 802) ein *mittlerer Effekt* des Lehrmoduls auf das selbst eingeschätzte methodische Wissen der Lehramtsstudierenden zur demokratischen Erarbeitung von Beurteilungskriterien nachweisen (vgl. Abbildung 2). In der Experimentalgruppe lag eine Steigerung des Skalenmittelwerts um 2.08 Punkte vor. In der Kontrollgruppe hingegen nur um 0.94 Skalenpunkte. Dieses Ergebnis stützt Hypothese 1.

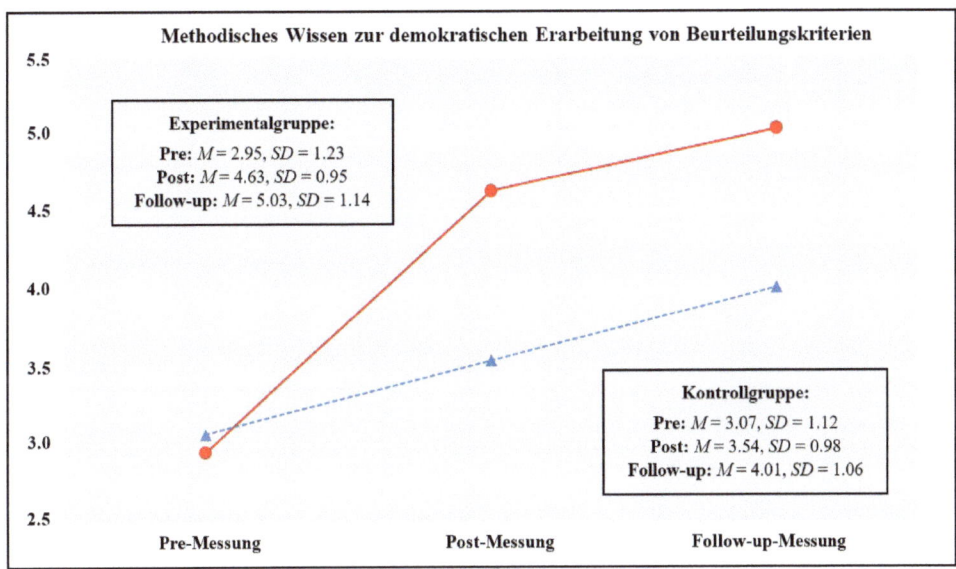

Abb. 2: Entwicklung des methodischen Wissens zur demokratischen Erarbeitung von Beurteilungskriterien. Experimentalgruppe: rot; Kontrollgruppe: blau.

Unter Bezugnahme auf *Hypothese 2* zeigte sich ebenfalls eine *signifikante Interaktion* zwischen dem Faktor Messzeitpunkt und dem Lehrmodulbesuch: $F(2, 314) =$ 8.57, $p < .001$, $\eta^2 = .020$. Somit hatte das Lehrmodul einen *kleinen Effekt* auf die Selbstwirksamkeitserwartungen der Studierenden zur partizipativ-verfahrensorientierten Unterrichtsgestaltung (vgl. Abbildung 3). In der Experimentalgruppe stieg der Mittelwert um 0.89 Skalenpunkte und in der Kontrollgruppe um 0.32 Punkte. Auch Hypothese 2 wird dementsprechend gestützt.

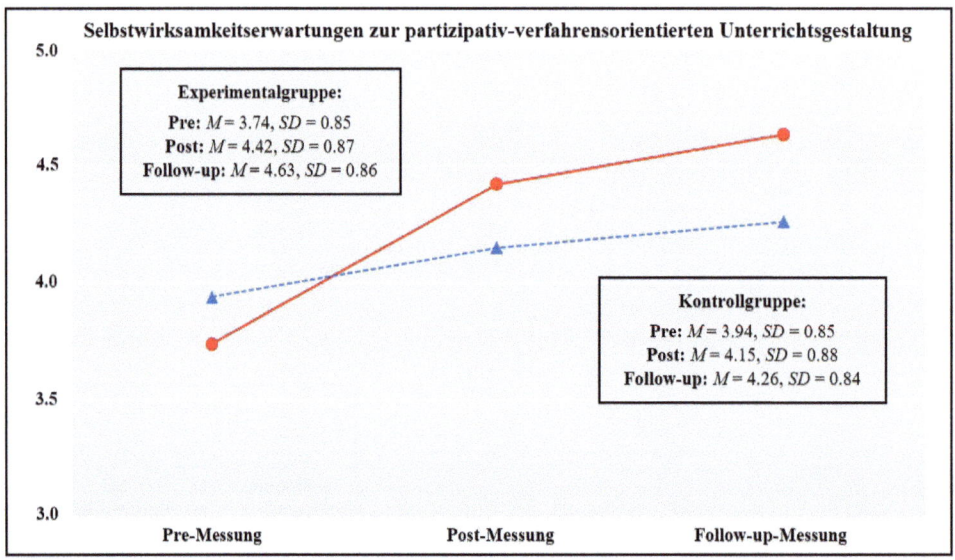

Abb. 3: Entwicklung der Selbstwirksamkeitserwartungen zur partizipativ-verfahrensorientierten Unterrichtsgestaltung. Experimentalgruppe: rot; Kontrollgruppe: blau.

Für *Hypothese 3* ließ sich hingegen *kein Interaktionseffekt* nachweisen: $F(2, 314) =$ 2.71, $p = .068$, $\eta^2 = .007$. Die Steigerung des Skalenmittelwerts in der Experimentalgruppe um 0.60 Punkte (Pre: $M = 4.31$, $SD = 0.96$; Post: $M = 4.69$, $SD = 0.87$; Follow-up: $M = 4.91$, $SD = 0.74$) spricht im Vergleich mit der Steigerung des Mittelwerts der Kontrollgruppe um 0.30 Punkte (Pre: $M = 4.33$, $SD = 0.87$; Post: $M = 4.50$, $SD = 0.81$; Follow-up: $M = 4.61$, $SD = 0.76$) gegen eine unterschiedliche Entwicklung der Selbstwirksamkeitserwartungen zur gemeinschaftsorientierten Unterrichtsgestaltung im Messzeitraum. Hypothese 3 wird demnach abgelehnt.

6. Diskussion

Das Lehrmodul hatte einen mittelstarken Effekt auf das methodische Wissen der teilnehmenden Lehramtsstudierenden zur demokratischen Erarbeitung von Beurteilungskriterien in unterrichtlichen Lehr-Lern-Arrangements. Somit konnten den Studierenden im Rahmen eines Verständnisses von Partizipation im engeren Sinne nach Kärner et al. (2023) und einer selbsttätigen Aneignung von demokratischer Praxis nach Wohnig & Sämann (2022) Kenntnisse zur unterrichtlichen Gestaltung demokratischer Aushandlungsprozesse zugänglich gemacht werden.

Weiterführend ließ sich ein kleiner Effekt des Lehrmoduls auf die studentischen Selbstwirksamkeitserwartungen zur partizipativ-verfahrensorientierten Unterrichtsgestaltung nachweisen. Befunde zur Selbstwirksamkeit deuten an, dass dies zu einer höheren Intention zur Umsetzung einer solchen Unterrichtsgestaltung im zukünftigen Lehrberuf führt (Grieger, 2022, S. 71f.).

Eine Wirkung auf die Selbstwirksamkeitserwartungen zur gemeinschaftsorientierten Unterrichtsgestaltung zeigte sich hingegen nicht. Die ausgebliebene Wirkung könnte durch den strukturellen Aufbau des Lehrmoduls hervorgerufen worden sein. Da das kooperativ angelegte Element der strukturierten Debatte zeitlich vorangestellt ist, wird es im Verlauf des Lehrmoduls womöglich durch den kompetitiven Charakter der Debatte überlagert.

Die nachgewiesenen Wirkungen des Lehrmoduls sind insbesondere unter Beachtung der Zeitspanne von lediglich zwei Seminarsitzungen (längerer Zeitraum u.a. bei Lenzgeiger, 2022) und der Durchführung in bildungswissenschaftlichen Seminaren mit differenten primären Lernzielen bedeutsam (SWK, 2024, S. 50), da die Integrationsspielräume demokratiebildender Elemente im Lehramtsstudium durch konkurrierende fachwissenschaftliche, fachdidaktische und bildungswissenschaftliche Inhalte eingeschränkt sind (Berkemeyer et al., 2023a).

Aus methodischer Perspektive ist limitierend zu erwähnen, dass eine *Gelegenheitsstichprobe* zugrundeliegt, die jedoch hinsichtlich des Merkmals Geschlecht repräsentativ für die Grundgesamtheit der Lehramtsstudierenden in Nordrhein-Westfalen ist (Statistisches Bundesamt, 2024). Darüber hinaus wären breiter angelegte Studien zum Thema Demokratiebildung im Lehramtsstudium hilfreich, um eine fundiertere Einordnung lokaler Befunde zu ermöglichen.

Die Forschungslage zeigt, dass die Vorbereitung von Lehramtsstudierenden auf die zukünftige Querschnittsaufgabe der schulischen Demokratiebildung ausbaufähig ist (vgl. Abschnitt 1). Die Ergebnisse der vorliegenden Untersuchung machen jedoch deutlich, dass themenunabhängig integrierbare und partizipativ angelegte Lehr-Lern-Arrangements auch mit vergleichsweise geringem Zeitumfang wirkungsvoll sein können, um Studierende fächerübergreifend auf eine partizipative und an demokratischen Verfahren orientierte Unterrichtsgestaltung vorzubereiten. In einer solchen Anlage können Studierende fachunabhängig für eine demokratische Unterrichtsgestaltung sensibilisiert werden, ohne bestehende Inhalte der jeweiligen Disziplinen zu verdrängen.

Abschließend soll der vergleichsweise geringe Zeitumfang und die themenunabhängige Umsetzbarkeit auch als Anregung für eine interdisziplinäre Adaption des Lehrmoduls über die Lehrer:innenbildung hinaus – z.B. im Modus des *Scholarship of Teaching and Learning* nach Felten (2013) – verstanden werden.

7. Literatur

Aktionsrat Bildung (2020). *Bildung zu demokratischer Kompetenz. Gutachten*. Waxmann. https://doi.org/10.31244/9783830941811

Avenarius, H., & Hanschmann, F. (2019). *Schulrecht: Ein Handbuch für Praxis, Rechtsprechung und Wissenschaft*. 9. Aufl. Carl Link.

Bacia, E., Dohmen, D., Hurrelmann, K., Fichtner, S., & Kühn, V. (2022). *Studie: Die Schule der Zukunft. Demokratische Lernorte für eine demokratische Gesellschaft*. FiBS.

Bandura, A. (1997). *Self-efficacy. The exercise of control*. Freeman.

Berkemeyer, N., & Mende, L. (2018). *Bildungswissenschaftliche Handlungsfelder des Lehrkräfteberufs*. Waxmann.

Berkemeyer, N., Franzmann, E., & May, M. (2023b). Demokratie und Lehrerbildung an der Hochschule zur Einleitung – Strukturen der Demokratiebildung in der ersten Phase der Lehrerbildung. In E. Franzmann, N. Berkemeyer & M. May (Hrsg.), *Strukturen der Demokratiebildung in der ersten Phase der Lehrerbildung* (S. 7–12). Juventa.

Berkemeyer, N., Franzmann, E., Koerrenz, R., May, M., & Volkmann, L. (2023a). Auf dem Weg zu einem Curriculum der Demokratiebildung in der ersten Phase der Lehrerbildung – Das Projekt LADi und beyond. In E. Franzmann, N. Berkemeyer & M. May (Hrsg.), *Strukturen der Demokratiebildung in der ersten Phase der Lehrerbildung* (S. 113–136). Juventa.

Bicheler, J., Heinrich, G., & Klameth, W. (2023). Politische Bildung und Demokratiepädagogik in der Lehrer*innenbildung an der Universität Rostock – Das „Rostocker Modell". In E. Franzmann, N. Berkemeyer & M. May (Hrsg.), *Strukturen der Demokratiebildung in der ersten Phase der Lehrerbildung* (S. 57–79). Juventa.

BMFSFJ (2020). *16. Kinder- und Jugendbericht. Förderung demokratischer Bildung im Kindes- und Jugendalter*. BMFSFJ.

Bromme, L., Rothmund, T., & Caprara, G.V. (2020). A translation and validation of the Perceived Political Self-Efficacy (P-PSE) Scale for the use in German samples. *Measurement Instruments for the Social Sciences, 2*(1), 1–10. https://doi.org/10.1186/s42409-020-00013-4

Brügelmann, H. (2019). Demokratisierung von Schule und Unterricht. In M. Harring, C. Rohlfs & M. Gläser-Zikuda (Hrsg.), *Handbuch Schulpädagogik* (S. 621–630). Waxmann.

Burkhardt, M., Titz, J., & Sedlmeier, P. (2022). *Datenanalyse mit R. Fortgeschrittene Verfahren.* Pearson.

Culp, J. (2021). Schulische Demokratieerziehung und die Krise der repräsentativen Demokratie. *Zeitschrift für Pädagogik, 67*(4), 528–543.

Dippelhofer, S. (2009). *Gesellschaftspolitische Orientierungen von Studierenden an der Pädagogischen Hochschule Freiburg* (Hefte zur Bildungs- und Hochschulforschung, Nr. 55). Universität Konstanz.

Dippelhofer, S. (2019). *Politisch-demokratische Bildung als Aufgabe und Herausforderung für Hochschule und Lehrerschaft* (Gießener Beiträge zur Bildungsforschung, Nr. 21). Universität Gießen.

Döring, N. (2023). *Forschungsmethoden und Evaluation in den Sozial- und Humanwissenschaften.* 6. Aufl. Springer. https://doi.org/10.1007/978-3-662-64762-2

Europarat (2018). *Kompetenzen für eine demokratische Kultur.* Europarat.

Felten, P. (2013). Principles of Good Practice in SoTL. *Teaching and Learning Inquiry, 1*(1), 121–125. https://doi.org/10.2979/teachlearninqu.1.1.121

Grieger, M. (2022). *Selbstwirksamkeitserwartungen angehender und praktizierender Lehrkräfte zum Unterrichten von Gesellschaftslehre.* Springer VS. https://doi.org/10.1007/978-3-658-40155-9

Himmelmann, G. (2016). *Demokratie Lernen als Lebens-, Gesellschafts- und Herrschaftsform.* 4. Aufl. Wochenschau.

Junker, R., Zeuch, N., Rott, D., Henke, I. Bartsch, C., & Kürten, R. (2020). Zur Veränderbarkeit von Heterogenitätseinstellungen und Selbstwirksamkeitsüberzeugungen von Lehramtsstudierenden durch diversitätssensible hochschuldidaktische Lehrmodule. *Empirische Sonderpädagogik, 12*(1), 45–63. https://doi.org/10.25656/01:20169

Kärner, T., Jüttler, M., Fritzsche, Y., & Heid, H. (2023). Partizipation in Lehr-Lern-Arrangements: Literaturreview und kritische Würdigung des Partizipationskonzepts. *Zeitschrift für Erziehungswissenschaft, 26*(4), 1053–1103. https://doi.org/10.1007/s11618-023-01171-x

Klafki, W. (2007). *Neue Studien zur Bildungstheorie und Didaktik. Zeitgemäße Allgemeinbildung und kritisch-konstruktive Didaktik.* 6. Aufl. Beltz.

Lenzgeiger, B. (2022). Veränderung von Interesse und Selbstwirksamkeitserwartungen Grundschullehramtsstudierender im Bereich der politischen Bildung. *Zeitschrift für Grundschulforschung, 15*(1), 205–220. https://doi.org/10.1007/s42278-021-00136-5

Oesterreich, D. (2003). Offenes Diskussionsklima im Unterricht und politische Bildung von Jugendlichen. *Zeitschrift für Pädagogik, 49*(6), 817–836.

Otto, L., & Bacherle, L. (2011). Politisches Interesse Kurzskala (PIKS) – Entwicklung und Validierung. *Politische Psychologie, 1*(1), 19–35.

Sant E. (2019). Democratic Education: A Theoretical Review. *Review of Educational Research, 89*(5), 655–696. https://doi.org/10.3102/0034654319862493

Schneider, H., & Gerold, M. (2018). *Demokratiebildung an Schulen – Analyse lehrerbezogener Einflussgrößen.* Bertelsmann. https://doi.org/10.11586/2018049

Sliwka, A. (2008). *Bürgerbildung. Demokratie beginnt in der Schule.* Beltz.

Statistisches Bundesamt (2024). *Statistik der Studierenden: Wintersemester 2023/2024. EVAS-Nummer 21311 – Tabelle 14.* Statistisches Bundesamt.

SWK (2024). *Demokratiebildung als Auftrag der Schule – Bedeutung des historischen und politischen Fachunterrichts sowie Aufgabe aller Fächer und der Schulentwicklung.* Stellungnahme vom 11.07.2024. SWK. http://dx.doi.org/10.25656/01:30061

Tschannen-Moran, M., & Woolfolk Hoy, A. (2001). Teacher efficacy: Capturing an elusive construct. *Teaching and Teacher Education, 17*(7), 783–805. https://doi.org/10.1016/S0742-051X(01)00036-1

Wohnig, A., & Sämann, J. (2022). Entgrenzungen im Diskurs um Demokratiebildung und politische Bildung. *Der pädagogische Blick, 30*(4), 257–268.

Anmerkung

Das Projekt *DemoKult* wird von der *Landeszentrale für politische Bildung NRW* unterstützt. Der Autor dankt seinen Kolleginnen und der Arbeitsgruppe *Forschungsmethoden/Empirische Bildungsforschung* der Universität Münster für die kritische Begleitung sowie den Gutachter:innen für die bereichernden Hinweise zum Manuskript.

Stefan Gysin[1], Christian Schirlo[2] & Peter Tremp[3]

Studierende in hochschuldidaktischen Weiterbildungskursen beteiligen – ein erfahrungsbasierter Vorschlag

Zusammenfassung

Der Beitrag präsentiert ein Konzept eines hochschuldidaktischen Weiterbildungskurses für Mediziner:innen und Gesundheitswissenschaftler:innen, welches die studentische Perspektive systematisch integriert, indem Studierende sich an diesen Veranstaltungen beteiligen und ihre Sicht auf Lehre, ihre Erfahrungen im Studium und ihre Vorstellungen gelingenden Lernens einbringen. Diese studentische Perspektive trifft in diesen Kursen einerseits auf Sichtweisen und Einschätzungen von Dozierenden und ihre spezifischen beruflichen Erfahrungen und Herausforderungen in der Verknüpfung von Lehre, Forschung und Klinik sowie andererseits auf Erkenntnisse aus der Hochschuldidaktik. Die Kurse beabsichtigen eine Erweiterung und Differenzierung hochschuldidaktischer Kompetenzen von Dozierenden, angestrebt ist Lehrentwicklung und Lehrqualität in diskursivem Austausch mit studentischer Beteiligung.

Schlüsselwörter

Studentische Partizipation, hochschuldidaktische Weiterbildung, Lehrentwicklung, Studierendengeneration, Medizin und Gesundheitswissenschaften

---

1 Universität Luzern; stefan.gysin@unilu.ch; ORCID 0000-0002-6344-6873
2 Universität Luzern; christian.schirlo@unilu.ch
3 Corresponding author; Pädagogische Hochschule Luzern; peter.tremp@phlu.ch; ORCID 0000-0002-8206-5195

https://doi.org/10.21240/zfhe/19-03/16

Stefan Gysin, Christian Schirlo & Peter Tremp

Involving students in continuing education courses in higher education didactics: An experience-based proposal

Abstract

This paper presents a concept for a continuing education course in higher education didactics for physicians and health scientists that systematically integrates the student perspective by having students participate in the courses and bring in their views on teaching, their experiences during their studies, and their ideas of successful learning. In the courses, the student perspective adds to the professional experiences and views of the participating lecturers and is of particular relevance for clinical teaching.

Through a discursive exchange featuring significant student participation, these courses aim to enhance participating lecturers' didactic skills and thereby improve curriculum development and overall teaching quality.

Keywords

student participation, continuing education in higher education didactics, curriculum development, student generation, medicine and health sciences

1. Hochschule als gemeinsames Vorhaben – Die Bedeutung studentischer Partizipation

Das Postulat „studentische Partizipation" hat in den letzten Jahren – nicht zuletzt durch Empfehlungen von Qualitätsagenturen und zugrundeliegende Qualitätskriterien auch für Programmakkreditierungen – an Bedeutung gewonnen. Partizipation kann sich dabei auf verschiedene Gestaltungsbereiche von Hochschulen beziehen und Gremienarbeit ebenso einschließen wie beispielsweise die studentische Beteiligung an Forschungsaktivitäten.

Im Bereich der Lehre machen verschiedene Reports (zum Beispiel Raffaele & Rediger, 2021), Empfehlungen (zum Beispiel Wissenschaftsrat, 2022) und Handreichungen (zum Beispiel Glesinski et al., 2021) auf die Vielfalt von Realisierungsformen aufmerksam: Von studentischen Referaten über Tutorien bis zur Gestaltung einzelner Lehrveranstaltungen, von Lehrveranstaltungsevaluationen in verschiedenen Formaten bis zur Mitwirkung an der Curriculumsentwicklung (vgl. Tremp, in Druck). Im Hinblick auf die Beteiligung von Studierenden im Faculty Development berichten Wright et al. (2019) von einem Projekt, in welchem einzelne Kursmodule mit dem Ziel der Vermittlung von Kompetenzen zum universitären Lernen, Lehren und Prüfen bei Dozierenden aus klinischen Bereichen von Studierenden durchaus erfolgreich geleitet werden.

Das Postulat „studentische Partizipation" kennt mehrere Begründungslinien, zum Beispiel:

* Mitbestimmen und Mitgestalten, wo es einen angeht,

* Demokratische Strukturen einüben und pflegen,

* Lehrqualität verbessern dank Perspektivenerweiterung.

Insgesamt steckt dahinter auch ein Konzept von Hochschule, das Wissenschaft als gemeinsames Projekt und Hochschule als gemeinsamen Gestaltungsraum versteht und den Studierenden eine entsprechende Rolle zuweist. Selbstverständlich wird diese Mitgestaltung nicht von allen Studierenden einzeln eingefordert, vielmehr versteht sich dieses Konzept als Einladung zur Kooperation der verschiedenen Akteursgruppen respektive ihren Vertretungen.

Dabei ist freilich zu beachten, dass Partizipationsabsichten dort an ihre Grenzen kommen, wo wir es mit institutionellen Machtasymmetrien zu tun haben, wo beispielsweise Lehrende sowohl in ihrer qualifizierenden Funktion unterstützend tätig sind, aber gleichzeitig mit Prüfungen und Notenvergaben Selektionsinstrumente und somit institutionelle Macht über die Studierenden zugewiesen erhalten: „Keine Partizipationsmaßnahmen können ohne Weiteres diese Machtkonstellation aushebeln." (Rybnikova & Scholz, 2015, S. 122).

Diese Macht-Asymmetrie legitimiert sich durch die fachliche Expertise der Dozierenden, die also in Aushandlung gebracht werden muss mit der Perspektive der Studierenden. Geklärt werden muss beispielsweise, in welchem Bereich, in welchen Fragen überhaupt ein gemeinsamer Handlungsraum und damit geteilte Verantwortung gesehen und eine gemeinsame Verständigung gesucht wird.[4]

In unserem Beitrag berichten wir von hochschuldidaktischen Weiterbildungskursen für Mediziner:innen und Gesundheitswissenschaftler:innen, welche die studentische Perspektive konzeptionell berücksichtigen, indem Studierende sich an diesen Weiterbildungskursen beteiligen und ihre Perspektive einbringen, sei es über einzelne Voten oder Fragestellungen in interaktivem Austausch oder im Rahmen von Kurssequenzen, in denen spezifische Aufgaben oder Fragestellungen an die Studierenden

---

4 In unserem Beispiel der Medizinstudierenden in der Schweiz ist beispielsweise erwähnenswert, dass diese bei der Weiterentwicklung des Lernzielkatalogs und damit der (auch prüfungsrelevanten!) Zielsetzungen des Studiums eingebunden sind.

gerichtet werden. Diese studentische Perspektive trifft damit einerseits auf Erkenntnisse aus der Hochschuldidaktik und andererseits auf spezifische berufliche Herausforderungen von Dozierenden in der Verknüpfung von Klinik, Forschung und Lehre.

2. Austausch über Lehre und Studium – Zielsetzung und Setting der hochschuldidaktischen Weiterbildungskurse

Unser Erfahrungsbericht bezieht sich auf ein Konzept hochschuldidaktischer Weiterbildung, das wir in den letzten vier Jahren an der Universität Luzern im Bereich der Medizin und Gesundheitswissenschaften in zwei verschiedenen Weiterbildungsformaten (einmalig durchgeführtes longitudinales Werkstattsymposium mit insgesamt sechs ganztätigen Kursen im Zeitraum eines Jahres und ab 2022 zweimal pro Jahr ein 2-tägiger Basiskurs Didaktik[5]) erprobt haben. Das Weiterbildungsangebot richtet sich also an Dozierende in den entsprechenden Studiengängen.

Die Kurse werden mit jeweils rund 25 Dozierenden (auf unterschiedlichen akademischen und professionellen Hierarchiestufen) durchgeführt, die Beteiligung ist freiwillig.

Der Kurs weist – im Vergleich mit den üblichen hochschuldidaktischen Weiterbildungskursen und in Ergänzung zum darzustellenden Einbezug der Studierenden – einige Besonderheiten auf. Eine Eigentümlichkeit liegt beispielsweise darin, dass sich die Kursleitung aus drei Personen zusammensetzt, was sowohl allgemeine hochschuldidaktische Expertise und spezifisch medizindidaktische Expertise und inhaltliches Fachwissen verbindet. Als weitere (überaus geschätzte) Besonderheit kann erwähnt werden, dass die beiden Kurstage an unterschiedlichen Orten stattfinden:

5　Der Basiskurs Didaktik umfasst zwei einzelne, aber miteinander verknüpfte Kurstage, die im zeitlichen Abstand von rund drei bis vier Wochen stattfinden.

der erste Tag in einem Seminarraum der Universität, der zweite Kurstag in den Räumlichkeiten einer Partnerinstitution, welche in die Studiengänge einbezogen ist. Dies sind einerseits Spitäler, andererseits auch verwandte Bildungsinstitutionen. Hierbei wird stets auch eine Führung durch diese Institution integriert. Diese Ortswahl unterstreicht nicht zuletzt auch die Absicht „Community-Building", das sich zum einen auf die Hochschulgemeinschaft, zum andern auf die *professional community* bezieht und damit die Professionsorientierung der gesundheitswissenschaftlichen und in noch höherem Maße der medizinischen Studiengänge adressiert.

2.1 Konzeption des Kurses

Entsprechend der zeitlichen Kürze des Weiterbildungsangebotes sind die Zielsetzungen bescheiden formuliert – und gleichwohl anspruchsvoll. Zum einen wird versucht, mit dem in der Schuldidaktik verbreiteten Grundmodell „Angebot – Nutzung – Wirkung" (Fend, 1981; Vieluf et al., 2020) eine grundlegende Einsicht in institutionalisierte Lehr-/Lernprozesse zu bieten, die sich in der konkreten Gestaltung in vielfältiger Form entfalten kann und das Postulat „Lernprozessorientierung" konkretisiert. Zum anderen ist beabsichtigt, ein Interesse an didaktischen Fragen zu wecken resp. zu vertiefen, was dann mit Einladungen für weitere Angebote verbunden ist.

Konkret ist der Kurs – ergänzt durch einen einleitenden Teil, der das Thema „Starten" ins Zentrum rückt – in drei inhaltliche Teile gegliedert, welche je einen spezifischen Umgang mit Wissen ins Zentrum rücken: Wissen vermitteln (rekurriert auf Präsentationsformen, welche beispielsweise in Vorlesungssettings bedeutsam sind), Wissen austauschen (hier beziehen wir uns beispielsweise auf die Veranstaltungsform des Seminars) und Wissen selbstständig erarbeiten (lassen) (womit wir uns insbesondere auf das Selbststudium, seine Verknüpfung mit Präsenzphasen und die Rolle der Dozierenden beziehen). Ergänzt werden diese Formen des Umgangs mit Wissen mit weiteren Überlegungen, beispielsweise zur „Praxisorientierung".

2.2 Auswahl der Studierenden

Mit der beabsichtigten Beteiligung von Studierenden in unserem Kurs stellt sich bereits die praktische Frage der Rekrutierung und Auswahl. Bei uns erfolgt die Rekrutierung der Studierenden primär über den sogenannten Fachverein, also die studentische Interessenvertretung. Bei sehr geringen Interessensbekundungen werden ergänzend gezielt einzelne, häufig durch ihr Engagement in verschiedenen Bereichen der studentischen oder hochschulischen Selbstverwaltung bekannte Studierende angefragt, auch wenn damit ein gewisser Selektionsbias verbunden ist.

Da das Weiterbildungsangebot Dozierende aus gesundheitswissenschaftlichen und medizinischen Studiengängen adressiert, werden jeweils Studierende aller Studiengänge angefragt und dabei wird versucht, Studierende aus verschiedenen Studienjahren zu rekrutieren.

Nach ersten Erfahrungen werden zur Vermeidung einer gewissen studentischen Routine in aller Regel jeweils neue, bislang nicht in Weiterbildungsangeboten involvierte Studierende berücksichtigt. Die studentische Beteiligung wird mit einer Teilnahmebestätigung zuhanden der Studierenden ausgewiesen.

2.3 Absichten

2.3.1 Studentische Lernperspektive einbringen

Mit dem Modell „Angebot – Nutzung – Wirkung" können verschiedene Zusammenhänge im Lehr-/Lernprozess illustriert werden. So zum Beispiel zwischen dem Lehrangebot einerseits und der studentischen Nutzung dieses Angebots andererseits. Diese wiederum hängt von verschiedenen Faktoren ab, so zum Beispiel dem Vorwissen, dem Interesse etc. Allerdings kann gerade bezüglich Interesse auch gezeigt werden, dass diese Größe veränderbar und u.a. wesentlich vom Lehrangebot abhängig ist.

Dies wird in unserem Kurs beispielsweise zum Thema, wenn es um den Start von Lehrveranstaltungen geht: Wie gestalten Dozierende die ersten paar Minuten einer

Vorlesung, wie wecken sie Interesse, wie orientieren sie sich bereits am beabsichtigten Lernergebnis, wie kommunizieren sie den Studierenden die Rahmenbedingungen und die Erwartungen an die Lehrveranstaltung oder wie thematisieren sie verpflichtende Leistungsnachweise?

In kurzen Videoausschnitten zeigen wir zwei Eröffnungsszenen von Vorlesungen und diskutieren diese beispielsweise bezüglich der Funktion, die hier ins Zentrum gerückt ist, oder bezüglich der studentischen Aktivitäten, die eingeplant sind – und welche Alternativen passend wären. Zudem fragen wir, wie diese Eröffnungsszenen in ihrer didaktischen Qualität eingeschätzt werden. Diese Frage richtet sich an Dozierende und an Studierende gleichermaßen, womit unterschiedliche Perspektiven zur Sprache kommen.

Der hochschuldidaktische Weiterbildungskurs integriert des Öfteren Diskussionen und Einschätzungen zur didaktischen Qualität, wobei die studentische Perspektive bisweilen ernüchternd wirken kann. So stellen beispielsweise einige Dozierende zwar viele Präsentationsfolien zur Verfügung, diese werden aber nach Aussage der Studierenden im Anschluss an die Lehrveranstaltung kaum genutzt. Thema wird dabei, wie begleitende Unterlagen ausgewählt und konzipiert sein müssen, um von den Studierenden auch tatsächlich als (spätere) Lernunterstützung wahrgenommen zu werden.

2.3.2 Aktuelle Formen des Studiums konkretisieren

Gerade diese (nicht-)Nutzung von Präsentationsfolien kann als Hinweis darauf gelten, wie Studierende ihr Lernen organisieren und allgemein: wie sie ihr Studium gestalten. Dies zeigt sich besonders deutlich, wenn wir auf Möglichkeiten hinweisen, die mit digitalen Tools zusammenhängen, die für die Generation der Dozierenden in ihrer Studienzeit nicht zur Verfügung standen.

Thematisiert wird also beispielsweise auch der Wandel weg von Büchern und Skripten hin zu digitalen Tools wie E-Learning-Programmen und weiteren Plattformen. Dabei zeigen sich allerdings Unterschiede zwischen Studienstufen, Fachgebieten und Wissensformen.

So stellt beispielsweise die digitale Lernplattform „Amboss" – bekannt geworden durch den 100-Tage-Lernplan mit orientierender Gewichtung von Inhalten als Vorbereitung auf die Abschlussprüfung im Studiengang Medizin (Eidgenössische Prüfung) – Lernkarten, Videos oder Prüfungsfragen zur Verfügung.[6] „Amboss" wird in unserem Kurs als Tool exemplarisch aufgegriffen und mit anderen didaktischen Methoden wie „Flipped Classroom" verknüpft. Thema ist also nicht die inhaltliche Korrektheit und der Detailgrad des Fachwissens, sondern die didaktische Bedeutung. Und in der konkreten Weiterbildungssituation verkehren sich bisweilen die üblichen Rollen: Studierende zeigen den Dozierenden, wie sie „Amboss" nutzen, welche Lernmöglichkeiten dieses Tool bietet etc.

„Amboss" wird damit als „Lernangebot" zum Thema und in der Verknüpfung mit der studentischen Verwendung passend in das Modell „Angebot – Nutzung – Wirkung" integriert, gleichzeitig werden damit gegenwärtige Studienrealitäten illustriert.

2.3.3 Raum für interessierende Auskünfte bereitstellen

Die genannten Beispiele sind vonseiten der Kursleitung geplant, sie sind also Teil der Konzeption der Weiterbildung, welche Sichtweise und Erfahrungen von Dozierenden mit Sichtweisen und Erfahrungen von Studierenden konfrontiert.

Von besonderer Bedeutung sind aber auch ergänzende Fragen, welche von Dozierenden spontan an die Studierenden gerichtet werden: „Jetzt frage ich mich aber, wie macht ihr …". Der hochschuldidaktische Weiterbildungskurs gibt immer wieder Gelegenheit, miteinander ins Gespräch zu kommen über didaktische Fragen – auch unabhängig von der eigenen Lehrveranstaltung und den „eigenen" Studierenden. Hier spielen dann auch die großzügigen Pausenzeiten in unseren Kursen eine zentrale Rolle als Gelegenheiten des informellen Austauschs.

---

6   Die Studierenden haben je individuell Zugriff auf diese Plattform, während für Dozierende institutionelle Accounts zur Verfügung stehen.

3. Bereichernder Austausch – Erfahrungen und Perspektiven der Teilnehmenden

Die Weiterbildungskurse werden regelmäßig evaluiert mit dem Ziel, das Programm stetig weiterzuentwickeln und Inhalte zu optimieren. Dabei haben wir der studentischen Beteiligung besondere Beachtung geschenkt und sowohl die Einschätzungen der Dozierenden als auch diejenige der Studierenden eingeholt. Methodisch verwenden wir verschiedene Ansätze, die von strukturierten Befragungen bis zu niederschwelligen „Classroom Assessment Techniques" (CATs) reichen. Aufgrund der unterschiedlichen Anzahl von Teilnehmenden ist dabei das Vorgehen bei den Dozierenden und Studierenden unterschiedlich. Bei den Dozierenden haben wir eine größere, schriftliche Umfrage mit Feedback zum gesamten Kurs durchgeführt, bei den Studierenden haben wir qualitatives Feedback mit einem Fokus auf ihre eigene Rolle im Kurs eingeholt.

3.1 Perspektive der Dozierenden

In der größeren, schriftlichen Umfrage (n=35) haben wir umfassendes und strukturiertes Feedback der Dozierenden eingeholt. In Bezug auf die Atmosphäre während der Kurse werden die studentischen Beiträge aus Sicht der Dozierenden auf einer 5er-Likert-Skala[7] mehrheitlich als konstruktiv und wertschätzend verortet (4.51). Die mögliche Einschränkung, die eigene Lehrerfahrung in der Anwesenheit von Studierenden einzubringen, wird als sehr gering empfunden (1.66), ebenso scheint der Umfang der studentischen Beteiligung nicht zu groß zu sein (1.97). Der Kurs gibt den Dozierenden auch gewisse Einblicke in die Lernstrategien der heutigen Studierenden (3.46), deren Nutzung von Lehr- und Lernmaterialien (3.66) und eröffnet ihnen eine neue Perspektive auf das Studium und die eigene Lehrtätigkeit (3.31). Besonders wertvolle Hinweise gibt es in den Bereichen Wissensvermittlung (3.46),

---

7   1 = stimme überhaupt nicht zu; 5 = stimme voll und ganz zu.

Bereitstellen von Lernressourcen (3.57) und Lehrveranstaltungsplanung (3.31), weniger zur Erstellung von Prüfungen (2.57). Generell wird der aktive Einbezug von Studierenden als sehr bereichernd erlebt (4.14) und soll auch künftig beibehalten werden (4.31).

Wie oben erwähnt, setzen wir auch immer wieder niederschwellige Evaluationsformen ein, um zeitnahes und direktes Feedback zu erhalten. Unter anderem haben wir die Teilnehmenden unseres letzten Kurses gebeten, eine 1-Satz-Zusammenfassung zur studentischen Partizipation zu verfassen. Diese Ergebnisse decken sich gut mit den strukturierten Befragungen.[8] Die aktive Beteiligung von Studierenden im Kurs wird ausschließlich (!) positiv bewertet: „hervorragend", „sehr gut", „wertvoll"!

Mehrfach genannt werden der Perspektivenwechsel, dass sich also die Studierenden mit ihren Überlegungen und Einschätzungen zu Lehre und Studium einbringen und dass sie damit auch über die Lernpraxen und -erfahrungen der gegenwärtigen Studierendengeneration berichten. Hervorgehoben werden auch die „erfrischenden" und „konstruktiven" Diskussionen, zudem seien die Äußerungen der Studierenden stets „wertschätzend", bisweilen auch „unerwartet". Zusammenfassend also: „Die Präsenz der Studis war 100% bereichernd."[9]

3.2 Perspektive der Studierenden

Die Perspektive der Studierenden zu ihrer eigenen Partizipation haben wir schriftlich mittels offener, semi-strukturierter Fragen abgeholt. Dabei haben wir uns vor allem auf die Dimensionen eigene Rolle, Atmosphäre im Kurs und Interaktion mit den Dozierenden fokussiert. Zusammenfassend finden es die Studierenden spannend, die

---

8 Insgesamt dürfen wir feststellen, dass uns die Einbindung der Studierenden mit jeder Durchführung besser gelingt. Dies spiegelt sich sowohl in der eigenen Einschätzung als Kursleitung als auch in den Rückmeldungen der Teilnehmer:innen und weist auf die Notwendigkeit sorgfältiger Überprüfungs- und Optimierungsprozesse hin.

9 Ein überaus positiver Kommentar schließt augenzwinkernd: „Ihr habt natürlich die Vorzeigestudis mitgebracht 😁."

Perspektive der Dozierenden zu hören, und sie erleben die Diskussionen wohlwollend und auf Augenhöhe. Die gestellten Aufgaben und Fragen sind passend gewählt, wobei teilweise sogar noch mehr Zeit für den Austausch eingeplant werden könnte. Und immer wieder wird erwähnt, dass die Studierenden gerne dabei gewesen seien, denn „es ist doch praktischer, wenn die Dozenten auch gerade hören können, wie es auf der anderen Seite ist, und wenn die Studis hören, was die Dozenten schwer finden".

Zur Illustration der genannten Punkte werden in der Folge drei einzelne schriftliche Zitate aufgeführt:

> „Die Teilnahme an den Didaktik-Kursen war eine sehr positive Erfahrung. Ich war sehr überrascht, wie interessiert und offen unsere Dozierenden für unserer Perspektive gewesen sind. Es schien mir, dass einige Herausforderungen des Studiums vielen Dozierenden nicht mehr bewusst gewesen sind, obwohl sie alle ebenfalls mal studiert haben. Umgekehrt hat der Kurs auch Einblicke in die Herausforderungen der Vorbereitung und Umsetzung unserer Lehrveranstaltungen gegeben und man kann nun auch besser verstehen, warum gewisse Vorschläge nicht ohne weiteres umgesetzt werden können."

> „Da die Themen des Kurses viele Punkte abdeckten, welche auch aus der Sicht der Studierenden relevante Aspekte des Studiums sind (Lernziele, Lernunterlagen, Interaktion in der Lehre etc.), konnte die studentische Perspektive in den daraus entstehenden Diskussionen immer wieder auf natürliche Weise in die Diskussion einfliessen."

> „Das aktive Einbeziehen von uns Studierenden in einem solchen Kurs hat mir sehr gefallen. Es schuf eine Plattform, um Probleme und Herausforderungen der Studierenden direkt an die Dozierenden anzubringen, diese auf Augenhöhe mit ihnen zu diskutieren und gemeinsam nach möglichen Lösungen zu suchen. Es war auch spannend zu sehen, mit welchen Herausforderungen unsere Dozierenden bei der Vorbereitung unserer Lehrveranstaltungen z.T. konfrontiert sind."

4. Partizipative Lehrentwicklung durch studentische Beteiligung an hochschuldidaktischer Weiterbildung? – Diskussion unserer Erfahrungen

Mit unserem Einbezug von Studierenden in hochschuldidaktische Weiterbildung beabsichtigen wir Lehrentwicklung. Diese soll unterschiedliche Perspektiven berücksichtigen und dabei die Unterschiede der verschiedenen Rollen beachten. Partizipation in unserem Vorschlag hat also eine klar formulierte Zielsetzung – und berücksichtigt gleichzeitig für uns nicht aushandelbare Grenzen resp. kennt Themenbereiche, die wir in der hochschuldidaktischen Weiterbildung gar nicht ansprechen.

Viele Konzepte zu Partizipation unterscheiden zwischen Graden von Partizipation, die von „Nicht-Partizipation" über Anhörung" und „Mitbestimmung" bis zu „Entscheidungsmacht" und „Selbstständige Organisation" reichen können (Wright et al. 2007, S. 2). Unser Vorschlag lässt sich hier nicht direkt zuordnen, weil in unseren Kursen Dozierende adressiert werden, welche – so die zentrale Absicht – ihre hochschuldidaktischen Kompetenzen erweitern und differenzieren sollen. Gleichwohl wird Lehrentwicklung und Lehrqualität als gemeinsames Anliegen verhandelt.

Im Austausch von hochschuldidaktischen Erkenntnissen, Lehrpraxis von Dozierenden und studentischen Erfahrungen treffen Wissensbestände aufeinander, die unterschiedlich generiert wurden. Während Dozierende mit ihrer Lehrpraxis oftmals alleine gelassen sind und kaum Einblick haben in die Hörsäle und Seminarräume ihrer Kolleg:innen[10], bringen Studierende Erfahrungen aus vielfältigen Lehrsettings mit unterschiedlichen Lehrpersönlichkeiten ein, verknüpft mit eigenen Studien- und Lernstrategien. Das hochschuldidaktische Wissen wiederum ist in wesentlichen Belangen forschungsbasiert und allgemein. Diese unterschiedlichen Wissensbestände

---

10 Unser hochschuldidaktischer Weiterbildungskurs wird ergänzt durch eine kollegiale Hospitation, die zwischen den beiden Kurstagen erfolgt.

gilt es produktiv zu nutzen und normativ auszuhandeln. Damit werden eigene Positionen ebenso zur Diskussion gestellt wie gleichzeitig differenziert und um andere Perspektiven bereichert. Wenn im englischen Sprachraum solche Konzepte oftmals unter dem Label „Students as partners"[11] diskutiert werden, so würden wir dies in unserem Beispiel erweitern und die Gegenseitigkeit betonen wollen: Students and teachers as partners.

Die studentische Perspektive zur Lehrgestaltung wird üblicherweise in Lehrevaluationen (konkret oftmals mittels Lehrveranstaltungsevaluationsbögen) eingeholt. Damit wird allen Studierenden die Möglichkeit eingeräumt, sich zu äußern, wobei zu den formulierten Einschätzfragen meistens auch offene Antwortfelder für weitere Kommentare vorgesehen sind. Diese breite Beteiligungsmöglichkeit stellt eine gewisse Repräsentativität sicher, wenn sich auch erfahrungsgemäß die Beteiligung in Grenzen hält.

Ergänzend zu solchen Lehrveranstaltungsevaluationen wird in unserer Fakultät zudem in Fokusgruppen die curriculare Komposition eines Studiengangs thematisiert. Hier stehen also nicht veranstaltungsbezogene Rückmeldungen im Zentrum, sondern übergreifende Lern- und Studienerfahrungen. Hier – wie auch in unseren hochschuldidaktischen Weiterbildungskursen – ist damit allerdings die Beteiligungsbreite beschränkt. Und mit dem Einbezug einer bloß kleinen Anzahl Studierender stellt sich die Frage der Repräsentativität in besonderer Deutlichkeit.

Dabei ist festzuhalten: Wir verstehen unseren Vorschlag nicht als ausschließende Alternative zu Lehrveranstaltungsevaluationen, vielmehr als ergänzende Möglichkeit, welche vor allem Diskursivität betont. Diese kann durch den Einbezug von repräsentativen Erhebungsmethoden ergänzt werden, indem beispielsweise deren Ergebnisse in die hochschuldidaktische Weiterbildung einfließen. Diese Diskursivität ist gleichzeitig modellhaft zu verstehen: Lehre und Studium sind ein gemeinsames

---

11 Vgl. zum Beispiel https://www.centerforengagedlearning.org/resources/students-as-partners/

Geschäft, über das Dozierende und Studierende ins Gespräch kommen sollen – auch innerhalb der üblichen Lehrveranstaltungen.

Unsere Weiterbildungskurse bleiben aber in erster Linie Weiterbildungskurse für Dozierende, partizipative Lehrentwicklung ist lediglich ein Aspekt. Insofern sind in diesen Weiterbildungskursen auch stets die allermeisten Beteiligten Dozierenden – ein ausgeglichenes Zahlenverhältnis wird bei Weitem nicht angestrebt.

Unsere Weiterbildungskurse richten sich an Dozierende einer einzelnen Fakultät („Gesundheitswissenschaften und Medizin"), die zudem – auch dank der vergleichsweise sehr geringen Studierendenzahlen – durch einen sehr persönlichen Charakter geprägt ist. Durch die Ausrichtung auf eine einzelne Fakultät stehen sowohl die Fachinhalte der Lehrveranstaltungen als auch die disziplinären Traditionen und Lehrgepflogenheiten der Teilnehmer:innen unserer Kurse[12] in einem bestimmten Verwandtschaftsverhältnis. Allgemein aber stellt sich die Frage, ob sich dieses Modell auch auf andere hochschuldidaktische Kurse übertragen ließe, die Dozierende aller Fachrichtungen adressieren. Und welche Studierenden wären dann die Gesprächspartner, müssten diese ebenfalls alle Fachrichtungen vertreten?

Wir haben unser Modell bisher nicht auf weitere hochschuldidaktische Weiterbildungen übertragen, sehen aber gleichwohl gute Möglichkeiten. Dabei würden wir uns allerdings deutlicher an Lehrformaten orientieren und beispielsweise die Gestaltung von Vorlesungen ins Zentrum rücken, ohne spezifische Inhalte und Studierende aller Fakultäten berücksichtigen zu müssen. Zu prüfen wäre allerdings, wie sich Studienalltag und Studiumsrealitäten der Studierenden unterschiedlicher Fachrichtungen unterscheiden – beispielsweise bezüglich wöchentlicher Präsenzverpflichtung, der Bedeutung des Selbststudiums oder der Verknüpfung von Lehrveranstaltungen mit Prüfungsmodalitäten.

---

12 Wir haben stets deutlich mehr Dozierende aus der Medizin als aus den Gesundheitswissenschaften.

Zusammenfassend dürfen wir abschließend unsere *Lessons learned* verallgemeinernd festhalten:

- Studierende aktiv in Faculty Development und konkret in hochschuldidaktische Weiterbildungskurse einzubinden, macht Sinn und wird von beiden Seiten (Dozierende und Studierende) als bereichernd wahrgenommen.

- Mehrwert bieten vor allem die verschiedenen Perspektiven (Stichwort Generationen) sowie der direkte Austausch, welcher auch gegenseitiges Verständnis fördert.

- Als wichtig hat sich die aktive Einbindung der Studierenden durch konkrete Aufgabenstellungen und Diskussionspunkte erwiesen.

- Es bewährt sich, Studierende aus den verschiedenen Jahreskohorten zu beteiligen. Dabei ist zu beachten, dass das Auswahlverfahren der Studierenden bisweilen mit einem bestimmten Bias einhergeht, hier wären passende ergänzende Mittel zu prüfen, um die Diversität der Studierenden zu integrieren.

Das Modell „Angebot – Nutzung – Wirkung" macht darauf aufmerksam, dass Lehre und Studium eine Gemeinschaftsaufgabe darstellen. Zwar sind die Rollen und Aufgaben unterschiedlich verteilt, aber gemeinsame Verständigung und gemeinsames Aushandeln sind notwendig, um Lehr- und Studienqualität zu erreichen. Unser hochschuldidaktisches Weiterbildungsangebot illustriert dies sowohl in der inhaltlichen Ausrichtung als auch im gewählten Setting – als Beitrag zu einer partizipativen Hochschulkultur.

5. Literaturverzeichnis

Fend, H. (1981). *Theorie der Schule*. Urban und Schwarzenberg.

Glesinski, A.-L., Vergöhl, F., Dingfeld, K., Recke, E., & Fricke, L. (2021). *Studentische Partizipation in der Hochschullehre initiieren. Handreichung für partizipative Lehre*. http://partizipativstudieren.de/2021/02/06/handreichung-studentische-partizipation-initiieren/

Healey, M., Flint, A., & Harrington, K. (2014). *Engagement through partnership: Students as partners in learning and teaching in higher education*. Higher Education Academy. https://www.researchgate.net/publication/264240134_Engagement_through_partnership_students_as_partners_in_learning_and_teaching_in_higher_education

Raffaele, C., & Rediger, Ph (2021). Die Partizipation Studierender als Kriterium der Qualitätssicherung in Studium und Lehre (HoF-Arbeitsbericht 117), unter Mitarbeit von Sebastian Schneider, Institut für Hochschulforschung (HoF) an der Martin-Luther-Universität, Halle-Wittenberg. https://www.hof.uni-halle.de/publikation/die-partizipation-studierender-als-kriterium-der-qualitaetssicherung-in-studium-und-lehre/

Rybnikova, I., & Scholz, M. (2015). Partizipation von Studierenden in der universitären Lehre. *Hochschulmanagement. Zeitschrift für die Leitung, Entwicklung und Selbstverwaltung von Hochschulen und Wissenschaftseinrichtungen, 10*(3+4), 118–123.

Tremp, P. (im Druck). Studentische Partizipation. In N. Vöing (Hrsg.), *Praxishandbuch Hochschullehre*. transcript.

Vieluf, S., Praetorius, A.-K., Rakoczy, K., Kleinknecht, M., & Pietsch, M. (2020). Angebots-Nutzungs-Modelle der Wirkweise des Unterrichts. Ein kritischer Vergleich verschiedener Modellvarianten. *Zeitschrift für Pädagogik; Beiheft, 66*(Beiheft 66), 63–80.

Wissenschaftsrat. (2022). *Empfehlungen für eine zukunftsfähige Ausgestaltung von Studium und Lehre*. https://www.wissenschaftsrat.de/download/2022/9699-22.pdf

Wright D.B., Mullen A., & Gardner A. (2019). Does Student-Led Faculty Development Have A Place in Health Professions Education? [version 1]. *MedEdPublish*, (8), 34. https://doi.org/10.15694/mep.2019.000034.1

Wright, M., Block, M., & von Unger, H. (2007). *Stufen der Partizipation in der Gesundheitsförderung* [Konferenzbeitrag]. 13. bundesweiten Kongress Armut und Gesundheit, Berlin, Deutschland. https://www.armut-und-gesundheit.de/uploads/tx_gbbkongressarchiv/Wright__M..pdf